“策源-引问”源流式教学研究与实践

——指向生物学教学方式的变革

吕慧玲◎著

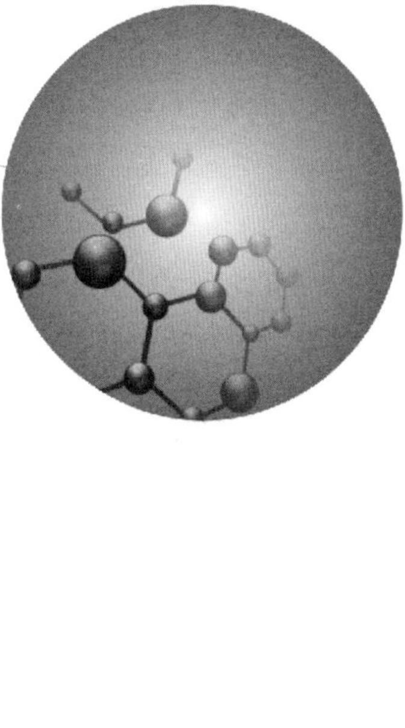

东北师范大学出版社
长　春

图书在版编目（CIP）数据

“策源—引问”源流式教学研究与实践：指向生物学教学方式的变革 / 吕慧玲著. -- 长春 ：东北师范大学出版社，2023.11

ISBN 978-7-5771-0897-1

Ⅰ. ①策… Ⅱ. ①吕… Ⅲ. ①生物课-教学研究-中学 Ⅳ. ①G633.912

中国国家版本馆 CIP 数据核字(2023)第 240913 号

□责任编辑：逯　伟　□封面设计：品诚文化
□责任校对：胥　杰　□责任印制：许　冰

东北师范大学出版社出版发行
长春净月经济开发区金宝街 118 号（邮政编码：130117）
电话：0431—85690289
网址：http：//www.nenup.com
东北师范大学出版社激光照排中心制版
四川科德彩色数码科技有限公司印装
成都市郫都区成都现代工业港北片区港北二路 551 号（邮政编码：611743）
2023 年 11 月第 1 版　2023 年 11 月第 1 版第 1 次印刷
幅面尺寸：170mm×240mm　印张：15.75　字数：283 千

定价：68.00 元

“策源—引问” 源流式教学十五年研究实践之路

一、对传统生物学教学的审视与反思

《义务教育生物学课程标准（2011 年版）》强调，教师要“关注重要概念的学习”，在教学中“需要向学生提供各种丰富的、有代表性的事实来为学生的概念形成提供支撑；要帮助学生通过对事实的抽象和概括，建立生物学重要概念，并以此来建构合理的知识框架，进而为学生能够在新情境下解决相关问题奠定基础”。

两次课程改革均将概念教学置于重要地位，并明确要求课堂教学围绕概念建构展开。但是，笔者发现，初中生物学概念教学存在不少问题：很多教师在课堂教学中占据主导地位，忽视学生的知识经验、实践体验和思维参与，缺乏对学生主动建构知识体系的能力和意识的培养……简而言之，初中生物学概念教学急需解决以下问题：

第一，概念教学灌输化、机械记忆化。概念教学异化为单纯的机械记忆，由于没有经历概念的建构和形成过程，学生根本不理解概念的内涵与外延，无法做到知识的迁移应用。

第二，概念教学教材化、脱离生活化。教师如果只用教科书上的素材来建构概念，不仅丰富度不够，而且与学生的生活衔接不紧密。大部分教师没有在概念的外延中选取贴近学生生活的具体例证来支持概念的表达，且没有主动开发生活化课程资源的意识和行动。

第三，概念教学碎片化、去结构化。教师未能有意识地引导学生将新建构的概念或新学的知识与已有的知识经验建立起结构化的概念体系，导致学生头脑中的概念碎片化、零散化，在解决复杂情境中的真实问题时，无法有效调动相关概念解决问题，即无法做到知识间的融会贯通。

二、十五年的研究实践之路

15 年来，笔者通过落实课程标准的要求与解决本区域实际问题相结合的行动研究，不断解决教学问题，逐步构建了初中生物学概念教学体系，提升了学生的生物学核心素养。

阶段一：借助"问题式"教学，扭转概念教学"灌输化"的窘境（2009—2012年）。

概念构建需要唤醒旧知、抽象概括、把握本质，但教师往往直接进行"灌输化"教学。为解决这个问题，笔者以"问题式"教学作为突破口进行探究。2009年，笔者在青岛市首先提出在概念教学中将知识问题化、将问题生活化，以问题引导学生理解概念的内涵与外延。

2010年，"'问题引导式教学'在初中生物学课堂中的应用初探"立项为山东省教学研究课题。笔者以课题为引领，采用"诊断式""跟进式""主题式"教研，通过设置一系列难易适度、梯度合理的问题组，为概念理解和应用奠定基础。笔者组织"问的误区及策略"专题研讨会，针对概念教学中问题难度过大、满堂问、问题思维含量低、问题指向不明确等现象，提出了适宜性、渐进式、指向性等提问原则；针对概念教学中无视课堂生成等提问误区，提出了问题的追问性原则及高阶思维原则；针对概念教学中问题表述枯燥乏味、问题情境远离生活，忽略学生的兴趣和即时体验等现象，提出了趣味化、生活化、时事化等提问原则，并将以上研究成果进行总结，将总结性论文发表于《中学生物学教学》。

为落实概念教学中高质量的引问，笔者于2012年创制了课堂教学"教师问题有效性评价量表"，用以规范教师的课堂提问，为概念构建的思维过程提供了依据。

这一阶段的特点：运用"问题式"教学，着力改变教与学的方式，注重以问题引领思维方向和深度，实现了概念建构的单点贯通，开启了"资源+问题"概念建构的探究实践，为后续开发和利用生活化课程资源奠定了坚实的基础。

阶段二：开发利用生活化课程资源，打破概念教学"唯教材化"的局限（2013—2018年）。

探究实验可为概念的构建提供直接的事实和证据，但教材中的部分实验存在材料不易得、实验装置不易操作等问题，且仅依靠教材中的探究实验构建概念略显不足。2013年，山东省研究课题"初中生物学实验器材生活化的研究"立项，笔者尝试使用生活中常见的生物种类作为区域替代性实验材料，利用生活中常见的物品制作实验装置等（包括废物利用），开发了一系列实验材料易得、可操作性强、效果明显、贴近学生生活的初中生物学创新实验。在此基础上，笔者又开发出酿果酒、做酸奶、发豆芽、生蒜黄、养蘑菇等家庭探究实验作为教材探究实验的有益补充，使探究实验真正实现了生活化，为打破概念教学"唯教材化"打下了坚实的基础，为概念的构建提供了资源依托。该研究成果以现场会的形式在青岛市推广。

在概念的构建过程中，要注重真实情境问题的解决与迁移，实现学习过程与现实社会、实际生活的有效关联。2017 年，“乡土资源在初中生物学教学中的应用研究”立项为青岛市“十三五”规划课题。笔者借助区域樱桃节、葡萄节、园林花卉节、蛤蜊节、登山节、草莓节等与生物学教学相关的“乡土节”，开发形成了多样化、系列化、区域化的乡土课程资源，不仅解决了教材中资源单一的问题，培养了学生的热爱家乡之心、建设家乡之心，而且使概念教学“从生活走向文本，再由文本走向生活”，实现了“具体—抽象—具体”的概念迁移过程，为学生理解概念创造了条件。

为进一步丰富课程资源，青岛市“十三五”规划课题“指向生物学核心素养提升的课程资源开发与应用研究”立项，将课程资源的开发及应用范围扩大化，让教师和学生都成为课程资源开发的主体。根据“学习资源征集单”，全员参与课程资源开发，范围不再局限于家庭生活资源、区域自然资源，致力于探索新路径——开发媒体信息类、传统文化类、场馆及实践基地类、模型类、人力资源类等课程资源，为构建概念提供了充足的生活化素材，有效解决了“教教材”的局面，实现了概念教学课程资源的生活化。

这一阶段的特点：多主体、多途径开发生活化课程资源，全面推进“资源＋问题”的研究与实践，不仅改革了教学组织方式，而且将概念教学由课堂延伸到课外、由学校延伸到家庭与社会，将教材和生活紧密相连，实现了概念教学的生活化，指向学生学科核心素养的提升。

阶段三：借助单元整体教学，破解概念教学“碎片化”的难题（2019 年至今）。

针对教师只注重零散知识点或概念落实的传统课堂教学理念，帮助教师从“长时段”整体筹划学科教学，注重发挥大概念对解决相关生物学问题的广泛指导作用和对学习的引领作用，体现“少而精”；注重引导学生主动建构概念，加强概念间的联系，强调知识的结构化、整体化，聚焦学生的生物学核心素养。

2019 年，笔者以青岛市“十三五”教科研规划课题为引领，针对不同课型及教学内容，创设了“策源—引问”概念教学模式及其变式“情境—问题—活动”“猜想—论证”教学模式等，并于 2019—2022 年举行了十数次教学研讨会，探讨如何促进学生对概念的主动建构。

2020—2022 年，笔者组织“基于学习进阶理论促进大概念教学”主题系列研讨会，注重将初中生物学课程中的重要概念进行分解和进阶，注重基于核心概念学习进阶来评估学生的学习表现，促进学生深度学习，螺旋式培养学生的生物学核心素养。

2022 年，笔者组织青岛市“打破与重构——初中生物学单元教学设计”研讨会，专项研讨实施单元教学、建构大概念的课堂教学基本流程。

2023 年，笔者组织“指向学生学习方式变革的项目式教学”研讨会，有效整合教材内容，让内容聚焦于真实复杂情境中的问题解决，或通过产品不断迭代，使知识结构化。

笔者 15 年的研究及经验推广，意在促进教师教学观念及行为的转变，注重学生思维的依托、发展与进阶，逐步实现学生学习方式的变革。

CONTENTS 目 录

第一章 “策源—引问”源流式教学模式概述

第一节 “策源—引问”源流式教学模式的概念界定

“策源—引问”源流式教学法就是策略性地选择资源、素材、活动等作为事实和证据支撑，提出有价值的问题，并以问题为导向，引导学生主动参与学习，体悟知识本源，精准把握知识的流向，发展进行深度学习的科学思维，培养生物学核心素养的教学方法。

“策源”是指策略性地选择学生感兴趣的、更适于学生学习和发展的资源、素材、活动，并以此为知识、能力、素养生发和提高的源头，策动、引发、促进学生思维的深度发展。

“引问”即“问题引导”，是依托“源”而提出的指向明确、难易适度、有阶梯性、有思维含量的适宜问题，引导学生由感性向理性、由具体向抽象、由零散向系统、由低阶向高阶、由浅层向深层地发展思维，并在教师的适时点拨引导下，得出结论、发现规律、构建概念、形成观念。

有“源”无“问”，则缺乏思维的方向和深度，学生只能收获浅层的、零散的认知，无法真正进行有意义的学习；有“问”无“源”，则缺乏思维的依托和支撑，学生面对“空投”的任务和问题，无法做出有效的分析和思考。

“源流式”教学是相对于“截断知识本源”、学生只知其然而不知其所以然的“截流式”教学而言的，旨在让学生经历“知识自然生长的过程”，把握知识的由来和内在本质，并能对知识进行迁移应用。①

---

①郭思乐. 教育走向生本［M］. 北京：人民教育出版社，2001：42-44.

第二节　"策源—引问"源流式教学模式的理论基础

一、最近发展区理论

维果茨基的研究表明，教育对儿童的发展能起到主导作用和促进作用，但需要确定儿童发展的两种水平：一种是儿童的现有水平，另一种是儿童可能达到的发展水平。① 这两种水平之间的距离，就是"最近发展区"。教学应着眼于学生的最近发展区，为学生提供具有一定难度的学习内容，调动学生的学习积极性，激发学生的潜能，让学生超越其最近发展区而进入下一个发展阶段。

二、建构主义理论

建构主义认为，知识不是通过教师传授得到的，而是学习者在一定的情境下，借助其他人的帮助，利用必要的学习资料，通过意义建构的方式获得的。由此可见，学习不是知识简单的由外到内的转移和传递过程，而是学习者主动建构知识的过程。

三、具身认知理论

具身认知理论认为，身体在认知过程中发挥着关键作用，认知是通过学习者身体的体验及其活动方式而形成的。认知神经心理学的研究证实了概念知识获得的具身性。杜威也认为，把经验和理性截然分开是错误的，一切理性思维都以身体经验为基础。②

四、现代教育学理论

"教师之为教，不在全盘授予，而在相机诱导"，"一切思维都是从问题开始的"。由此可见，教师适时地提出启发性问题，有助于引导学生思考，帮助

---

①王强. 落实常规　重视简化　关注整体：例谈数学运算核心素养的培养［J］. 数学通报，2023，62（3）：19-24.

②叶浩生. 具身认知：认知心理学的新取向［J］. 心理科学进展，2010，18（5）：705-710.

学生逐渐养成良好的学习习惯。

第三节 “策源—引问”源流式教学模式的功能目标与教学思想

一、功能目标

一是转变教师“教”的方式和学生“学”的方式，形成师生学习共同体，呈现开放、平等的课堂教学生态。

教师要从关注课堂的“教”转变为关注学生的“学”。教师根据学情和课程标准设计教学目标，围绕目标选择更合适的“源”，并以此为依托设计问题，引导学生“追根溯源”；学生从被动学习转变为主动学习，基于“源”和“问”积极思考。

二是加工学生已有的知识经验，经历生物学知识和概念的建构过程，突出科学思维的螺旋式培养。

学生以经验或不科学的生物学认知（错误前概念）为基础，在问题的引导下，通过思考、交流和思维碰撞，体验生物学知识的“再创造”过程，经历“从一个问题开始，由实际问题到生物学问题，由具体问题到抽象概念，由解决问题到更进一步应用”的过程，建构相关概念。

三是告别“虚假繁荣”的课堂，摒除学生“只知其然而不知其所以然”的浅层学习，引导学生进行深度学习。

“策源—引问”源流式教学要求问题设计具有层次性和启发性，符合学生的认知体验，能够更好地引导学生围绕具有挑战性的学习内容，积极参与、体验成功、获得发展，使学生经历知识的生成过程，把握学科本质、掌握思想方法。

四是培养学生利用科学知识和科学思维方法解决实际问题的能力，促进学生生物学核心素养的达成。

“策源—引问”源流式教学强调学生主动参与学习活动，进行积极的体验，从而激活思维，培养正确的价值观念、必备品格和关键能力。实施“策源—引问”源流式教学的最终目的是提高学生的生物学核心素养。

二、教学思想

（一）“深度学习”思想

深度学习指的是，在教师的引领下，学生全身心投入学习活动，掌握学科的核心知识，形成积极的内在学习动机、高级的社会性情感、正确的价值观，成为既具有独立性、创造性，又具有合作精神，且基础扎实的学习者，成为未来社会历史实践的主人。①

（二）“启发式教学”思想

在启发式教学过程中，教师根据教学任务和学习的客观规律，从学生的实际情况出发，采用多种方式，以启发学生的思维为核心，调动学生的学习主动性和积极性。启发式教学主要强调调动学生的主动性、培养学生独立解决问题的能力、发扬教学民主、发展学生的逻辑思维能力。

（三）“做中学”思想

“做中学”思想强调，教师和学生共同搭建学习环境，学生亲历科学探究的学习过程。探究既是科学学习的目的，又是科学学习的方式。在“做中学”探究式科学教育中，教师需要将问题汇聚到一个适宜学生探究、与科学概念相关的科学问题上，引导学生动手探究。

第四节　“策源—引问”源流式教学模式的基本结构及教学策略

一、“策源—引问”源流式教学模式的五个环节

“策源—引问”源流式教学模式包括五个环节：优选资源素材，问题引导思维，思悟—探究—论证，建构概念体系，迁移应用提升。“策源—引问”源流式教学模式的基本流程如图 1-1 所示。

---

①郭华. 深度学习及其意义［J］. 课程·教材·教法，2016，36（11）：25-32.

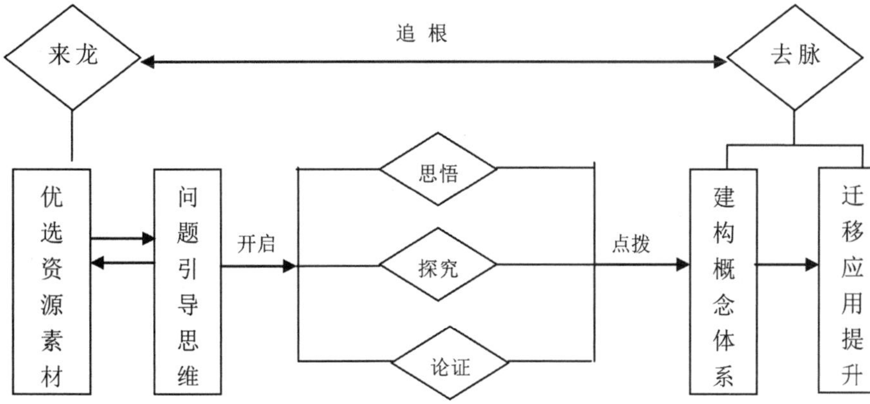

图 1-1　“策源—引问”源流式教学模式的基本流程

（一）环节一：优选资源素材

教师策略性地选择学生感兴趣、更适于学生学习和发展的资源、素材等设计活动内容，并以此作为学生掌握新知识、提升学习探究能力的渠道。课程资源和素材应具有趣味性、生活化、科学性、地域性、直观性、经济易得等特点。

（二）环节二：问题引导思维

依托“源”，设置能引发“深层”思维的适宜问题。问题的指向要明确，无歧义；问题的难易要适度，有阶梯性；问题要适量，给学生充分思考的时间；问题的前后顺序要适宜，符合逻辑性。当学生对问题的理解比较肤浅或有误时，教师要针对学生的回答追问，正确的追因，不对的追错，肤浅的追根，刨根问底，使学生“知其然，更知其所以然”。在适宜问题的引导下，学生由感性向理性、由具体向抽象、由低阶向高阶地发展思维。

（三）环节三：思悟—探究—论证

依托多样化、时事性、适宜性的“源”，在生活化、阶梯性、指向性的“问”的引导下，学生积极进行思悟—探究—论证活动。

1. 思悟

在教学过程中，教师引导学生积极思考和思辨，将所学的生物学理论知识转化为自我认识。通过思考和思辨，学生实现从具体到抽象、从感性体悟到理性认识的认知飞跃，从被动领悟转变为主动觉悟，逐步构建思维路径，并在解决问题的过程中，加深对生物学知识的理解和应用程度。

2. 探究

教师创设具有较强感染力的真实问题情境，引导学生发现问题，调动学生分析、解决问题的欲望，通过生生互动交流，实现问题的探讨、知识的汲取以及应用能力的提升等。在该过程中，教师应该提供更多的机会让学生亲自参与和实践，重视信息化环境下的学习。这种有目的、有步骤的学生自主学习活动涉及对生物及其相关事物进行观察和描述、提出问题、查找信息、提出假设、验证假设、思维判断、做出解释，并能与他人合作和交流等。在此过程中，学生的创新精神和实践能力得到了培养。

3. 论证

学生在生物学已有认知的基础上，根据教师的问题做出猜测。教师在学生猜测的基础上提出相关问题和提示，引导学生初步设想如何论证自己的猜测是否正确；鼓励学生根据猜想和教师给出的提示进行探究，设计并实施方案。学生根据实验结果，获得事实与证据，或论证了自己的猜测，或有效纠正了自己的"前概念"，对生物体或生物学现象形成新的认知。

（四）环节四：建构概念体系

教学的主要目的是让学生自主思考并获取知识，亲自参与所学知识的体系建构。本环节需要引导学生认识到：学习不应该仅仅停留在记住一些零散的生物学事实的层面上，而是要通过对事实的抽象和概括，建立生物学概念，并以此来建构合理的知识框架，为在新情境下解决相关问题奠定基础。①

（五）环节五：迁移应用提升

"迁移"既是学习开始的端点，也是学习结束的端点。生物教师再次策略性地选择与生产生活联系密切的资源、素材、情境等，让学生运用刚刚掌握的生物学知识、概念、方法等解释、解决生活和生产实践中的问题，达到举一反三、拓展延伸的目的。此环节可以引领学生进行生物学知识的迁移，把握生物学知识间的关联，关注思维之间的对接，聚焦认知和抽象知识间的链接。

---

①代红春，甘甜. 基于乡土资源情境的问题教学模式探索：以"细胞中的糖类"为例［J］. 中学生物学，2022，38（12）：30-32，38.

二、教学策略

（一）优选课程资源

生物教师选择的课程资源和素材要具有科学性、乡土化、直观性，符合学生的兴趣点、关注点和发展点；要架起知识学习与现实生活之间的桥梁，使教学内容亲切化；要弥补学生思维上的不足，使抽象的教学内容具体化、形象化。

（二）创设生活化问题

生物学教学过程是一个“还原生活”的过程，因为生物学知识来源于生活，应用于生活。基于真实的情境特别是学生亲身经历过的、比较关注的生活实际来创设问题，能够极大地激发学生的探究欲，提高学生学习的自觉性和主动性，“学生的思维更活跃、更深入，其分析、综合、评价能力趋向更高的水平层次”。

（三）训练高阶思维

教师是课堂活动的组织者、引领者、参与者，是“矛盾”的挑起人。在生物课堂上，教师要针对学生的回答进行引导和追问：“你是怎么想的?”“你是怎么知道的?”“你为什么会这样认为?”“你有理由吗?”“你还有别的方法吗?”这些问题能更好地训练学生的求解能力、决策能力、批判性思维能力及创新能力。

三、“策源—引问”源流式教学法的作用和意义

实施“策源—引问”源流式教学法，旨在提升学生的学科核心素养，帮助学生建构学科思维体系，关注课堂中学生的学习情况。而且，“策源—引问”源流式教学法有助于教师转变传统的教学理念，形成全新育人理念。在践行“策源—引问”源流式教学法的课堂上，学生经历了知识生成的过程，明晰了知识的“来龙去脉”，发展了科学思维，使学习走向“深度”。学生经历阅读、观察、体验、猜测、验证、思悟、发现等学习步骤，主动获得知识经验、形成价值观念、掌握思维方法，最终提升了学科核心素养。①

①冯锐. 高阶思维培养视角下高中数学问题情境的创设［D］. 济南：山东师范大学，2013.

第五节　"策源—引问"源流式教学模式的应用变式

在实施"策源—引问"源流式教学模式时不必拘泥于"源"与"流"的先后顺序，教学流程既可以是"情境—问题—思悟"，也可以是"证据—猜想—论证"，教师根据教学的需要和不同课型的特点灵活调整。

一、变式一：基于科学思维的"情境—问题—思悟"式教学法结构框架

（一）模式的实施背景

《中共中央国务院关于深化教育教学改革全面提高义务教育质量的意见》指出，要"精准分析学情"，"重视情境教学"，着力培养学生的认知能力，促进其思维发展。教师要优化教学方式，注重启发式、互动式、探究式教学，充分发挥自己对课堂的主导作用，引导学生主动思考、积极提问、自主探究；突出学生的主体地位，注重保护学生的好奇心、想象力、求知欲，激发学生的学习兴趣，提高学生的学习能力。

然而，笔者在深入一线听课时发现，大部分教师的教学理念和教学行为比较陈旧，教学效益可想而知。尤其令人吃惊的是，理念最陈旧的并非中老年、非专业教师，反而是新入职的青年教师。许多教师缺乏问题意识，少数教师有问题意识，却让无效问题充斥课堂，如：问题枯燥乏味，问题情境远离学生生活；问题指向不明确，思维含量低；问题难度过大，无视课堂生成；问题欠缺逻辑性，阻滞学生思维；等等。

问卷调查显示，大多数教师在上课时还停留在单纯的教师讲、学生听的层面上，忽视了学生的主体地位。78%的教师在学生给出的答案与自己的预想不一致时，会直接说出标准答案；通过问题来引导学生学习时，能够精心设计教学环节的教师仅占20%，习惯以问题情境来吸引学生注意力的教师仅占28%。综上所述，在设计问题以引导学生科学思维的层面，教师还存在非常大的问题，难以实现让学生成为学习主人的目的。

基于以上原因，在初中生物学课堂教学中实施"情境—问题—思悟"教学法成为必然，通过创设问题情境、选取能引发学生思维的问题，推动学生思维向深度发展。

（二）理论依据

1. 哲学理论基础

《学记》中“道而弗牵，强而弗抑，开而弗达”的思想，就是强调通过师生谈话来创设一个问题情境，使学生主动思索，获得问题的解决办法。法国启蒙主义思想家和教育家卢梭在《爱弥儿》一书中提到，教师利用大自然，引导爱弥儿找到回家的路。这些都是“情境—问题—思悟”教学法的萌芽。

2. 教育学理论基础

美国教育家杜威在《我们怎样思维》一书中明确提出：“我们主张必须有一个实际的主题情境，作为思维的开始阶段。”陶行知倡导“生活即教育”，把教育看成生活中原本应有的东西，不是外加于生活之上的东西，强调教育与生活之间存在着不可分割的关系。教育若不能通过生活来进行，就不能成为真正的教育；真正的教育如果要体现其对生活的改造作用，也必须通过生活来进行。①

（三）适用范围

该教学模式适应于新授课、实验探究课、复习课等课型，需要教师课前做好相关教学素材的搜集整理工作，充分做好课堂上预设情境与生成问题的准备。

（四）功能目标

1. 使学习回归生活

生物教学是一个“还原生活”的过程，生物知识从生活中来，应用到生活中去。创设生活化的课堂情境，能够极大地激发学生的学习欲望，提高学生学习的自觉性和主动性。

2. 发展科学思维

生物教师在课堂上采用“情境—问题—思悟”式教学法，通过深度教学，迁移应用生物学知识，让学生把生活经验与生物问题紧密联系在一起，用已经掌握的生物学知识解决生活中的实际问题，培养学生解决问题的能力。生物教师以生活化的情境问题，引导学生积极参与、主动探索，发展学生的观察、分析、判断能力。

---

①刘静. 谈小班艺术经验建构的推进策略：以《有趣的脸》为例［J］. 知识文库，2022（22）：76-78.

3. 转变学习方式

"情境—问题—思悟"式教学法强调师生在探究活动中相互协商、交流与合作，突破了教师讲、学生听的传统教学模式，实现了生生、师生思维的碰撞，实现了学生对知识的有效、深度学习，促进了生生、师生关系的融洽，最终体现了"教学活动是师生交互作用的过程"的教学本质观。

(五) 模式的内涵及结构程序

"情境—问题—思悟"式教学法是将"知识问题化、问题生活化"，以情境化的问题串来推动学生的思维向深度发展，让学生深度参与、体验、思悟解决问题的过程，养成科学思维的习惯，形成积极的科学态度，发展终身学习的能力。该教学法包括五个环节：情境诱发—体验入境、问题驱动—主动思考、交流展示—思维碰撞、思维深潜—评价共享、思悟建构—迁移应用。

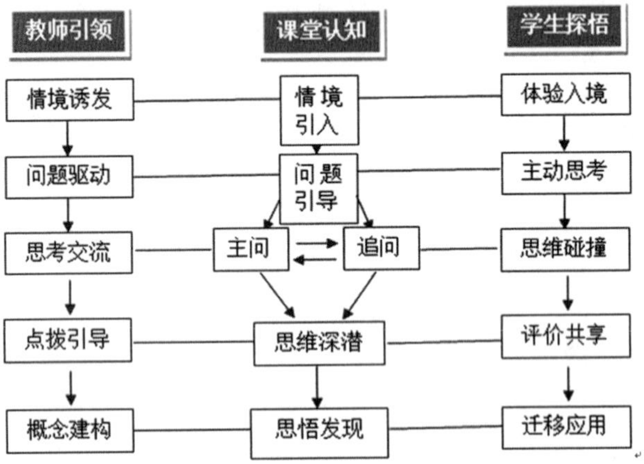

图 1-2 "情境—问题—思悟"式教学法的基本流程

1. 情境诱发，体验入境

教师根据当堂课的教学目标和内容特点，创设一个生活化、感召力强的教学情境，引发学生的认知冲突，点燃学生的学习兴趣，从而引出与教学内容相关的问题。该教学情境作为当堂课的主线，将各环节有机串联起来，贯穿始终。

2. 问题驱动，主动思考

以问题为导向，激发学生主动思考。教师提出当堂课的核心问题，并将核心问题分解成子问题群，用子问题群推动学生的思维深度发展，让学生在深度参与、体验、反思的过程中逐步展现思维活动的轨迹。

3. 交流展示，思维碰撞

在表达交流的过程中，关注课堂上的"生成性问题"。针对各学习小组形成的不同观点，教师在尊重学生的真实体验、允许不同观点存在的基础上，引导学生客观分析得出不同结论的原因，并做出合理化解释，设计出更优化的解决方案。

4. 思维深潜，评价共享

在学生交流的过程中，教师不仅要作为参与者，积极“融入”学生当中，了解学生的分歧，关注课堂的生成，同时要作为引领者，在学生出现思维空白和知识盲点时，在学生急于解决问题又无从下手时加以点拨引导。在此基础上，教师不断地追问，让学生在“质疑—思辨—优化—再质疑”循环往复的探究交流过程中，逐渐明晰核心问题。

学生在思维深潜之后进行反思，对知识和方法进行元认知，进一步建构概念、发现规律、形成观念。然后，学生将所学的方法、建构的概念迁移应用于生活实际，解释或解决复杂情境中的真实问题，“由生活走入文本，再由文本走进生活”。教师根据课程内容，给学生布置适当的拓展性作业和实践任务，实践的形式可以多样化，如设计实验方案、建构模型、观察实物、实地调查以及撰写论文等。学生在生物探究过程中追溯知识来源、认识知识本质，感受到思考的力量。

（六）教学策略

1. 深度学习原则

创设情境，设置问题，设计和优化问题的解决方案，以问题为导向，让学生参与知识的建构过程。学生主动探究问题，教师为学生预留充足的思维辨析时间，启发、引导学生通过深度学习，分析和解决问题。

2. 高阶思维原则

课前预设是教学规划实施的蓝本，动态生成是课堂教学的点睛之笔。教师要注重引导和处理课堂生成性问题，通过追问，启发并发展学生的高阶思维。同样的教学内容在不同班级会生成不同的“问题”，解决的“方案”也会各有差异，但发展学生的分析、判断、评价、创新能力的导向是高度一致的。

（七）教学评价

教学评价方式要多角度、多层次、多手段、多形式，教师可采取以下几种评价方式：

1. 评价个体对团队的贡献

为更好地进行合作学习，可以评价个体对团队的贡献。组内成员为提高小组总体成绩，会自发地通力配合、互助合作，兵教兵、兵练兵。这样不仅使学习能力强的学生得到了实践锻炼，也使后进生得到了帮助和发展。最终，班级内会形成"组内成员合作，组间团队竞争"的积极局面。

2. 评价问题解决的能力

该教学评价方式重视学生对知识的理解与迁移应用，注重学生解决实际问题的能力。教师可以将练习题目所考查的知识点放到实际的生活场景中，检测学生理解和应用知识的能力，通过学生对生活化、综合性、实践性问题的解答情况，有效考核学生是否已掌握相关知识、方法。

3. 评价实践学习的态度

根据课程内容，给学生布置适当的拓展性作业和实践任务，如资料搜集、模型制作、实物培育、论文撰写、实验方案设计等。该评价方式不仅要关注学生对学科知识的实践应用能力，更要关注学生是否具有科学严谨的态度、通过各种办法解决问题的毅力等。

（八）有关说明

在生物课堂实施"情境—问题—思悟"式教学法的最终目的是训练学生的高阶思维，提高学生的生物学核心素养。要达成这样的课程目标，就要高度关注教学过程中学生的实践经历和对生成问题的解决过程。教师既要让学生参与实践活动，积极体验生物学概念的论证过程，又要激励学生思维深潜，发展学生的批判性思维，培养学生良好的思维品质。

[课例]

基于"问题—思悟"的"绿叶在光下合成有机物"实验教学课例

摘要：教师打破"老师不讲，学生怎么可能会"的思维定势，让学生尝试设计并交流实验方案、解释实验操作目的。针对学生设计的"绿叶在光下合成有机物"的实验方案，教师通过实验、质疑、追问等方式，引导学生对自己和同学的观点进行反思，或产生新观点、新方法，或通过知识迁移与类比等，用旧知识解决新问题，从而不断改进、优化、迭代模型。这个过程发展了学生的批判性思维、创新性思维及解决问题的能力。

关键词：科学思维；学习进阶；实验方案迭代；初中生物学

实验方案流程图属于系统模型。系统模型是对现实部分的抽象，由与分析问题有关的因素构成，表明有关因素间的相互关系；模型本身的表达是简洁的、形式化的，利用模型可以进行"思想"实验。因此，学生设计、改进、完善、迭代，最终制作出结构清晰、科学严谨的实验方案流程系统模型，在此基础上进行实践操作，可实现思维和学习的双进阶。

1. 课标、教材、学情分析及设计思路

1.1 课标分析

“绿叶在光下合成有机物”是人教版生物学教材七年级上册第三单元第四章“绿色植物是生物圈中有机物的制造者”中的内容，对应《义务教育生物学课程标准（2022 年版）》中的重要概念 4.3“植物通过光合作用和呼吸作用获得生命活动必需的物质和能量，有助于维持生物圈中的碳氧平衡”，是建构次位概念 4.3.1“植物能利用太阳能（光能），将二氧化碳和水合成为贮存了能量的有机物，同时释放氧气”、4.3.4“植物可以为生物圈中的其他生物提供有机物和氧气”的重要载体。课标的学业要求是“设计单一变量的实验，探究植物生活的影响因素”。

1.2 教材分析

人教版生物学教材七年级上册第三单元第四章“绿色植物是生物圈中有机物的制造者”与第五章第一节“光合作用吸收二氧化碳释放氧气”共同完成对光合作用概念的建构，引导学生通过“探究实验、回顾光合作用探究历程科学史等途径，探究和认识植物的光合作用的生理过程及其影响因素”，为后续运用光合作用的原理等知识，解释和解决生产生活中的相关现象做铺垫。因此，让学生通过实验来验证“绿叶在光下制造了有机物（淀粉）”是本节课要达成的首要目标，而让学生尝试设计并逐步完善实验方案，说明实验步骤中蕴含的科学原理和方法，从而发展学生的科学思维，则是本节课的重点。

1.3 学情分析

学生在小学四年级的科学课中观察过演示实验“去掉绿叶中的叶绿素”，知道用“隔水加热”的方法，既能加快脱色的进程，又可防止发生危险；了解了关于光合作用的浅显知识——“绿色植物不需要像动物那样从外界获取食物，它们可以在光下通过光合作用自己合成有机物”，但对于光合作用的原理却一无所知。若按照传统的教学方式，教师先逐步讲解操作目的，然后让学生根据课本的操作步骤，照葫芦画瓢地完成实验，则极大地阻碍了学生思维的发展，无法体现学生学习的进阶与思维的进阶。

1.4 设计思路

教师打破“老师不讲，学生怎么可能会”的思维定势，让学生设计“绿叶在光下合成有机物”的实验步骤、解释实验目的、演示实验操作方法；教师适时提出问题，引导学生分析与质疑、评价与反思、改进与完善，不断优化迭代实验方案。在此过程中，学生的批判性思维、创新思维和解决问题的能力都能得到发展。在学生进行"脱色"这步实验操作的5分钟内，教师提出问题：为什么往大烧杯里倒入热水？为什么用锥形瓶代替小烧杯？每组的实验台上备有一团棉花，有何用处？进一步发展学生的创新思维。

2. 教学目标

依据课程标准并围绕培养学生核心素养的要求，制定如下教学目标：

（1）学生尝试设计并逐步修改、优化、完善实验方案，能够说出实验步骤包含的科学原理和方法；

（2）学生通过实验来验证绿叶在光下制造了有机物（淀粉），掌握实验操作方法；

（3）学生通过质疑与反思、借鉴与创新、评价与修改、分析与综合，培养批判性思维、创新性思维，发展逻辑推理能力，形成严谨的科学态度，提高生物科学素养。

3. 教学过程

3.1 创设情境，导入新课

教师朗读诗句："它是窃取天火的普罗米修斯，它所获取的光和热，不仅养育了地球上的其他生物，而且使巨大的涡轮机旋转，使诗人的笔挥舞。"提出问题：①诗句赞美的"它"指的是生物圈中的哪类生物？②"它"是通过什么生理过程"窃取天火"，养育了地球上其他生物的？③"它"在生态系统中扮演什么角色？④"使巨大的涡轮机旋转，使诗人的笔挥舞"所需的能量最终来源于哪里？教师请学生尝试用生物学语言来解读这句诗的意思，提示学生将上述几个问题的答案用生物学语言组织起来，即绿色植物在光下通过光合作用制造有机物，作为生态系统中的生产者，直接或间接养活了地球上几乎所有的生物。

设计意图：以诗句激趣，以问题引领，将学生在小学科学课中了解的关于光合作用的浅显知识、七年级第一单元学习的生态系统中生产者的相关知识，与本节课即将探究的"绿叶在光下合成有机物"有机对接，帮助学生发展分析与综合的思维能力。

3.2 探究实验：绿色植物在光下制造有机物

教师引导学生根据题目——"绿色植物在光下制造有机物"，提出探究性问题。在学生提出的问题中，教师选择本节课拟探究的问题：①绿色植物在光下制造的有机物是不是淀粉？②光是不是绿叶制造有机物时必不可少的条件？

3.2.1 设计“检验绿叶在光下制造的有机物是不是淀粉”的实验方案

环节 1 教师首先出示提示性问题：如何检验叶片中是否有淀粉存在？然后请学生尝试设计“检验绿叶在光下制造的有机物是不是淀粉”实验方案，用简图和文字表示出实验装置及步骤。学生交流讨论，设计出实验方案 1（流程图如图 1 所示）：一株绿色植物→光照几小时→取下叶片→滴加碘液→观察现象。教师根据实验方案 1 的流程，现场演示实验：从光照了三四个小时的绿色天竺葵（或酢浆草）上取下一片叶子，滴加碘液后，稍等片刻，用清水冲掉碘液，看不到叶片的显色反应。这是为什么呢？教师在黑色塑料袋和无色塑料袋中分别放入一个橘子，两相对照，使学生意识到，要看到显色反应，应该先去掉叶片的颜色（叶绿素）。教师追问：如何排除叶片中叶绿素对实验现象的干扰？常温下，叶绿素溶解在酒精中用时较长，如果加热酒精，就能加快叶绿素的溶解速度，但酒精易燃，直接加热很危险，如何解决这个问题？学生回忆起小学科学课上学到的隔水加热法——既能达到加速溶解叶绿素的目的，又不会发生危险。在此基础上，学生组装隔水加热的装置。

图 1 实验方案 1 流程图

设计意图：“淀粉遇碘变蓝色”，“绿色植物可以在光下通过光合作用自己合成有机物”，学生据此设计出实验方案 1。通过观察教师的现场演示实验，学生意识到实验方案 1 的不足，发展批判性思维；在教师的引导下，学生将小学科学课中观察过的演示实验“去掉绿叶中的叶绿素”迁移到本节课，提高发现问题、解决问题的能力。

环节 2 学生修订实验方案 1 并交流、评价，形成实验方案 2（流程图如图 2 所示）：绿色天竺葵盆栽→光照 3—4 小时→取下叶片→置于酒精中隔水加热（脱色）→滴加碘液→观察现象。在此基础上，教师质疑与引导：按照实验方案 2 的操作，若在滴加碘液后观察到叶片变蓝色，是否可以得出“绿叶在光下制造的有机物是淀粉”这一结论？请说明理由。部分学生思维缜密，认为根据实验现象，只能说明叶片中有淀粉存在，无法保证检验到的淀粉是在接受光照之后新制造的，它们可能是叶片中原先就储存好的。怎样做才能排除这种干扰呢？学生将此与排除叶绿素对显色反应的干扰相类比，明确：需要将叶片中原有的淀粉运走耗尽，操作方法是将绿色植物置于暗处一昼夜（即暗处理）。

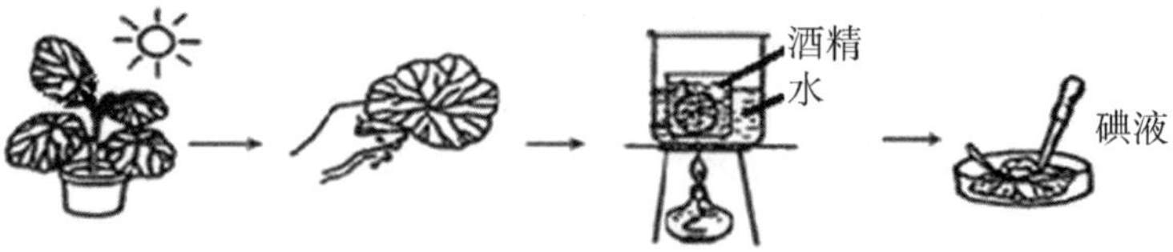

图 2　实验方案 2 流程图

环节 3　学生再次修订、优化方案，形成实验方案 3（流程图如图 3 所示）：绿色天竺葵暗处理一昼夜→光照 3—4 小时→取下叶片→置于酒精中隔水加热→漂洗后滴加碘液→漂洗后观察现象。

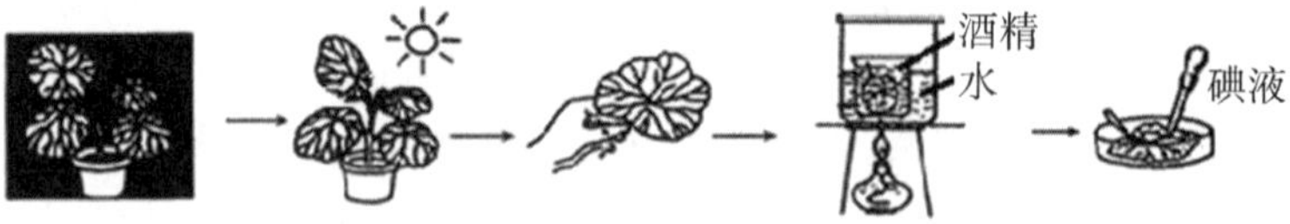

图 3　实验方案 3 流程图

设计意图：通过质疑与分析实验现象，学生认识到实验方案的不足并将其修订完善，发展批判性思维；通过知识迁移与类比，学生明确实验步骤中包含的科学原理，学会实验操作的方法，培养严谨、务实的科学态度。

3.2.2 设计"探究光是不是绿叶制造有机物时必不可少的条件"实验方案

环节 1　教师以"探究光对鼠妇生活的影响"实验为例，引导学生回顾探究实验的关键：控制单一变量，设置对照实验。那么，本实验的变量是什么？如何设置以光为变量的对照实验？

小组讨论交流后，主要得出如下三种方案：①在两株生长状况大致相同的绿色天竺葵上各选一片叶子，一片遮光，另一片见光，其他条件完全相同；②同一株绿色天竺葵，选两片大小和生长状况基本相同的叶子，一片遮光，另一片见光；③在一株绿色天竺葵上选一片叶子，把叶子的一部分上下遮光后，将叶子移到光下。学生交流评价，选出最优方案，并说出理由。学生演示"选叶部分遮光"的操作。在此基础上，教师引导学生回顾"探究光对鼠妇生活的影响"实验，思考为何用 20 只鼠妇，持续记录 10 分钟，并且取平均值。学生由此明确，为防止出现偶然情况，本实验应该用一株植物的多个叶片进行相同操作，且多个学习小组重复该实验。

设计意图：通过设计以光为变量的对照实验并选出最优方案的过程，培养学生的创新思维和决策能力。

环节 2　学生对实验方案 3 进行修改，形成以光为变量的对照实验——"探究光是不是绿叶制造有机物时必不可少的条件"探究实验方案（流程图如图 4 所示）：绿色天竺葵暗处理→选叶片部分遮光→光照 3—4 小时→取下叶片，去掉遮光纸→置于酒精中隔水加热→漂洗后滴加碘液→漂洗后观察现象。

图 4 实验方案 4 流程图

设计意图：在“检验绿叶在光下制造的有机物是不是淀粉”实验方案基础上，设计以光为变量的对照实验——“探究光是不是绿叶制造有机物时必不可少的条件”探究实验方案，不仅巧妙而严谨，且一举两得，用一个探究实验方案就能达成两个实验目的。

3.2.3 分组实验，实施方案；分析现象，得出结论

4 人小组分工合作，2 人组装脱色装置，1 人点燃酒精灯，1 人剪取叶片。在加热脱色的 5 分钟里，教师引导学生思考：为什么往大烧杯里倒入热水？为什么用锥形瓶代替小烧杯？每组的实验台上备有一团棉花，做何用途？如何判断叶绿素已经全部溶解到酒精中？分析实验现象，你能得出什么结论？以问题引导学生交流思维过程。

设计意图：帮助学生形成分工协作的意识；将“友情提示”变为“问题导引”，将“给出结论”变为“思维交流”，进一步发展学生的创新性思维及分析问题、做出判断的高阶思维。

3.2.4 分析、反思实验“失败”的可能原因

教师用实物投影仪展示实验失败小组的实验现象——叶片遮光部分不变蓝，见光部分只有几个蓝点。教师引导学生分析出现此现象的可能原因，提示学生对照实验操作步骤，运用排除法，找到唯一可能的原因——光照，即由于叶片的互相遮挡，光照不足。

设计意图：使学生将归纳推理的逻辑思维过程外显，形成严谨的科学态度，同时提高学生的语言表达能力。

3.3 实验拓展，发展高阶思维

取银边天竺葵暗处理→光照 3—4 小时→取叶片→脱色→漂洗（在学生分组进行实验时，教师同步操作以上步骤）→滴加碘液→漂洗后观察现象。学生发现银边部分不变蓝，绿色部分变成蓝色。教师追问：为什么绿色植物光合作用的场所在叶绿体中？为什么光是光合作用必不可少的条件？

设计意图：实验拓展与追问使学生将能量转换器及其功能与本节课的实验结论有机衔接，用旧知识解释新问题。在概念结构化的同时，学生的分析综合能力得到发展。

3.4 总结归纳，初步建构概念

至此，学生已经能够总结出绿色植物光合作用的条件（光）、场所（叶绿体）、产物（有机物，如淀粉），为建构光合作用的概念做好了铺垫。

表 1　光合作用的条件、场所、产物

对照部位	绿叶遮光部位	绿叶见光部位	叶片银边部位
脱色后滴加碘液	不变蓝	变蓝色	不变蓝
结果分析	遮光部位没有产生淀粉	见光部位产生了淀粉	银边部位没有产生淀粉
实验结论	$\frac{\text{绿时（叶绿体）}}{\text{〈场所〉}}$在$\frac{\text{光下}}{\text{〈条件〉}}$进行光合作用，制造$\frac{\text{淀粉等有机物}}{\text{〈产物〉}}$		

4. 教学反思

本节课将大部分时间用在学生设计、优化、迭代实验方案上。由于需要兼顾学生思维水平的差异，课堂时间紧张，所以，在脱色时，需要使用较高浓度的酒精，并尽量减少酒精的挥发，提前调试好酒精灯的火焰，让大烧杯中的热水温度越高越好，将脱色时间控制在 5 分钟左右。

另外，北方地区在做"绿叶在光下合成有机物"分组实验时，除了可采用冬天易得的天竺葵作为实验材料外，亦可选用红花酢浆草、水培的红薯叶等。从实践操作的角度考虑，酢浆草更方便实施"部分遮光"操作，而且叶片小，脱色时间短。若是能购买到黑藻作为实验材料，则无须脱色，直接在显微镜下观察细胞内有无染成蓝色的淀粉粒即可，效果更佳。

二、变式二：基于深度学习的"猜想—论证"教学法

（一）模式实施的背景

中国教育改革的目标是实现创新教育，培养全面发展、综合素养高的创新型人才。教师要有计划、有目的、有步骤地打造培养学生创造力的课堂，为学生提供假设与猜想的空间，创设宽松和谐、开放型的环境。《山东省中长期教育改革和发展规划纲要》（2011—2020 年）倡导启发式、探究式、讨论式、参与式教学，以激发学生的好奇心和想象力，培养学生的兴趣爱好，引导学生主动参与、积极思考、大胆质疑，着力提高学生的学习能力。

科学学说和重大科学发现大都起始于猜想。猜想是科学的起始阶段，只有大胆猜想，才能产生假说，才能激励创造。对问题情境和现象进行多角度、发散性的猜想，这是思维深化的过程。因此，教师应该鼓励学生大胆猜想，

继而论证猜想，将“论证什么”“怎么论证”“论证结果是什么”的科学思维过程外显为主动收集证据、解释证据、评价证据与观点的科学探究过程。

猜想能力是科学探究能力中十分重要的一项，但并未得到学校、教师的重视。教师往往过分注重培养学生的操作技能，践行程序化的教学活动，而忽视带领学生寻找证据、评估证据、质疑证据，使教学陷入了“有论无证”“有证无论”“有据无驳”的局面。① 教师应在教学活动中向学生提供论证的机会，以便培养学生的科学论证能力。

最新的教学理念倡导学生深度学习。它作为一种特定的学习概念，最初由美国学者马顿和萨尔乔提出。他们认为，与浅层学习相比，深度学习是以对复杂概念或知识的理解与运用为主要认知活动的持续性学习过程，是一种有效的学习方式和学习理念。“猜想—论证”式教学法便是在深度学习理念的基础上诞生的。

（二）理论依据

1. 深度学习理论

认知水平较高的深层理解、应用、分析、综合和评价等涉及的是理性思辨、创造、问题解决等相对复杂的高阶思维活动，属于深度学习的范畴。② 深度学习追求对知识的理解，并使已有的知识与特定教材的内容进行批判性互动，探寻知识的逻辑意义，使现有事实和所得出的结论建立联系。深度学习是一种主动的、高投入的、理解记忆的、涉及高阶思维的学习过程，是一种学习结果迁移性强的学习状态。

学生进行深度学习必然促使教师进行深度教学，教师引导学生从符号学习转变为系统理解和掌握学科思想与意义，培养学生的学科素养。深度教学要求学生深度理解知识内涵，主动建构个性化的知识系统和意义系统，并将其有效迁移运用于解决真实情境中的问题，在获得知识意义、建立学科思想、发展学科能力、丰富学科经验的基础上提升学科核心素养。③

2. 建构主义学习理论

建构主义强调，应当把学生原有的知识经验作为新知识的生长点，引导学生从原有的知识经验中总结出新的知识经验。建构主义还强调，学生要努力通过自己的活动，建构并形成基本概念和思维形式。教师应该是学生建构

---

①顾梦婷，吕华平，庄媛. 促进科学思维发展的论证式教学：以“电磁感应”主题为例［J］. 物理教师，2021，42（3）：18-21，24.

②郭元祥. 论深度教学：源起、基础与理念［J］. 教育研究与实验，2017（3）：1-11.

③郭元祥. 论深度教学：源起、基础与理念［J］. 教育研究与实验，2017（3）：1-11.

知识的支持者、帮助者和引导者。在建构的过程中，教师应要求学生收集和分析有关的信息资料，基于课堂问题，提出各种假设并努力验证；引导学生把当堂课的学习内容与自己已有的知识经验联系起来。①

3. 现代教育学理论

"发明千千万，起点是一问。"由此可见，教师适时地提出启发性问题，有助于引导学生思考，让学生形成积极的学习态度。

4. 现代论证理论

现代论证理论聚焦于论证的产生、分析和评价。巴鲁克·施瓦兹和迈克尔·贝克用结构/话语、独白/对话两组二分法勾勒出现代论证理论的图景及其代表人物。图尔敏和查姆·佩雷尔曼分别开创了"论证作为结构"和"论证作为话语"两大流派：前者将论证视为一系列因陈述相互联系而形成的错综复杂的结构；后者将论证视为建构话语的技巧，目的是引导听众接受观点或立场。

（三）模式内涵特点

深度学习具有联想与结构、活动与体验、本质与变式、迁移与应用、价值与评价等特征，是一种基于高阶思维发展的理解性学习，注重批判理解、知识建构、迁移运用，是实现有意义学习的有效途径。

猜想是以一定的生活经验和已知的事实为依据，以已有的科学理论和技术方法为指导，对未知的事实或现象的原因及其规律所做的推测性或假定性说明。

论证是围绕某一论题，利用科学方法收集证据，运用一定的方式解释、评价自己及他人证据与观点之间的相关性，促进思维的共享与交锋，最终达成可接受结论的活动。② 科学论证特别强调从证据、推理到主张的论证过程，是一个相当严密的逻辑推理过程。

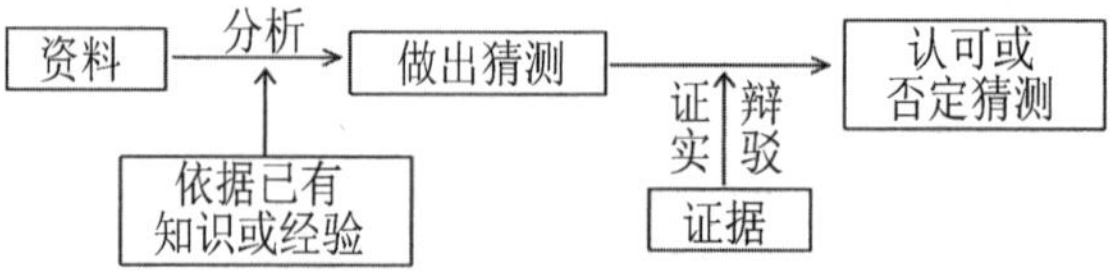

图 1-3　猜想—论证模型

"猜想—论证"式教学法以学生的知识经验为基础，即引导学生基于自身

---

①张烨. 学与教关系的本质：教学相长［J］. 当代教育科学，2007（9）：49.

②许桂芬. 在论证式教学中如何引导质疑和辩驳——以"生物膜的流动镶嵌模型"为例［J］. 生物学通报，2014，49（7）：34.

感受或体验感知，建立猜想，再通过探究实验、事实证据、科学史实等，寻找相关资料和证据以论证猜想，并且可以对自己或别人的猜想进行质疑、反驳或者辩护。

（四）适用范围

该教学法适应于新授课、实验课等课型。教师根据教学内容设置适宜的体验活动，从理论和实际的分析比较出发，让学生亲身体验加工处理知识的过程，引导学生提出问题并建立猜想，然后利用探究实验、事实证据等支持、证明自己的猜想，训练并发展学生多元化的思维方式，使学生实现深度学习。

（五）功能目标

1. 加深学生对科学本质的理解

科学论证需要证据支持，学生要在建立猜想和评价他人观点的时候，以原有认识为基础，寻找科学语言表达其想法并与同学交流，在论证的过程中了解知识背后的原理、含义与深层联系，厘清科学概念的本质，形成认识世界的思考方式，发展科学探索精神，对科学本质形成深入的理解。①

2. 发展学生的批判性思维和创造性思维

在课堂的论证活动中，学生要多角度、有理有据地思考问题和表达观点，评估思维的合理性，识别隐含的假设或谬误，同时提供新的证据并做出辩驳。在这个过程中，学生可以创造性地运用可靠的证据来证明新观点及探索新的问题解决方案，从而超越表层知识，发展批判性思维和创造性思维。

3. 培养学生基于证据意识的科学思维方法

科学论证使学生具有敢于质疑的洞察力，善于根据新的实验结果和新的证据去修正原来的理论，树立证据意识。

（六）结构程序

基于深度学习的“猜想—论证”式教学法以学生的亲身体验或经验为基石，以问题—猜想为主线，鼓励学生建立自己的主张，学会对自己或别人的主张进行论证、质疑、反驳或辩护，培养科学思维，学会思考、学会学习，能够真正地理解知识、应用知识。基于深度学习的“猜想—论证”式教学法的基本流程如下：

---

①胡红杏. 科学论证的本质、价值及教学策略［J］. 当代教育与文化，2021，13（2）：42-49.

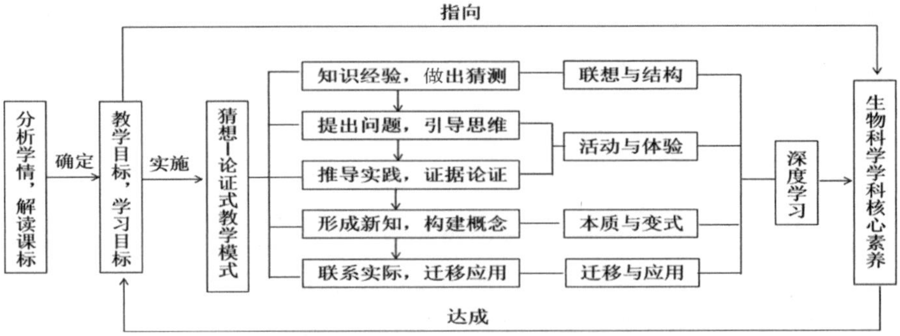

图 1-4 "猜想—论证"教学法流程

1. 知识经验，做出猜测

学生在已有认知的基础上，对教师提出的问题做出猜测。

2. 提出问题，引导思维

学生在前概念的基础上做出的猜测不一定科学。教师基于学生做出的猜测，提出相关问题和提示，引导学生初步设想如何论证自己的猜测是否正确。在此过程中，教师要扮演好启发者的角色，始终以学生为本，充分调动学生的内驱力，使之能够有效参与教学活动。

3. 推导实践，证据论证

学生根据猜想和教师的提示进行探究，设计论证方案并实施。生物教学课堂较常采用的论证方法有实验探究论证、事实证据论证等。

（1）实验探究论证

实验探究是学生通过现象探究科学本质的过程，也是学生认识世界的一种方式。教师引导学生选择适宜的实验材料，设计实验方案，小组交流并提出改进意见，修订实验方案。教师评价实验方案的科学性、可行性、合理性、可操作性、严谨性，帮助学生制定科学、合理、完善的实验方案并实施实验。学生根据实验结果，论证自己提出的猜想是否正确。通过设计实验—实施实验—验证猜想的过程，学生基于证据对既有观点进行批判审视、质疑包容乃至提出创造性见解的能力得到了发展。

（2）事实证据论证

学生搜集与猜想相关的事实论证自己的猜想是否正确，并确保证据真实、客观。

4. 形成新知，建构概念

学生在深度学习的过程中有效纠正了自己的前概念，对生物学形成了新的认知。教师引导学生对本节课的生物学知识进行梳理总结，建构思维导图，建构生物学概念。

5. 联系实践，迁移应用

教师引导学生运用刚刚掌握的生物学知识、概念、方法等去解释、解决生活和生产实践中的问题，达到举一反三、拓展延伸的目的。

（七）教学策略

1. 选择适宜采用“猜想—论证”式教学法的教学主题

适宜采用“猜想—论证”式教学法的教学主题，一是学生容易产生错误前概念的主题，如海带具有“叶”和“根”；二是社会科学议题，如转基因食品、克隆技术的推广等；三是基于科学史的主题，科学进步的历史就是科学怀疑的历史，选择科学史内容开展科学论证教学，将科学论证思想融入科学探究过程，让学生体验科学家亲历的论证过程。

2. 给予学生理论指导

在教学开始之前，教师要让学生了解什么是论证，论证应该如何进行，并举例示范。

（八）教学评价

科学合理的能力评价标准和评价方式对有效开展科学论证教学具有良好的导向和调控作用。

1. 学生的活动表现

论证活动中学生的表现包括学生的观点是否明确、论证思维是否严密、搜集的资料证据是否完善、提出的证据和猜想之间的逻辑是否正确等。学生在论证中使用的主张越多，对论证问题的理解程度越深。①

2. 多主体评价

采用生生评价、师生评价的多主体评价能有效调动学生参与论证教学活动的积极性，鼓励学生发表个性化见解。

[课例 1]

基于“猜想—论证”的“藻类、苔藓和蕨类植物”的实验教学设计

摘要：基于“猜想—论证”式教学法，通过一系列宏观和微观的探究实验，利用实验、观察、比较等方法，教师从横向和纵向上教学了藻类、苔藓、蕨类植物的结构特点及其在生态系统中的意义和作用，培养了学生的实验探

---

①胡红杏. 科学论证的本质、价值及教学策略［J］. 当代教育与文化，2021，13（2）：42-49.

究能力和逻辑推理能力，发展了学生的生物学核心素养。

关键词： 生态系统；生物进化；拓展研究；生物学核心素养；初中生物学

1. 教材分析及设计思路

"藻类、苔藓和蕨类植物"是人教版生物学教材七年级上册第三单元第一章第一节的内容，介绍了藻类、苔藓和蕨类植物的特征及其与人类的关系。教材中有常见藻类植物的模式图、苔藓植物的观察与测量实验、蕨类植物的阅读材料。

虽然藻类、苔藓和蕨类植物在生活中很常见，但是学生对它们并不了解，所以仅凭教材中的文字与图片介绍，教师很难让学生真正认识三类植物器官分化的相关知识。教师可以先提供大量孢子植物素材，让学生自行分类，然后质疑—猜测—验证，了解三类植物的主要特征，理解分类的依据；接着通过观察、体验、实验等多种方式，让学生深入学习三类植物的相关知识；最后从生态系统和生物进化的角度，引导学生认识三类植物在生物圈中的地位和意义。教师力图培养学生的生命观念、科学思维、社会责任感等生物学核心素养。

2. 教学目标

依据课程标准并围绕培养学生核心素养的要求，制定如下教学目标：

（1）学生通过观察、实验、比较等方法，概述藻类、苔藓和蕨类植物的主要特征。

（2）学生通过纵向比较、梳理三类植物进化的顺序及趋势，认同结构与功能观、进化与适应观。

（3）学生通过观看视频、观察图片、阅读文字资料等方式，了解孢子植物与人类生产生活的关系及其在生物圈中的重要作用，初步形成生态意识，能主动参与环境保护实践。

3. 教学过程

3.1 课堂导入—初步分类

教师在课堂上展示海带、裙带菜、石莼、水绵、地藓、地钱、葫芦藓、铁线蕨、肾蕨等植物样本，让学生尝试对其进行初步分类，并说出分类的依据。

设计意图：用当地常见植物作为素材，让学生从熟悉的植物入手，通过观察、触摸，从宏观上对上述植物进行分类，为接下来的探究过程做铺垫。

3.2 设计实验—明确特征

3.2.1 认识藻类植物

学生分小组阐明分类依据，说一说为什么将海带、裙带菜等归为一类。

实际上，学生普遍认同：水绵、石莼没有根、茎、叶的分化，而海带、裙带菜有根、茎、叶的区别。教师顺势引导：根、茎、叶等器官是由不同的组织构成的，如果出现器官分化，必然会有不同的组织。并提出问题：你们能设计实验证明海带和裙带菜有根、茎、叶的分化吗？学生对海带和裙带菜的不同部位进行横切和纵切，用放大镜观察发现所谓的“根、茎、叶”中都没出现组织分化，因此也没有器官分化，进而总结藻类植物的主要特征。

设计意图：通过质疑—猜测—设计—验证，让学生在思考的基础上动手操作，根据事实和证据，运用科学的思维方法，认识藻类植物的主要特征，发展实验探究能力。

3.2.2 认识苔藓和蕨类植物

学生在对苔藓和蕨类植物进行分类时普遍认为，除了苔藓植物比较矮小外，两者在形态上非常相似，都有根、茎、叶的分化。教师引导：两类植物的“根”都是真正的根吗？真正的根能吸收水分和无机盐，并将其向上运输至茎和叶。教师提示：水是无色透明的，可通过给水加点颜色来判断水的去向。学生根据实验原理设计实验，如图 1、图 2 所示。

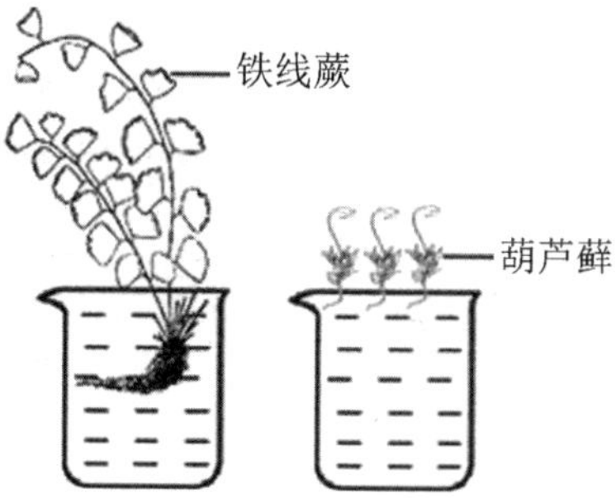

图 1 “根”的对照实验

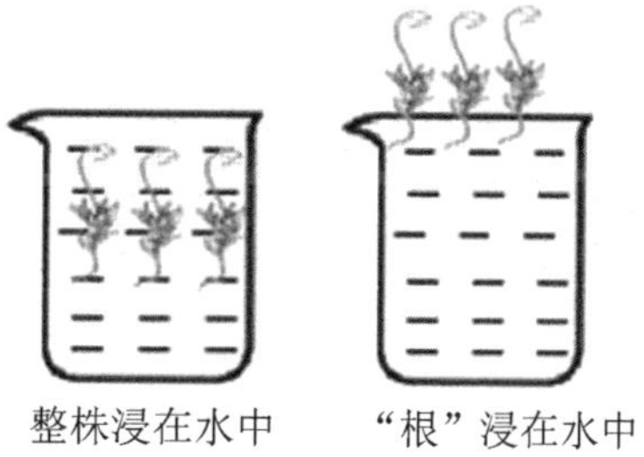

图 2 “根”、茎、叶作用的对照实验

实验结果：肉眼可见铁线蕨的叶脉变红，显微镜下发现浸“根”的葫芦藓茎叶并没有变红，整株浸入的葫芦藓茎叶变红。

学生根据实验结果推理：苔藓植物的“根”只有根的形状，不具有根的运输功能，因此不是真正的根，是假根；而蕨类植物是真正的根。

设计意图：在复习回顾对照实验的基础上，教师引导学生运用标志物追踪法，探寻实验中的水的去向，明晰苔藓和蕨类植物的特征，既增加了生物课的趣味性，又发展了学生的科学探究能力。①

综上，学生基本能从宏观和微观两方面正确认识三类植物的特点。

①谭永平. 中学生物课在发展核心素养中的价值和基本任务 [J]. 生物学教学，2016，41 (5)，20-22.

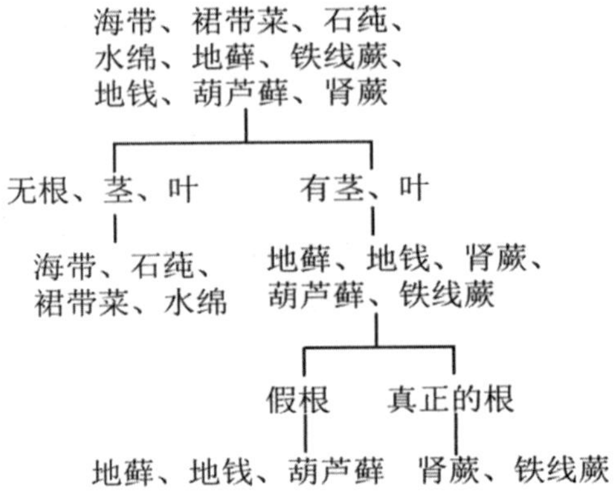

图3 孢子植物特征实验设计思维导图

3.3 提供素材—加深理解

3.3.1 种类多、分布广的藻类植物

播放介绍藻类植物的视频：藻类植物种类众多，从单细胞的衣藻到长达几百米的巨藻，数量达3万多种；分布范围极广，从80℃的温泉到冰雪地带皆有分布，主要生活在淡水、海洋，极少生长在潮湿的陆地。

学生分小组探究藻类植物没有根、茎、叶的分化的原因：藻类植物主要生活在水中，每个细胞都可吸收水分，不需要专门的器官吸水、保水、运输水分，所以没有进化出器官。

设计意图：学生根据藻类植物的生活环境，解释其相适应的结构特点，初步培养结构与功能相适应的生命观念。①

3.3.2 矮小娇嫩的苔藓植物

教师组织生物兴趣小组成员到校园的背阴处、行道树下以及附近的公园中寻找苔藓植物，并采集标本放置在培养皿中，进行如下实验：将一团约$10cm^2$的葫芦藓放入培养皿中，加入20mL清水，此后根据葫芦藓的湿度及时补充水分，并记录3d苔藓植物的吸水量。经统计发现，其吸水能力很强。教师请学生结合苔藓植物的生活环境，推测它们在生态系统中的意义——苔藓植物能够涵养、保持水分，在生态系统中有保持水土的作用。

教师提供以下文字材料：苔藓植物对有毒气体（如SO_2）十分敏感，在污染严重的城市和工厂附近很难生存。因此，苔藓植物是监测空气污染程度的指示植物。提出问题：苔藓植物的这个作用可能与什么有关？能否验证你的推测？教师提示：生物体的结构与功能是密不可分的。学生提出猜想：这

①曹玉敏. 利用初中生物学教材中的科学史培养学生的核心素养［J］. 生物学教学，2020，45（4），15-17.

可能与苔藓植物的结构有关，并通过制作临时装片来观察验证。

活动1：学生在高倍显微镜下再次观察整株浸在红墨水中的葫芦藓，发现变红色的葫芦藓叶片都很薄且仅由一层细胞构成，红墨水可以从叶片的两面进入细胞。学生以此推理，在被污染的环境中，有毒物质可以从叶片的背腹两面入侵，将细胞杀死。

活动2：学生进一步观察葫芦藓的临时装片，发现其叶中无叶脉，摸一摸、揉一揉手中的苔藓，发现很柔软，说明茎中没有输导组织。

活动3：学生根据观察到的结果，推理苔藓植株非常矮小的原因，再结合其“根”是假根，推理大部分苔藓植物生活在潮湿的陆地上的原因。

设计意图：学生通过观察、体验、推理等活动，从感性和理性两方面认识苔藓植物的结构特点，培养归纳与概括、演绎与推理的能力；通过认识苔藓植物在生态系统中的作用及意义，初步形成生态意识。

3.3.3 高大的蕨类植物

通过前边的探究学习，学生基本能够说出蕨类植物的特点。教师提出挑战性任务：蕨类植物长得高大仅仅是因为有真正的根吗？请对桌面上的蕨类植物再次进行观察、触摸、撕取，多维度解释蕨类植物长得高大的原因。

解决上述任务后，学生观察铁线蕨和肾蕨叶片的背面，教师则提供相关的孢子囊群的阅读材料，请学生说一说蕨类植物有了真正的根和输导组织后仍然生活在阴湿处的原因。

设计意图：学生通过观察和动手实验，推测蕨类植物长得高大与其有根、茎、叶的分化和输导组织都有关。学生通过阅读孢子的相关材料，进一步加深对蕨类植物主要特征的了解。

3.4 不同维度—深入感知

3.4.1 生态系统角度

教师播放雪山红石滩短视频，让学生了解藻类植物是生态系统中的先锋植物，是生态系统中最初的一环。在藻类植物对岩石的生物化学作用下，岩石风化成适合苔藓和地衣生长的土壤，经过数百年甚至数千年的努力，才能逐渐演替成适合高等植物生存的土壤。① 孢子植物在为生物圈提供氧气和有机物的同时，还为生态系统的演替做出了巨大的贡献。

设计意图：通过视频，学生了解了三类植物在生态系统演化中的作用，形成了一定的生态意识，能主动参与环境保护实践，初步建立了社会责任感。

---

①胡春香，刘永定，宋立荣．土壤藻研究新进展［J］．水生生物学报，2002（5）：521-528.

3.4.2 从生物进化角度认识三类植物

教师指出三类植物出现的先后顺序是藻类植物、苔藓植物、蕨类植物，地球地质演化的顺序是地球被海洋覆盖到逐渐出现陆地，请学生据此分析生物进化的特点以及生物与环境的关系。

设计意图：促使学生形成一定的进化与适应观，初步建立生物进化思想。①

3.5 布置任务—拓展延伸

教师布置课后作业：请学生到附近的藻类养殖场、花卉市场等地调查孢子植物是如何繁殖的，以及它们与人类生产生活的关系；调查自然界中的植物还有哪些繁殖方式，与孢子植物相比，它们的分布范围如何，以及出现这种差别的原因。

设计意图：通过调查孢子植物的繁殖方式，学生学会了将知识与生产生活中的实际问题相联系，从文本走入生活。通过调查其他植物的繁殖方式，学生初步认识了生物的多样性和统一性，为学习裸子植物和被子植物奠定了基础。

4. 教学反思

教师为了保证教学进度等而刻意选择片面的甚至不客观的生物教学资源，必将使学生对生物的认识浅层化、片面化，无法真正激发学生的科学思维。本节课选取本地域常见、易得、多样的乡土生物资源，供学生观察、比较、体验、探究，让学生在对它们进行分类时暴露出错误前概念，即本节课要突破的重难点。由于本节课对于学生的实验操作能力和科学思维能力要求较高，因此建议用 1—2 课时来教学。其中，运用标志物追踪法探寻苔藓植物和蕨类植物的"根"等实验耗时较长，建议师生一起实验。

[课例 2]

基于"猜想—论证"的"绿色植物参与生物圈的水循环"课例

1. 教材分析及设计思路

1.1 课标分析

"绿色植物参与生物圈的水循环"是人教版生物学教材七年级上册第三单元第三章的内容，对应《义务教育生物学课程标准》中的重要概念 4.2"植物

①李学斌. 例析初中学生"进化与适应观"的培养 [J]. 生物学教学，2018 (2)：27-28.

通过吸收、运输和蒸腾作用等生理活动，获得养分，进行物质运输，参与生物圈的水循环”。学业要求是运用蒸腾作用的知识，解释生产生活中的相关现象。

1.2 教材分析

教材介绍了植物对水分的吸收和运输、叶片的结构与植物的蒸腾作用的关系，并通过两个实验介绍了蒸腾作用的意义。水是无色透明的，我们无法用肉眼直接观察到植物中水分运输的方向。因此，本节课采用“猜想—论证”式教学法，培养学生基于事实和证据得出结论的意识。“猜想—论证”式教学法是以生活经验、事实为依据，对生命规律或生命现象的原因做出猜测，运用生物实验数据、生物学史实、事实证据等论证猜想的一种教学方法，能够激发学生的科学探究意识，培养学生的逻辑推理能力、探究实践能力。

1.3 学情分析

学生已经掌握了植物形态结构方面的知识，为学习蒸腾作用奠定了结构基础。蒸腾作用是不可视的生理过程，因此，教师在讲解相关知识时，需要将不可视的过程可视化。设计验证蒸腾作用的相关实验是本节课的重点内容。

1.4 设计思路

以芹菜为主要实验材料，通过猜想和论证，了解水分的作用、水分的来源、水分的去向、水分散失的意义。首先，用实验来比较植物的鲜重和干重，了解水分可以保持植物姿态，理解水分对于植物的重要性；接着从理论和实验两个角度分析和验证根是植物主要的吸水器官；然后通过比较、观察、理论推导等方法验证气孔是植物散失水分的主要结构，建构结构与功能相适应的生命观念；最后，基于理论推导，分析水分对于植物自身和生物圈的意义。

2. 教学目标

依据课程标准并围绕培养学生核心素养的要求，制定如下教学目标：

(1) 学生通过观察、实验、比较、推理等方法，理解水分对于植物体的重要意义以及水分如何在植物体内运输，建构结构与功能相适应的生命观念。

(2) 学生通过推理、实验探究等方式，认识生物体的结构特点及生理活动，能够基于事实和证据做出正确的理论推导，发展科学思维和科学探究能力。

(3) 学生从理论和事实上认识植物的蒸腾作用对于植物自身和整个生物圈的意义，认同人类是生物圈的一部分，培养热爱大自然、爱护环境的意识，为保护人类共同的家园贡献力量。

3. 教学过程

3.1 水之作用

水是生命之源。学生根据以下实验和资料，结合已有知识和生活经验，分析和归纳水对植物体的作用。

(1) 取芹菜的根、叶、种子分别称重，放入烘干机中烘干，比较前后重量的差异，分析水分占植物体重量的比例。

(2) 比较萎蔫的芹菜和新鲜芹菜的叶片表面积和形态，推测水分对植物体的意义。

(3) 无机盐是植物必需的营养物质，固体的无机盐无法运输到植物体的各个部分。

设计意图：通过观察—实验—分析—比较，培养学生基于事实和证据推导结论的意识，发展学生的实践探究能力。

3.2 水从哪里来

水的运输发生在活的植物体内。植物体是不透明的，而水是无色透明的，如何才能知道水在植物体内是怎样运输的呢？

活动1——猜想：请学生从理性角度分析绿色植物吸收水分主要依靠哪个器官。学生在讨论后指出，花、果实、种子属于生殖器官，只出现在植物的部分生命历程中，所以不可能是植物的主要吸水器官；大部分植物的茎和叶伸展在空气中，空气中干燥缺水，空气中的少量水蒸气难以满足植物生长的需求；根深深地扎入富含水分的土壤中。根据以上分析推测，根是植物吸收水分的主要器官。

活动2——实验论证：请学生设计实验，验证根是植物的主要吸水器官，并推测根吸收的水分是如何到达植物体的各个部分的。教师提示：水是无色透明的，可以通过给水加点颜色来判断水的去向。学生设计如下实验：选两株完整的芹菜，分别标号为甲、乙，将甲芹菜的根浸泡在水中（水中加了红墨水），用自动喷雾装置给乙芹菜的茎、叶柄、叶片处喷水（水中加了红墨水），1小时后观察实验现象。

活动3——分析推测：经过横切和纵切，发现乙芹菜的内部没有明显变化，说明进入乙芹菜内部的水分很少。甲芹菜的叶片变红，制作其叶片横切面的临时切片并观察认识叶片的结构，发现变红的部分为叶脉；将叶柄纵向撕开，可以发现几根变红的导管；横切芹菜的茎，发现有变红的小点，这些小点是茎中的导管。通过这些现象，可以明确水分已经到达甲芹菜的各个部分，因此推测根是植物主要的吸水器官。根中并没有变红，原因是根是活细胞，不容易被染色。学生总结归纳水在植物体内的运输路径。

设计意图：通过分析—实验验证—分析推测，让学生在理性分析的基础上设计实验方案、分析实验结果，体验水由根吸收并由导管运输到叶片的过程，发展实验探究能力。

3.3 水到哪里去

根吸收的水分全部被植物体吸收利用了吗？请学生根据相关资料进行猜想。

资料1：一株玉米从出苗到结实的一生中，大约需要消耗200kg以上的水。这些水中只有大约2.2kg是玉米植株的组成成分并参与其各种生理活动。

资料2：热带雨林的相对空气湿度可达90%以上，沙漠的相对空气湿度在20%左右。

学生根据资料指出，植物吸收的水分一部分蒸发到空气中了。教师追问：主要是通过哪个器官蒸发？你们能设计实验证明吗？

3.3.1 水分通过什么结构散失

活动1——实验论证：学生指出，大部分植物的茎和叶伸展在空气中，但叶片的总表面积更大，所以水分可能主要通过叶片蒸发。学生进行如下实验：选三株完整的芹菜，将一株的叶片全部去掉，将一株的叶片去掉一半，剩下一株不做处理。用透明塑料袋套住三株芹菜的上半部分，将它们的根浸入标有刻度的大量筒中，滴几滴植物油，防止水分蒸发。将它们放置在阳光下，过一段时间后观察实验现象，并收集塑料袋内的水分。

活动2——猜想：学生指出，去掉叶片的塑料袋内没有明显变化；没有去掉叶片的塑料袋内有水珠出现。收集的水珠体积与量筒中水分减少的体积相差无几，没做处理的芹菜散失的水分大约是去掉一半叶片的两倍，说明根吸收的水分大部分散失到空气中了，叶片是水分散失的主要器官。但是，在观察叶片后发现，叶片表面没有水珠出现，也没有发现水分从叶片渗出，推测水分可能是以水蒸气的形式散失到空气中的。教师提出挑战性问题：叶片有什么特殊的结构能够使水分散失呢？你们能设计实验探究吗？

活动3——观察论证：学生指出，可以比较叶片和其他器官的表皮细胞差别，有差异的细胞即为水分散失的结构。从经济易得、易撕取的角度考虑，最终选用芹菜叶片和番茄果实。学生制作并观察芹菜叶片、芹菜叶柄、番茄果皮的表皮细胞临时装片，再将特殊结构绘制下来。学生实验后发现，芹菜叶柄和番茄果皮的表皮细胞排列紧密，形态结构相同，无特殊结构；芹菜叶片的表皮除排列紧密的表皮细胞外，还有一些由两个半月形细胞组成的特殊结构。教师指出，这些半月形的细胞是保卫细胞，中间围成的空腔是气孔。教师提问：根据实验结果，你们可以做出什么推测？学生指出，水分的散失是通过气孔进行的。

活动4——实验推测：学生制作新鲜芹菜叶和萎蔫芹菜叶的下表皮细胞临时装片，比较气孔形态的不同之处，并将它们绘制下来。学生在实验后发现，新鲜芹菜叶的气孔是张开的，萎蔫芹菜叶的气孔是闭合的。学生由此推测气孔张开时散失水分，气孔的张开和闭合与细胞的含水量有关。

3.3.2 叶片正面和背面的气孔数量是否一样

叶片正面朝向太阳是为了增大光合作用的表面积，那叶片正面的气孔数量是不是也更多呢？学生制作芹菜叶片上表皮和下表皮细胞的临时装片，对二者进行比较。学生在观察后发现，叶片正面气孔数量少，背面气孔数量多。教师请学生猜想叶片正反两面气孔数量分布不均的原因。学生在讨论后达成一致意见，如果叶片正面的气孔数量多，因阳光直射散失的水分必然也多，这对植物是不利的；而背面气孔数量多既能满足植物气体交换的需要，又减少了水分的散失。

3.3.3 不同植物气孔的形态、大小、数量是否一样

学生制作菠菜、白菜、洋桔梗、百合、长寿花等植物的叶片下表皮细胞临时装片，观察气孔的形态、大小、数量。学生在观察后发现，这几种植物的叶脉和叶柄处的表皮细胞都没有气孔。不同植物叶片的气孔的大小、形态、数目皆不相同，相同表面积下白菜叶片的气孔最小、数量最多；百合的气孔最大、数量最少。这可能与植物生活的环境以及叶片的含水量、大小、宽度、厚度等有关。

设计意图：通过探究—分析—比较，培养学生基于事实和证据得出结论的意识，发展学生的科学探究能力；通过观察比较同一植物的不同器官、不同植物的同一器官，引导学生认同生物的统一性和多样性，培养学生的生命观念。

3.4 水分散失的意义

教师提出问题：植物吸收的水分绝大部分都通过气孔散失了，为什么还要做这些"无用功"呢？夏天洗完澡后感觉特别凉快，为什么？植物通过根吸收的无机盐是如何被源源不断地运输到植物体的各个部分的？

学生根据洗澡的经历推测，植物散失水分的过程有效地降低了叶片的温度，能防止叶片在烈日下被灼伤。学生提出疑问：水往低处走，为什么植物体内的水分可以到达十几米高的位置呢？教师指出这与细胞的渗透作用有关。当叶肉中的细胞通过气孔散失水分后，细胞内的渗透压升高，必然与相邻细胞之间形成渗透压差，使得相邻细胞内的水分向该细胞内流动，这样依次传递，促使根内细胞不断从土壤中吸收水分并将水分运输到植物顶端。在此过

程中，无机盐作为植物必需的营养物质，溶解在水中，一起随着水分运输到植物顶端。

植物蒸发水分在一定程度上加快了生物圈水循环的速度。

4. 教学反思

通过调查发现，在初中生物课堂教学中，大部分教师习惯用“满堂灌”的教学方式，较少采用“猜想—论证”式教学法。本节课利用生活中常见的芹菜，引导学生研究植物的蒸腾作用，帮助学生养成勤于思考和探究的习惯，培养学生的生物学核心素养。本节课的实验和推理环节建议用 2 课时来完成。

第二章 "策源—引问"源流式教学中的"引问"

社会竞争日益激烈，越来越渴求创新型人才，怎样才能培养出更多的创新型人才呢？这需要我们从基础教育抓起，从课堂抓起，培养学生善于观察、善于提问、善于思考、善于创新的习惯。只有全力培养创新型人才，我们的国家才有希望，中华民族才能屹立于世界民族之林。

课堂教学改革仍是当前和今后中小学教育改革的重点。随着新课程改革的深入实施，让每个学生都得到充分的发展是教育改革的目标。但是，初中生物课堂教学还存在不少问题，主要表现在以下几个方面：

（1）课堂沉闷，缺乏生机和乐趣；

（2）教学过程与学生的生活经验、生活实践脱离；

（3）大量的无效问题充斥课堂，问题的有效率低；

（4）课堂教学中有效的自主、合作、探究学习较少，学生在学习活动中比较被动；

（5）教师讲、学生听的教学模式严重阻碍了学生的创新精神和实践能力的发展；

（6）教师霸占课堂，整个课堂只突出了教师的主导作用，师生对话、生生对话较少，课堂生成更少；

（7）教师的教学理念和教学行为比较陈旧，教学效益相对低下。

第一节 教师都会提问吗？

——让数据告诉你

2009 年，笔者对山东省青岛市城阳区部分教师和学生进行调查，结果分析如下。

一、教师的教学行为调查

教师的教学行为	A	B	C
1. 课堂上，您喜欢采用问题引导式教学法还是直接传授式教学法？（　　）。 A. 问题引导式 B. 直接传授式	22%	78%	/
2. 如果学生给出的问题答案与您的预想不一致，您会（　　）？ A. 花时间追问，推进问题的探究 B. 直接告诉学生正确答案是什么 C. 让成绩好的学生回答	8%	12%	80%
3. 您在教学中会经常有意识地设置问题情境来吸引学生吗？（　　）。 A. 经常　B. 偶尔　C. 从不	28%	62%	10%
4. 您在课堂上提出的都是自己精心设计的有效问题吗？（　　）。 A. 是的 B. 是有效问题，但不够精心 C. 提问比较随意	20%	52%	28%

调查表明，大多数教师的课堂还停留在单纯的教师讲、学生听的层面，忽视了学生的主体地位。78%的教师认为问题引导式教学太费时间，不如直接传授式教学的效率高。如果学生给出的问题答案与教师预想的不一致，80%的教师会直接让成绩好的学生来回答。综上所述，在设计问题引导教学方面，我区教师还存在非常大的问题，难以让学生真正成为学习的主人。

二、学生对课堂满意度的调查

调查对象是城阳区实验中学（城区学校）、城阳区第六中学（郊区学校）、城阳区第八中学（偏远沿海地区学校）、城阳区第十中学（偏远山区学校）的1949名学生。去除无效问卷18份，有效问卷共1931份。

学生对课堂的满意度	A	B	C	D
1. 课堂上，你认为最无效的提问方式是（　　）。（可多选） A. 习惯性提问：问题未经精心设计，每讲一两句便问是不是、对不对，形同口头禅 B. 惩罚性提问：发现某一学生精力分散、心不在焉，突然发问，借机整治 C. 数量过多、淹没教学重点的提问 D. 空泛、难度大的提问	62.5%	45.2%	21.1%	48.5%
2. 你认为教师设置的思考与讨论题效果如何？（　　）。 A. 恰到好处，非常经典　　B. 不明白问题是什么意思 C. 简单，没有讨论的必要　D. 太难	15.5%	34.2%	32.5%	17.8%
3. 你敢于在课堂上表达自己独特的见解吗？这样的机会多吗？（　　） A. 敢；很多 B. 敢；很少 C. 不敢；很多 D. 不敢；很少	13.3%	45.7%	15.2%	25.8%
4. 你最喜欢的授课方式是（　　）。 A. 灌输式　B. 循循善诱式　C. 学生自主学习式	13.6%	54.3%	32.1%	

调查表明，学生对教师的课堂提问的意见很大，62.5%的学生认为教师上课时采用的是习惯性提问方式，没有实际意义；48.5%的学生认为教师提的问题太空泛，难度大。34.2%的学生认为教师设置的思考题、讨论题指向不明确。45.7%的学生想在课堂上发表自己的意见，但是没有机会。54.3%的学生喜欢教师采用循循善诱的授课方式。从调查中可以看出，教师在课堂上提出的问题，不管是数量还是质量，都不能让学生满意。改变这种现状刻不容缓。

第二节　这样提问不可取

叶圣陶先生说过："教师之为教，不在全盘授予，而在相机诱导。"一名好教师必定善于抓住时机，启发学生的思维。然而在课堂教学中，许多教师在提出问题、引导学生思考时，学生或是集体沉默，或是一片茫然，或是满脸厌烦，或是畏惧低头。出现上述情况的根源往往在于教师自身，教师在提出问题时存在着许多误区。

一、问题难度过大

某教师在教授“尝试对生物进行分类”一课时，让学生阅读课本上的生物分类小知识，要求学生找出分类的依据、分类单位、分类的意义。然后，教师布置任务：尝试根据生物的特征，分别对植物、动物、微生物进行分类。学生分小组完成教师布置的任务。在接下来的20分钟内，相当一部分学生很茫然，显然缺乏思考的方向，课堂气氛一度十分压抑，教师的预设与课堂生成相去甚远。这是因为教师在让学生自主学习之前，没有进行任何的引导与铺垫，提出的问题难度远远超出绝大多数学生的现有能力水平。

二、问题指向不明确

学生对教师提出的问题无从下手的另一个原因是问题指向不明确或表述不恰当，学生不知所云，缺乏思考的方向。如，将“水螅的体形有什么特点？这种体形对其生活有何意义”换成“水螅的身体能分出背面和腹面、左侧和右侧吗？这样的体形与捕食有什么关系”，将“有些人的运动系统完好，却不能正常运动，原因可能是什么”改为“运动仅靠运动系统就可以完成吗？课间跑操时，你的呼吸、心跳等方面有何变化？想一想，除运动系统外，还有哪些系统参与了运动”，使问题的指向性更加明确。

三、伪问题

部分教师还未对问题做好充分的引导与铺垫，甚至根本未进行任何的引导与铺垫，就要求学生回答问题。尤其是在概念教学中，许多教师直接以新知引入新课，一上课就问：什么叫作反射？什么是学习行为？什么叫特异性免疫？学生根本没有经历概念原理形成的过程，所以只能从课本上找出相关概念。此类问题根本没有训练学生的思维，属于伪问题。由于学生不理解概念的内涵和外延，只能死记硬背，所以在运用概念原理解决问题时，一旦出现陌生的情境，学生就一筹莫展、无计可施了。

四、问题思维含量低

首先，教师设计的问题浮于表面，根本未触及知识的实质，毫无思维含量。如巴斯德的鹅颈瓶实验，以填空的形式提出这样的问题：法国科学家巴斯德设计了一个巧妙的实验，证明了肉汤的腐败是由来自空气中的细菌造成的，从而推翻了（细菌自然发生论）。类似这样的反射式、低阶思维问题，导致学生对知识的认识只停留在浅层，只知其然而不知其所以然。

其次，教师为学生考虑得过分"周到"，不肯给学生留一点思考的空间，提问也就失去了意义。例如，"尿的形成和排出"一节中有这样一个问题：观察肾动脉和肾静脉以及肾脏的颜色，根据你所学过的知识，想象一下肾脏里血管的分布状况是怎样的。某教师是这样处理的：出示泌尿系统模式图和血液循环模式图，让学生以填空的形式回答问题。虽然学生很流畅地回答了问题，但利用已有知识分析解决新问题、提高学生思维能力和判断能力的机会就这样被破坏了。

最后，教师提出的问题低幼化，不符合学生的心理发展特点。

五、问题表述枯燥乏味

排尿有何意义？分解者有什么作用？听到类似这样的问题，你是否会有乏味、厌烦的感觉？你会产生求知的欲望吗？换一种问题表述的方式：2010年春，西南地区发生百年不遇的旱灾，群众生活极度缺水，可他们每天必须排出一定量的尿液，这是为什么？假如没有分解者，地球将是什么样的？哪种问题表述方式更吸引人不言而喻。

六、问题情境远离学生生活

某教师在教授"传染病及其预防"一课时以2003年在全球爆发的SARS作为情境案例进行问题引导，结果学生集体沉默，与教师的课前预设反差很大。原因很简单，学生年龄在14岁左右，对出生前发生的疫情根本不了解，更没有切身体会过。自2019年起在全世界范围内蔓延的甲型流感和2019年春在城阳区中小学爆发的腮腺炎、红眼病、手足口病，对城阳区学生来说都是非常好的问题情境案例。如此丰富又适用的教学资源，该教师却视而不见、充耳不闻，白白浪费了。

七、问题欠逻辑

知识间是有联系的，相应地，教师提出的问题也应该相互衔接。但许多教师在提问时很随意，根本不关注问题出现的顺序，往往导致学生的思维迟滞。如某教师在教授"动物的运动"一节时，依次提出以下问题：①运动系统由什么组成？②运动是怎样产生的？③说出关节的结构以及各部分的功能；④骨骼肌是如何附着在骨头上的？很显然，问题②出现得很突兀，导致问题间的逻辑混乱。若将问题②挪到问题④之后，其更符合学生的认知规律。

八、满堂问

我们在课堂教学中提倡将知识问题化，提倡使用导学案。于是，教师把课本上的内容分解成许多细碎的小问题，甚至是小填空题，让学生寻找这些问题的答案。整节课，教师只负责出示问题，绝不与学生抢时间。这种“满堂问”比“满堂灌”更让人难以容忍。首先，以问题引导学生思考、以问题引导学生自主学习，并非意味着教师在课堂上不能讲授知识。讲授法作为接受学习中非常有效的方法，有着其他教学法不可替代的作用。讲授、点拨、引导等多种方法相结合的课堂能帮助学生更加扎实、有效地学习教材上的知识。其次，文本内容填空化、阅读文本找答案这样的教学形式，除了能训练学生的抄写能力外，基本没有意义，无法训练学生的分析、判断、综合等思维能力。

九、无视课堂生成的问

教师只按课前的预设来提问，千方百计将学生的思维往“标准答案”上引导，对学生的错误答案、没按教师设计方向走的答案，装作没听见、置之不理或生硬地告诉学生“不对”。笔者甚至亲耳听一名教师对提出异议的学生说：“知道的多了，也不是好事。”

第三节　课堂提问有策略

创设适宜的问题是教师应具备的基本能力之一。笔者在长期的实践中总结出有效提问的原则，具体如下：

一、化整为零——渐进式原则

教师对课堂的重难点心中有数，在课堂预设时，可以将难点问题分解成阶梯式的问题，使学生“跳一跳，够得到”，从而让学生在“问题串”的引导下逐步解决大而难的问题。“问题串”中的问题要循序渐进、由易到难，围绕核心问题逐级铺垫、层层递进，学生沿着层次性问题拾级而上，水到渠成。

二、不要让学生猜谜——指向性原则

教师提出的问题的指向要明确，学生只有明白问题本身的含义，才能明确思考的方向。因此，教师应斟酌问题的语言表述是否明确、是否恰当、是否有歧义，至少要让学生明白教师问的究竟是什么。

三、将"瘦"问题变"胖"——高阶思维原则

高阶思维是指发生在较高认知水平层次上的心智活动或认知能力，其在教学目标分类中表现为分析、综合、评价和创造。而"胖"问题则是指能够促成高阶思维的问题。以下几种问法可促成"胖"问题：你是怎么想的？你的理由是什么？你为什么会这样认为？你有理由吗？你还有别的方法吗？"胖"问题训练了学生的求解能力、决策能力、批判性思维能力及创新能力。

四、基于体验——生活化原则

问题情境与生活实际相联系，与生活体验相结合，这非常值得提倡。一般来说，学生更乐意去思考有情境的问题。若将干巴巴的问题具体为生活化的情境问题，学生对此有身心感悟，更能激发学生学习的主动性、积极性。事实证明：当思考、讨论建立在学生的生活经验的基础上，就会大大降低难度并引发学生的兴趣，让学生的思维更活跃，其分析、综合、评价能力也会趋向更高的水平层次。

五、刨根问底——追问性原则

当学生对问题的理解比较肤浅或有误时，教师通过追问，刨根问底，使学生"知其然，更知其所以然"。例如，教师提问：通过对比蚯蚓和小白鼠走迷宫的行为，你对不同动物的学习能力有何认识？学生回答：不同动物的学习能力有差别。这显然是一种浅层次的认识。教师追问：从进化的角度来看，不同动物的学习能力有何差别？不同动物的学习能力的差别是由什么因素决定的？教师针对学生的回答，正确的追因、不对的追错、肤浅的追根，最终使学生真正领悟。

六、与时俱进——时事性原则

问题情境太陈旧，往往无法吸引学生。相对而言，时事性的问题情境，

对学生的刺激更强烈，更容易吸引学生。当然，学生对现实情境的体验感受更深刻。

七、过犹不及——适宜性原则

第一，问题的难度要适宜，要符合学生的心理特点，避免“高龄低问”。第二，问题的数量要适宜，“满堂问”比“满堂灌”更可怕。第三，提出问题的时机要适宜，相机诱导是关键。第四，问题的前后顺序要符合逻辑。

八、此时无声胜有声——留白原则

为了引起学生的联想和想象，教师要适时、适地、尽量地留出“空白”。即课堂要留给学生尽可能多的感悟和思维空间；提问要留给学生充足的思考时间；教学内容要给学生留有适量的探究区间。①

九、碰撞出的精彩——生成性原则

一节好课不应该是完全预设好的，而应该是有生成的。山东省新课程远程培训特聘专家郑朝晖老师认为：“课堂教学应该是涩的，一节课很滑（华美），则说明课堂的难易度不够，即课堂的思维训练不够。”在课堂教学中，在师生思维碰撞、互动的过程中，学生获得思维的经验即课堂生成（既有资源的生成，又有过程状态的生成）。教师抓住时机，或相机诱导，或以谬归谬，往往能取得意想不到、远胜预设的效果。

十、永恒的主题——趣味性原则

布鲁纳曾说过：“兴趣是最好的老师。”成功的教学不应该是强制性的，而应该激发学生的兴趣，引导学生主动学习。学生进行自主学习、合作学习、探究学习时都需要动力，而动力则来自学生对知识的兴趣、渴望与追求。在教学中，教师通过创设情境、新颖导入、引导探索、设计练习来激发学生的学习兴趣。在此过程中，教师应该精心设计问题，努力使学生对学习内容产生兴趣，使课堂趣意盎然。

---

①刘显国．教法选择艺术［M］．北京：中国林业出版社，2001：4-5.

第三章 "策源—引问" 源流式教学中的课程资源开发与利用

为了更好地了解初中生物课程资源的开发与应用情况，笔者特地制作了"课程资源及开发和利用意识调查问卷"（教师版、学生版），并对调查结果做详细的分析。

课程资源及开发和利用意识调查问卷（教师版）

尊敬的老师：

您好！为了调查了解初中生物课程资源的开发与应用情况，因地制宜地开发利用各种生物课程资源，促进生物教学质量的提高以及学生生物学核心素养的提升，恳请您能在百忙之中阅读并填写这份调查问卷。调查结果仅用于本课题分析研究使用。在填写过程中，您可以选择署名或匿名。我们承诺，您的个人信息不会泄露给课题组以外的任何第三方，请您根据实际情况如实填写。衷心感谢您的支持与配合！

1. 您的职称等级为（　　）。

A. 二级教师　　B. 一级教师　　C. 高级教师　　D. 正高级教师

2. 您的教龄为（　　）。

A. 5 年以内　　B. 10 年以内　　C. 20 年以内　　D. 20 年以上

3. 您的最高学历为（　　）。

A. 专科　　B. 本科　　C. 研究生

4. 您的专业为（　　）。

A. 生物教育专业　　B. 非生物教育专业

5. 您是否了解生物课程资源的概念？（　　）。

A. 比较了解　　B. 了解一点　　C. 不了解

6. 在进行课堂教学时，您的主要课程资源来自（　　）。（可多选）

A. 教材教参、教辅资料　　B. 自身的知识、生活经验

C. 生物实验室、生物标本和教具　　D. 网络、电视等媒体

7. 您认为目前急需开发的生物课程与教材资源是（　　）。（可多选）

A. 学生喜欢的教材深度开发、再加工

B. 与教材配套的教具、辅导资料

C. 课件和各种信息资源

D. 课外实践活动资源
E. 家庭或地域性的课程资源
F. 其他

8. 为了提升学生的学习兴趣，让学生基于资源、体验、生活实践或已有的知识经验进行学习，您是否能够做到主动开发并应用课程资源？（ ）。
A. 非常主动 B. 较主动 C. 偶尔主动 D. 无所谓

9. 您认为开发利用校内外生物课程与教材资源时面临的主要困难是（ ）。（可多选）
A. 担心学生人身安全
B. 工作负担重，精力有限
C. 缺少经费和必要的外部条件
D. 开发利用课程与教材资源的主动性差
E. 实际开发能力和手段不足

10. 您对提高自身开发利用课程资源能力的需求有（ ）。（可多选）
A. 希望参加形式多样、针对性强的培训
B. 通过教科研活动，获得更多的学习交流机会
C. 希望创设宽松的开发与利用的环境
D. 提供开发课程资源的案例集或开发指南
E. 利用现代化信息技术手段获取丰富的课程资源
F. 开辟校外课程资源的活动基地

11. 您开发和应用课程资源想要实现的目标是（ ）。（可多选）
A. 便于教师授课 B. 实现教与学方式的转变
C. 提高教学质量 D. 促进学生发展
E. 实现自身的专业发展

12. 您认为教师的课程资源开发意识与培养学生的生物学核心素养的关系是怎样的？（ ）。
A. 密切相关 B. 一定相关 C. 关联不大 D. 毫不相关

课程资源及开发和利用意识调查问卷（学生版）

亲爱的同学：

您好！为了调查了解初中生物课程资源的开发与应用现状，因地制宜地开发利用各种生物课程资源，提高生物教师的教学质量，培养学生的生物学核心素养，特开展此项调查。本问卷采取不记名方式，请您如实填写，非常感谢您的合作！

1. 您的性别是________，您所在的年级是________。
2. 您是否经常到生物实验室做有关的探究性实验？（　　）。
   A. 经常　　B. 偶尔　　C. 从不
3. 学校是否经常组织走出校门参观科技馆、展览馆、博物馆或进行野外实践、观测等活动？（　　）。
   A. 经常　　B. 偶尔　　C. 从不
4. 您认为下列可属于生物课程资源的是（　　）。（可多选）
   A. 课本、教参、教辅材料
   B. 野生动植物、山林、水库、盐滩、海滨等
   C. 媒体新闻、社会热点
   D. 生产实践、生活经验/体验
   E. 科技展、博物馆、图书馆
   F. 公园、农业生态园、花果蔬菜采摘园、养殖场、花鸟市场、海鲜市场
5. 您主要通过何种途径了解有关家乡的生物学知识？（　　）。（可多选）
   A. 课堂　　B. 课外读物　　C. 家长　　D. 电视、网络等
   E. 生活经历等
6. 假如让您进行部分生物学知识的深度研究学习，您将（　　）。
   A. 听老师讲　　B. 查阅网络资料
   C. 进行探究实验　　D. 实地考察或实践，如参观、种养植等

笔者开展问卷调查，回收教师问卷 91 份、学生问卷 1051 份。

教师问卷调查的情况如下：

调查问卷的第一部分涉及教师的职称、教龄、学历等信息。

接受调查的教师中，二级教师 49 人，一级教师 35 人，高级教师 7 人；教龄 20 年以上的 29 人，教龄 11—20 年的 15 人，教龄 6—10 年的 18 人，教龄 5 年以内的 29 人；研究生 26 人，本科生 64 人，专科生 1 人。

调查问卷的第二部分是关于教师对课程资源的认知情况的调查，包括教师对课程资源概念的理解、现用课程资源的来源、对开发课程资源的需求等。

教师对生物课程资源概念的理解情况见表 3-1 所示。

表 3-1　教师对生物课程资源概念的理解情况

项目	选项	比例
您是否了解生物课程资源的概念？	A. 比较了解	32.97％
	B. 了解一点	63.73％
	C. 不了解	3.30％

由表 3-1 可以看出，32.97％的教师认为自己对生物课程资源的概念比较了解，63.74％的教师对生物课程资源的概念有一点了解，完全不了解的教师仅占 3.30％。由此可见，生物教师对课程资源的概念并不陌生，但了解程度不深。一线生物教师应该丰富相关教学理论，多了解，多学习。

对教师应用的生物课程资源的来源进行调查，调查结果详见表 3-2。

表 3-2　教师在课堂教学中使用的生物课程资源的来源

项目	选项	比例
您的主要课程资源来自哪里？（可多选）	A. 教材教参、教辅资料	97.80％
	B. 自身的知识、生活经验	74.73％
	C. 生物实验室、生物标本和教具	76.92％
	D. 网络、电视等媒体	69.23％

从表 3-2 可以看出，除了教材教参、教辅资料，以及生物实验室、生物标本和教具，教师认识到自身的知识、生活经验及网络、电视等媒体都属于可开发的课程资源。

教师对课程资源的需求情况如表 3-3 所示。

表 3-3　教师对各种生物课程资源的需求情况

项目	选项	比例
您认为目前急需开发的生物课程与教材资源是什么？（可多选）	A. 学生喜欢的教材深度开发、再加工	71.43％
	B. 与教材配套的教具、辅导资料	68.13％
	C. 课件和各种信息资源	65.93％
	D. 课外实践活动资源	74.73％
	E. 家庭或地域性的课程资源	50.55％
	F. 其他	5.49％

74.73％的教师认为急需开发课外实践活动资源，超过 50％的教师认为急

需开发家庭或地域性的课程资源。但仅有5.49%的教师意识到需要开发的课程资源不仅仅局限于以上类型。这说明教师对课程资源的类型并不了解，与表3-1中接近70%的教师自认为不太了解课程资源的概念相互印证。

调查问卷的第三部分涉及教师对课程资源的开发及使用情况，包括开发主动性、制约因素、提高开发能力的路径等。

教师对生物课程资源的主动开发及应用情况如表3-4所示。

表3-4 教师对生物课程资源的主动开发及应用情况

项目	选项	比例
您是否能够做到主动开发并应用课程资源?	A. 非常主动	20.88%
	B. 较主动	41.76%
	C. 偶尔主动	37.36%
	D. 无所谓	0

教师对课程资源开发的主动性并不乐观，接近80%的教师只在同行开发课程资源后借鉴应用，能够克服困难、积极主动参与课程资源开发的教师仅有20.88%。哪些因素制约着教师对校内外课程资源的开发呢？调查结果如表3-5所示。

表3-5 制约着教师对校内外生物课程资源开发的因素

项目	选项	比例
您认为开发利用校内外生物课程与教材资源时面临的主要困难是什么?(可多选)	A. 担心学生人身安全	58.25%
	B. 工作负担重，精力有限	69.23%
	C. 缺少经费和必要的外部条件	87.91%
	D. 开发利用课程与教材资源的主动性差	38.46%
	E. 实际开发能力和手段不足	61.54%

以上数据反映出教师开发校内外生物课程资源的主要制约因素是缺少经费和必要的外部条件；工作负担重，精力有限；实际开发能力和手段不足。如何提高教师的课程开发能力呢？调查结果如表3-6所示。

表 3-6 教师认为提高课程开发能力的路径有哪些

项目	选项	比例
您对提高自身开发利用课程资源能力的需求有哪些？（可多选）	A. 希望参加形式多样、针对性强的培训	84.62%
	B. 通过教科研活动，获得更多的学习交流机会	76.92%
	C. 希望创设宽松的开发与利用的环境	58.24%
	D. 提供开发课程资源的案例集或开发指南	74.73%
	E. 利用现代化信息技术手段获取丰富的课程资源	73.63%
	F. 开辟校外课程资源的活动基地	57.14%

教师迫切需要提高自身开发利用课程资源的能力，近 85%的教师希望参加形式多样、针对性强的培训，75%左右的教师希望通过教科研活动获得更多的学习交流机会，获得开发课程资源的案例集或开发指南，以及利用现代化信息技术手段获取丰富的课程资源等。这就需要教育行政部门和学校在课程资源开发利用的问题上，积极主动地引导和帮助教师，为教师有效地利用和开发课程资源创造良好的条件。

调查问卷的第四部分是关于教师开发和应用生物课程资源的目的和意义的调查。

尽管只有 20%左右的教师积极开发生物课程资源，但已有 85.71%的教师认同开发和利用生物课程资源可实现教与学方式的转变，从而提高教学质量，实现自身的专业发展。这说明教师认可开发利用生物课程资源的重要性，但囿于外部条件及自身的限制，在行动上明显滞后。调查结果如表3-7 所示。

表 3-7 开发和利用生物课程资源的目的

项目	选项	比例
您开发和应用课程资源想要实现的目标是什么？（可多选）	A. 便于教师授课	69.23%
	B. 实现教与学方式的转变	85.71%
	C. 提高教学质量	75.82%
	D. 促进学生发展	84.92%
	E. 实现自身的专业发展	68.81%

调查显示，尽管教师在生物课程资源开发方面行动滞后，但接近 90%的教师在思想意识上认同：教师进行生物课程资源开发与应用有利于培养学生的生物学核心素养。因此，进行本课题的研究非常有必要。具体情况如表 3-8 所示。

表 3-8　教师进行生物课程资源开发及应用与培养学生生物学核心素养的关系

项目	选项	比例
您认为教师的课程资源开发意识与培养学生的生物学核心素养的关系是怎样的?	A. 密切相关	67.03%
	B. 一定相关	21.98%
	C. 关联不大	10.99%
	D. 毫不相关	0

通过对教师问卷结果进行分析，可以得到以下结论：第一，大多数生物教师认同课程资源开发与应用在教学中的重要意义；第二，生物教师在日常教学中开发利用课程资源的类型、来源单一；第三，生物教师愿意使用同行已开发的课程资源，但在日常教学中主动开发课程资源的少，开发课程资源困难重重；第四，生物教师对于课程资源的类型、开发路径、开发与应用策略等都存在认知上的不足。

学生问卷调查的情况如下：

调查问卷的第一部分是基于学生对校内外生物课程资源学习情况的调查，由表 3-9、表 3-10 可以发现绝大部分学校没有充分利用校内外的生物课程资源进行教学。

表 3-9　学生对校内实验室资源的利用情况

项目	选项	比例
您是否经常到生物实验室做有关的探究性实验?	A. 经常	33.3%
	B. 偶尔	60.18%
	C. 从不	6.52%

调查显示：城阳区仅有 1/3 的学校能够充分利用校内的实验室资源。6.52%的学生从未做过生物学实验或从未到过生物实验室，这不得不说是对校内课程资源的巨大浪费。而对校外的、社区的课程资源的视而不见更是让人遗憾，具体情况如表 3-10 所示。

表 3-10　学生对校外生物课程资源的利用情况

项目	选项	比例
学校是否经常组织走出校门参观科技馆、展览馆、博物馆或进行野外实践、观测等活动?	A. 经常	16.07%
	B. 偶尔	58.91%
	C. 从不	25.02%

城阳区接近 60%的学校仅在教育行政部门的官方安排下，轮流组织学生

去青少年活动中心进行实践活动；另有超过 25%的学校从来不带学生走出校门进行参观或实践活动。由此可见，学校对校外生物课程资源根本不重视，利用率极低。

调查问卷的第二部分涉及学生对生物课程资源及其开发途径的了解情况。学生对生物课程资源的认识情况如表 3-11 所示。

表 3-11 学生对生物课程资源的认识

项目	选项	比例
您认为下列可属于生物课程资源的有哪些？（可多选）	A. 课本、教参、教辅材料	91.25%
	B. 野生动植物、山林、水库、盐滩、海滨等	61.37%
	C. 媒体新闻、社会热点	41.29%
	D. 生产实践、生活经验/体验	66.98%
	E. 科技展、博物馆、图书馆	62.04%
	F. 公园、农业生态园、花果蔬菜采摘园、养殖场、花鸟市场、海鲜市场	76.31%

已有超过 60%的学生意识到除了课本、教参、教辅材料以外，野生动植物、山林、水库、盐滩、海滨等，生产实践、生活经验/体验，科技展、博物馆、图书馆，公园、农业生态园、花果蔬菜采摘园、养殖场、花鸟市场、海鲜市场等都可作为生物课程资源。这说明多数学生已经认识到生物课程资源的多样性。

学生的生物课程资源获取途径如表 3-12 所示。

表 3-12 学生的生物课程资源获取途径

项目	选项	比例
您主要通过何种途径了解有关家乡的生物学知识？（可多选）	A. 课堂	20%
	B. 课外读物	10%
	C. 家长	35%
	D. 电视、网络等	25%
	E. 生活经历等	65%

调查问卷的第三部分对学生在自主与合作学习中获得生物课程资源的方式进行调查。调查发现，选择主动研究学习的学生超过 60%，而等待教师讲解的学生占比最低。可见，学生更喜欢获取一手资源、主动学习。具体情况如表 3-13 所示。

表 3-13 学生在自主与合作学习中获得生物课程资源的方式

项目	选项	比例
假如让您进行部分生物学知识的深度研究学习，您将如何做？（可多选）	A. 听老师讲	52.52%
	B. 查阅网络资料	78.88%
	C. 进行探究实验	60.51%
	D. 实地考察或实践，如参观、种养植等	66.41%

通过对学生问卷结果进行分析，可以得到以下结论：第一，学生对家乡课程资源的了解很少是通过课堂获得的；第二，学生获取生物课程资源的途径比较单一；第三，学生喜欢基于课程资源进行主动学习、合作学习。综上所述，开发利用校内外生物课程资源、提高学生的学习积极性、改变学生的学习方式、培养学生的生物学核心素养势在必行。

第一节 什么是生物学课程资源

"课程资源"最早是由美国课程论专家拉尔夫·泰勒于 1949 年在《课程与教学的基本原理》一书中提出的，他认为课程资源主要来源于学习者本身的研究、对校外环境的研究以及学科专家的见解。① 1985 年，拉尔夫·泰勒对课程资源的内涵进行了系统的论述，主要从课程目标资源、教学活动资源、组织教学活动资源和课程评估资源四个方面展开。②

我国对课程资源的研究起步较晚，在 20 世纪 90 年代才引进"课程资源"概念，主要涉及活动课程、信息资源、校本课程、学生资源、素质教育资源等内容。2000 年以后，吴刚平指出："教材不是唯一的课程资源。"范兆雄认为，课程资源应该对所有相关的课程活动提供帮助，满足课程资源的使用主体的需求。课程资源主要包含课程教学目标、课堂教学内容及来源、保证课堂教学顺利进行的硬件设备和其他材料等。③ 钟启泉等指出："教材已不能满足需求，教材与教辅资料不应该作为唯一的资源。"

课程实施需要大量的、多样的事实性素材作为课程资源，课本教材资源

①拉尔夫·泰勒. 课程与教学的基本原理［M］. 施良芳，译. 北京：人民教育出版社，1999：56.

②陈佳健. 高中生物课程资源开发的现状调查与实践研究［D］. 武汉：华中师范大学，2019.

③马瑛. 中山市××中学生物课程资源开发利用的问题研究［D］. 武汉：华中师范大学，2017.

显然远远不够，教师需要在教学过程中不断发掘和加工校外的、自然的、家庭的、社会的资源等，使之成为学生学习的一部分。除了课本教材、实验室及图书馆等校内的、有形的、显性的资源，对于校外的、无形的、隐性的资源，如果它们能够有效地发展学生的生命观念、辅助学生的探究实践、提升学生的科学思维，亦可被视为课程资源。因此，学生的已有经验和实践体验亦是无形的课程资源，源远流长的传统文化、社会关系中的人力资源等社会资源同样属于课程资源。反之，校内外、媒体、传统文化等中的不真实的、不典型的、与发展学生核心素养无关的、不具备教育价值的部分，不能被视为课程资源。

生物学课程资源是指生物学课程中可利用的所有物质和人力条件，它不仅影响教师的教学过程和教学方式，也影响学生的学习过程和学习方式，是决定课程实施和课程目标能否达成的重要因素。① 换言之，凡是富有价值的、能够转化为学校生物课程或服务于学校生物课程的资源，包括教材、学校、家庭、社会和自然中的各种资源，均可称作生物学课程资源。在海量的课程素材中，教师要聚焦生物学课程发展学生核心素养的需要，依据生物学教学的实际，精选有助于生物学教学的适切的、典型的、真实的、优质的资源，使之成为生物学课程实施的重要保证，以之培养学生的生物学学科核心素养。

第二节　课程资源的类型

课程资源种类多样，按照空间分布情况，分为校内资源和校外资源；按照呈现方式，分为文字课程资源、实物课程资源、活动课程资源和信息化课程资源；按照存在方式，分为显性课程资源和隐性课程资源。② 例如，学生的已有经验和实践体验亦是无形的课程资源，源远流长的传统文化、社会关系中的人力资源等社会资源属于待开发的潜在资源。

第三节　课程资源的开发主体与对象

后现代主义课程观的代表学者多尔指出：“每一个实践者既是国家课程的

---

①董晶．合理选择和呈现生物学课程资源的方法［J］．生物学通报，2021，56（11）：35-37.

②马瑛．中山市××中学生物课程资源开发利用的问题研究［D］．武汉：华中师范大学，2017.

实施者，又是课程的开发者和创造者。"① 这就要求教师必须具有课程开发能力。建构主义理论认为，知识不是通过教师传授得到的，而是学生在一定的情境即社会文化背景下，借助教师和同学的帮助，利用必要的学习资料，通过意义建构的方式获得的。由此可见，学习不是简单的知识由外到内的转移和传递过程，而是学习者主动建构知识系统的过程。② 具身认知理论认为，身体在认知过程中发挥着关键作用，认知是通过身体的体验及其活动方式而形成的。认知神经心理学的研究证实了概念知识获得的具身性。杜威也认为，把经验和理性截然分开是错误的，一切理性思维都是以身体经验为基础。③ 由此可见，学生的知识经验、生命体验、探究活动、生活实践等是发展思维、建构概念、形成观念的基础。

自 20 世纪 50 年代开始，诸多发达国家意识到课程资源开发对学生学习的重要性：美国面向全国各类学校提供数学、逻辑、文学等丰富的课程资源，实现资源共享；英国要求学校在各门学科的教学中融入课程资源开发环节，提高学生的动手能力和实践操作能力；日、加、澳、韩等国也纷纷加强了对本国教材中优质课程资源的开发与推广力度。④ 国外把课程资源视为课程的重要组成部分，重视课程资源的开发与利用，以及课程资源对课程目标达成的促进作用。

由于历史、社会等原因，我国的传统教学模式中，绝大多数教师习惯于只利用教材、校内实验室等有限的资源，很少或从未有意识地开发利用日常生活中唾手可得的资源，认为课程资源开发是非常困难的事。这种严重缺乏情境资源和生命体验支撑的生物学课堂必然是枯燥乏味的。教师教得抽象，学生学得痛苦，生命课堂变成了"硬背"的"苦堂"，还美其名曰"学海无涯苦作舟"。太多的"苦堂"扼杀了学生的学习欲望，使厌学在中小学成为普遍现象。

2000 年以后，钟启泉提出："应重视教师在课程资源开发中的地位，引导教师主动参与课程资源建设"；"课程资源建设必须纳入课程改革计划"。2001 年，教育部发布的《基础教育课程改革纲要（试行）》明确提出："积极开发并合理利用校内外的各种课程资源。学校应发挥图书馆、实验室、专用教室

---

①多尔. 后现代课程观［M］. 王红宇，译. 北京：教育科学出版社，2000：23.

②宣红梅. 建构主义理论与多媒体英语教学的融合［D］. 长春：东北师范大学，2006.

③叶浩生. 身心二元论的困境与具身认知研究的兴起［J］. 心理科学，2011，34（4）：999-1005.

④马瑛. 中山市××中学生物课程资源开发利用的问题研究［D］. 武汉：华中师范大学，2017.

及各类教学设施的作用；广泛利用博物馆、展览馆、科技馆、农村、工厂等各种社会资源以及丰富的自然资源；积极开发信息化课程资源。”《义务教育生物学课程标准（2011年版）》指出，“社区中的人力资源也是课程资源”，“可供利用的课程资源还有学生家庭”，“学生的生活经验是无形的课程资源”。课程资源的开发和利用得到了教育界的高度重视，并指明了课程资源开发和利用的发展方向，即充分利用社区、家庭、自然、社会的资源。《义务教育生物学课程标准（2022年版）》指出：“要建立有效的课程资源的开发、审核、迭代机制，在充分利用已有资源的基础上，积极开发新的课程资源。”

生物学课程目标就是发展学生的生物学核心素养，并以此为宗旨，建构课程内容。因此，生物学课程资源的选择与开发必然要基于学科核心素养，而生物学课程资源的合理应用使学生的学科核心素养在生物学课程学习中逐渐发展起来，在解决真实情境中的实际问题时表现了出来。即基于学科核心素养开发学科课程资源，学科课程资源的合理应用达成发展学生的核心素养的目标。核心素养、课程资源开发、课程资源应用在生物学课堂教学中是相互依存、相辅相成的。

一、课程资源开发的主体

课程资源开发的主体不仅有教师，还有学生。教师要鼓励学生主动开发课程资源，调动身边各种有形的、无形的资源开展学习活动。教师要积极发掘学校、社区、家庭等潜在的课程资源，带领学生多主体、多途径共同开发课程资源。

二、课程资源开发的对象

初中生物教学的潜在课程资源包括教材资源、学校资源、家庭资源、自然资源、社会（包括社区、媒体、科技、文化、人力等）资源，如森林、湿地、河流、农田、公园、博物馆、展览馆、图书馆、研究所、工厂、养殖场、生态园等，都是课程资源开发的对象；学生的生活实践与已有的知识经验是无形的课程资源，传统文化、社会关系中的人力资源等社会资源也是生物学课程资源开发的对象。课程资源开发有助于实现国家课程的校本化、地域化、个性化。

第四节 课程资源选择误区及开发的原则

一、生物学课程资源的选择及使用的误区

课程实施需要大量且多样的事实性素材作为课程资源，课本教材资源显然远远不够。教师需要在教学过程中不断发掘和加工社会资源、自然资源等，使之成为学生的学习内容。当然，在海量的素材中，教师必须根据教学需要，选择适切的、典型的、真实的资源，使之成为课程实施的重要保证。

然而，在课程实施过程中，许多教师对于教学资源、素材的选择与使用却存在着种种不尽如人意的现象。

（一）选用不真实的素材

在2022年命题大赛中，有位教师选择了近几年的明星葡萄品种——晴王作为情境素材，“研究人员又通过杂交育种培育出了心形、星形的晴王”，且附上了心形和星形葡萄的图片。笔者看到图片后认为这些葡萄呈心形和星形是用了模具的结果，但素材中言之凿凿地说这是遗传与变异的结果。笔者在网络上进行相关搜索后发现，连石榴籽也培育出了星形的。这绝无可能！笔者仔细观察后发现，该教师提供的图片有造假痕迹：一是葡萄或呈四角星形，或呈五角星形，或呈六角星形；二是葡萄上的露珠居然悬空立在葡萄粒的顶端。另一位教师节选了七年级语文教材中《斑羚飞渡》一文：“一群被猎人围堵到悬崖边即将被屠杀的斑羚，在首领的带领下开始自救。羊群一老一幼结对，在幼年羚羊跃出从最高点往下降落的瞬间，老公羊的背部恰好出现在幼年斑羚的蹄下，成为跳板，幼年羚羊落到了对面山峰，而老公羊则坠落悬崖。”教师基于资料，提出问题：文中体现了动物群体的哪种行为？你的判断依据是什么？教师的问题设计很好，但提出问题的依托——文本素材有问题。《斑羚飞渡》是一篇小说，内容情节是作者虚构的，“斑羚飞渡”的真实性有待商榷。教师必须精心筛选素材，保证课程资源的真实性。

（二）囿于教科书的素材

一些老教师因知识水平有限，在教学时往往局限于教材。笔者在兼职教研员时，曾被前辈要求——不要使用陌生的情境素材编制习题；部分刚入职的教师在课堂上只“教教材”而不是“用教材教”，无法引领学生由生活走入

文本，再由文本走入生活。一旦考试中出现教材之外的陌生情境问题，学生就会一筹莫展，抱怨“没学过”“老师没讲过”。

（三）沿用不合时（地）宜的素材

部分教师的教案多年不变，上课一直在用先前的教学素材，没有根据科技新进展、时事与热点及时更新课程资源。例如，2020 年，居然还有教师将 2003 年的“非典”作为“传染病及其预防”一节的情境资源。

部分教师无视学生的生活经验与认知，生硬地“移植”远离学生生活的素材。2019 年 10 月，北京师范大学教育集团举行青年教师教学基本功比赛，笔者对一位来自西南地区的参赛教师的“细胞的生活”一课的导入环节印象深刻。该教师出示了西南地区常吃的蔬菜——炒红苋菜的图片，并提出问题：菜的汤汁为什么是红色的？学生面面相觑，个别学生猜测是浇上了火龙果汁。教师的预设与课堂生成相去如此之远，是因为教师将她在家乡惯用的素材直接挪到了没有红苋菜的地区，该地区的学生从未见过红苋菜，更未吃过红苋菜，因缺乏生活经验而无法与教师产生共鸣。教师若是将炒红苋菜换成炒菠菜或凉拌黄瓜，则能很顺畅地导入主题。

（四）采用有争议的素材

部分教师在教学时选用了有争议的素材。人教版（2001 年版）七年级上册选用了“旗形树的树冠像一面旗帜”一例，编者认为这体现了生物对环境的适应。但许多人认为，“在山坡或者山顶的树，由于风向常年不变，迎风面的树枝被吹断，只剩下一个方向的树枝，就形成了旗形树冠”，这体现了环境对生物的影响。人教版（修订版，2013 年编审）删除了该例，但很多教师依然在教案和课件中沿用该例，引起了争议。另外，由于蚯蚓以枯枝败叶为食，秃鹫能够食腐，许多人便认为它们是生态系统中的分解者。在 2014 年山东省举办的优质课评比中，有参赛教师特意以“知识拓展”的形式明确指出蚯蚓、秃鹫等属于分解者。实际上，食尸的秃鹫，食朽木、粪便和腐烂物质的白蚁、蚯蚓等只是具有分解者的功能，秃鹫不仅仅食腐，也会主动攻击中小型兽类、两栖类、爬行类和鸟类，有时也袭击家畜。① 因此，当秃鹫以活的动物为食时，属于消费者；当秃鹫以动物尸体为食时，则扮演分解者的角色。其他食腐动物如豺狼、鬣狗等也是如此。同样地，蚯蚓食腐时扮演分解者的角色，若以植物的根茎为食则属于消费者。笔者认为，七年级学生仅仅获得了生物

---

①孙儒泳，等. 普通生态学［M］. 北京：高等教育出版社，1993：198.

学的基本事实、概念、原理和规律等基础知识，初步了解了这些知识在生活、生产和社会发展中的应用，还不具备生物学思辨能力，所以，生物教师在新授课中最好不要选用有争议的素材。

（五）素材有科学性认知错误

在各种教辅资料、习题集中，我们经常遇到这样的题目：

苹果可食用的部分是由（　　）发育而成的？

A. 子房　　B. 子房壁　　C. 胚珠　　D. 珠被

学生一般都能顺利地选出答案，但很少有人意识到，我们所选的答案是错误的，选项中根本就没有正确答案。命题者和做题者都想当然地认为——苹果是果实，果实都是由子房发育而成的。

其实，苹果可食用的绝大部分不是由子房壁发育而成的，是由花筒发育而成的。苹果、梨等水果都是如此。将苹果横切，在横切面（如图 3-1 所示）上可以看到 2 轮共 10 个小点，这是花瓣维管束和花萼维管束，维管束以内的部分才是由子房发育而成的，我们通常叫作苹果核；维管束以外直到苹果皮的部分（图 3-1 中箭头所指的范围）均是由花筒发育而成的。苹果、梨、香蕉、黄瓜等果实并非完全由子房发育而成，均属于假果。教师在选择"开花和结果"的相关素材时，一定要注意避开这些误区，以选用真果为宜。

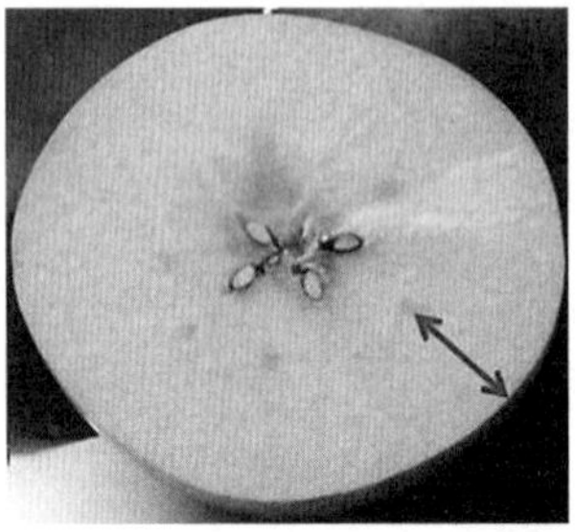
图 3-1　苹果横切面（双箭头区域由花筒发育而成）

图 3-2　传粉示意图

（六）素材选择不科学

在 2014 年 12 月山东省举办的优质课评选中，一位参赛教师在讲授"鸟适于飞行的特征之肌肉特点"时，为了说明善飞的鸟胸肌最发达，采用了实物观察法，给每个学习小组提供了一份烤鸡架。且不说烤鸡架上的肌肉根本就不完整，单是选用不会飞行的家鸡作为观察对象就让人诟病，因为善奔走、不善飞行的鸡形目最发达的肌肉根本不是胸大肌，而是后肢上的肌肉。在 2019 年 12 月的城阳区优质课评选中，绝大多数参赛教师在说明植物的"自花传粉”时选用了不正确的传粉图（如图 3-2 所示）。我们在仔细观察该图后可以发现，图中花的雌蕊柱头远远高于雄蕊，在自然条件下，花粉不可能落在柱头上，该花是典型的异花传粉。2020 年 9 月，笔者听一名青年教师讲授“生态系统”一课，发现她对于素材的选择极其粗放：以湖泊生态系统作为情境，让学生思考该生态系统中黑鱼与鲫鱼、鲫鱼与藻类植物之间是什么关系，然后用文字加箭头的形式表示出来。这位教师给藻类配的是黑藻的图片，给肉食性淡水鱼黑鱼配的是海洋鱼类的图片。以上三位教师只要稍加用心，就能避免出现此类明显的错误。

（七）使用“人为加工”的素材

在教学中，教师需要向学生提供各种丰富的、有代表性的事实，为学生的概念形成提供支撑。但在实际课堂中，教师或使用孤例，或选用同类型的素材，或对素材进行“加工改造”，以便于学生快速给出问题的答案，加快教学进度。

在 2017 年 11 月的青岛市优质课评选中，在教授“藻类植物的特征”时，为防止学生误认为海带等大型藻类植物有根、茎、叶的分化，一位青年教师展示了去掉固着器的海带，另一位教师干脆选用水绵、石莼这类明显无根、茎、叶区别的藻类。由于教师提供的是不客观、不真实或片面的素材，学生无法全面且正确地建构相关概念。

二、课程资源开发的原则

（一）科学性

生物学作为一门科学学科，选用的课程资源必须真实可靠，有科学依据。同时，生物学课程资源必须遵循课程标准、符合教学内容。

比如，教师在教学鸟适于飞行的特征时，不能以鸡作为教学案例，可以选择养殖的家鸽（当然，信鸽更理想），因为鸡是不会飞的鸟类（鸡形目），许多特征不适于飞行。再比如，在教学“藻类、苔藓、蕨类植物”一节时，为了让学生快速得出“藻类没有根、茎、叶的分化”的结论，教师选用去掉了根状固着器的海带，这明显是不科学的。

（二）安全性

自然界的生物种类繁多，很多植物及真菌等都有毒，有的动物对人有一定的攻击性，因此，教师在选择实验素材时一定要确保其无毒无害，所选的实践基地也要遵循无有毒有害生物的原则，不能选择有毒蛇出没的山林、有毒虫出没的草地，以免伤害到学生。比如，在观察植物的表皮细胞时，家庭养殖的花叶万年青的表皮容易撕取，但叶片有毒，故不宜作为实验材料。

再者，生物学科涉及的部分动物、植物、微生物等处于濒危状态，所以，教师在选择乡土课程资源时，要先查阅相关的文献及保护生物名录，避免误采到保护生物。

（三）经济性

直接作为实验材料或教学辅助材料而在课堂上应用的替代性课程资源，一定是便宜易得的，一是能降低实验成本，二是更贴近学生的生活。

在学习动物类群的知识时，学生可以到草地里捕捉蜗牛和蚯蚓等。在学习软体动物一节时，学生可以到海边挖蛤蜊和牡蛎。在观察水分在植物体内运输的实验中，可以选用价低易得的新鲜芹菜，实验所需时间短，实验现象更明显。关于观察叶片的上下表皮的实验，教材选用的是菠菜叶子，但菠菜叶片柔软且容易萎蔫，不易操作；可以改用常见且价格便宜的韭菜，其上下表皮非常容易撕取，不易带上叶肉，在显微镜下观察到的细胞结构更清晰，而且韭菜表皮的气孔比菠菜更明显。

（四）适宜性

虽然生物学课程资源丰富多样，但并非所有的生物学课程资源都适用于实际的生物学教学。因此，在选择课程资源时，生物教师首先要深刻理解教学目标和教学内容，针对具体的生物学原理，选取恰当的生物学课程资源，并使课程资源的数量、种类与教学内容相契合，不会冲淡课堂教学主题。

在学习物种入侵的知识时，学生通过实地考察和查阅资料发现，在青岛本地，火炬树虽然不适合做绿化树种，但在荒山造林和盐碱地植被恢复方面独具优势。在实地调查的过程中，学生尊重事实和证据，逐渐展现出崇尚科学和求真务实的精神。

（五）地域性

生物课堂中的地域性原则是指教师选用的乡土课程资源要反映出当地的主要区域特征。中国陆地面积约 960 万平方千米，南北、东西跨度都非常大，导致其气候、物种差别很大，可能在广东常见的植物种类在山东根本就没有。因此，教师在选择乡土课程资源时一定要注意地域性原则，尽量选择当地常见物种。

例如，教师教学“植物的生殖”相关内容时多在冬季，而在北方的冬季，获取课本中提到的扦插材料薄荷、作为砧木的较大的仙人掌、压条繁殖的材料夹竹桃并不容易。如果教师选择纸上谈兵，势必不利于培养学生的生物学核心素养。教师可以选取学校周边更为常见的绿萝或富贵竹，这些素材易得、易成活，也更贴近学生的生活。

再如，在学习“生物入侵”相关知识时，学生对教材中提到的入侵物种凤眼莲——水葫芦比较陌生，更不能理解凤眼莲侵占其他物种的生存空间是何种状态。教师可以选择本地区常见的入侵物种，如城阳区公路两旁疯狂扩张的火炬树作为素材。学生对此有生活经验，更容易理解“生物入侵”相关知识，并据此建立正确的生态观。

（六）趣味性

在生物学教学中，教师积极发掘和利用存在于学生日常生活中的课程资源，将社区资源和生物学教学内容相结合，既能满足学生的好奇心，又能提高学生的学习兴趣，更能活跃课堂气氛，提高生物课堂教学质量。[①] 当然，教师选用的课程资源要符合学生的年龄特征和心理特征。随着年龄的增长，初中学生的认知能力、感知能力、思维能力都得到了一定的发展，但是其探究实践能力仍然有限。因此，教师在选择社区资源时要考虑到学生的认知范围。

例如，在教学“蒸腾作用”相关内容时，教师可以让学生在放学路上观察移栽的植物：为何在移栽前要将大树修剪成“光杆司令”？为何要在新栽的绿篱上覆盖一层黑色的遮阳网？教师也可以带领学生到校园外的蔬菜种植基地实地考察。学生会针对所见提出大量问题，比如：小拱棚内表面的水滴来自何处？为何移栽蔬菜时，蔬菜的根部要带一坨土？移栽蔬菜后需要缓苗，这是为何？中午一般不给大田蔬菜浇水，为什么？这些课程资源让学生对生物产生了浓厚的兴趣，同时发展了学生的分析、综合能力。

（七）直观性

对于一些难度较大的生物学问题，教师可以利用直观形象的课程资源，帮助学生理解。这不仅能够有效弥补学生在思维方式和学习方式上的不足，在课堂知识学习与现实生活之间架起桥梁，使抽象、复杂的教学内容具体化、形象化、亲切化，还能给学生提供实践空间，丰富学生的生活经验，激发学生的学习兴趣。[②]

---

①武晓华. 乡土资源在生物教学中的作用［J］. 甘肃教育，2018（18）：119.

②武晓华. 乡土资源在生物教学中的作用［J］. 甘肃教育，2018（18）：119.

在教学"发酵"相关知识时，教师可以结合劳动技术教育，组织学生发酵面团并制作馒头，利用从家里带来的酸奶机制作酸奶。在教学文本知识时对接实践，可以更大限度地拓展学生的学习空间，使学习更有趣、更有意义。

[课例]

指向思维发展的创新实验设计——以"光是光合作用的条件"为例

1. 课标、教材、学情分析及实验教学目标

1.1 课标分析

本实验教学是新课标中大概念4下"光合作用"这一重要概念的有机组成部分。课标要求学生能够"设计单一变量实验，探究光是光合作用的条件"。

1.2 教材分析

本实验属于人教版生物学教材七年级上册第三单元第四章的内容，教材中以天竺葵作为"绿叶在光下制造有机物"实验的材料，检验是否有淀粉生成，探究光是光合作用的条件。

1.3 学情分析

学生在学习光合作用后，思维往往受教材实验束缚，局限于从检验淀粉生成的角度探究光是光合作用的条件。

针对课程标准的要求和学生实际，笔者从科学思维、生命观念、探究实践、态度责任四个方面制定本节课的实验教学目标。

1.4 实验教学目标

(1) 以黑藻为实验材料，对"光是光合作用的条件"实验进行创新设计：基于实验数据，运用演绎、分析、建模等方法，让学生独立思考和判断，发展学生的创新思维能力。

(2) 结合黑藻叶绿体中存在淀粉粒、吸收二氧化碳释放氧气等实验，帮助学生树立结构与功能相适应的生物学观点。

(3) 学生通过创新实验，加深对光合作用概念的理解，提升数据处理能力和探究实践能力。

(4) 基于事实和证据，培养学生严谨务实的科学态度和爱护植物、保护环境的意识。

2. 实验方案设计

利用NOBOOK虚拟实验平台，带领学生回顾教材中"绿叶在光下制造有机物"的实验步骤，引导学生从数学的角度归纳总结该对照实验的设计原

理和思路：在本实验中，“光”这一人为控制的变量是自变量；因自变量的改变而发生改变的变量是因变量，即是否有淀粉产生；将“叶片是否变蓝”这一实验现象称为检测指标。通过分析自变量对因变量的影响，得出实验结论。

引导学生思考：“光是光合作用的条件”只能从检验是否有淀粉生成的角度来探究吗？检验天竺葵叶片中是否有淀粉需要对天竺葵叶片进行脱色，但加热酒精具有一定的危险。你能否从实验材料、检测指标、实验思路等方面进行改进和创新？

学生联想到在学习“植物细胞”时，直接取黑藻叶片制作临时装片并观察，认为可以把黑藻作为创新实验材料，探究“光是光合作用的条件”，以叶绿体中是否有被碘液染成蓝色的淀粉粒、带火星的卫生香是否复燃、BTB 水溶液颜色的变化等检测指标来探究自变量“光”对因变量的影响。

基于此，本节课的创新实验体系如图 1 所示。

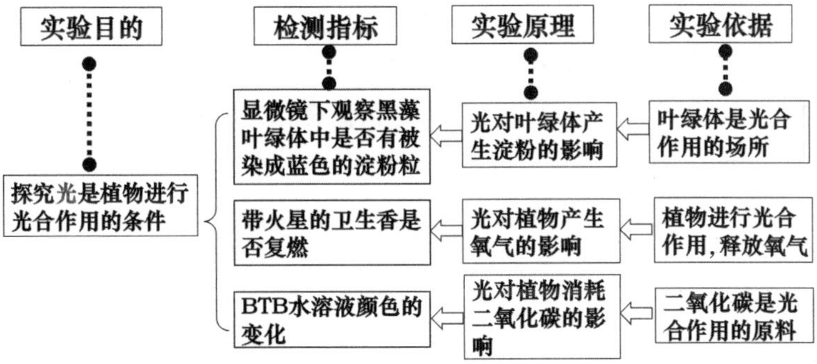

图 1　“光是植物进行光合作用的条件”创新实验体系

3. 实验方案的实施

本节课有 4 个创新实验，分别是：从检测叶绿体中淀粉粒的角度，探究光是光合作用的条件；从检测氧气的角度，探究光是光合作用的条件；以 BTB 水溶液颜色的变化为检测指标，探究光是光合作用的条件；利用溶解氧、二氧化碳传感器呈现氧气和二氧化碳含量变化，证明光是光合作用的条件。

实验 1：从检测叶绿体中淀粉粒的角度，探究光是光合作用的条件

引导学生思考：如果要检验黑藻细胞叶绿体中淀粉粒的存在，你会进行什么样的操作？在操作过程中应该注意什么问题？学生认为，首先要制作黑藻叶片临时装片，而染色是其中的重要步骤。展示学生制作并观察黑藻叶片临时装片的视频，学生通过不断尝试和改进，最终观察到了叶绿体中有被碘液染成蓝色的淀粉粒。

在此基础上，引导学生设计实验，进一步探究“光是植物进行光合作用的条件"。学生依据对照实验设计原则——对照原则、控制单一变量原则，制定实验方案：取相同质量的黑藻，分别置于两个盛有等量清水的装置A和B中，暗处理一昼夜后，A不遮光，B遮光，在阳光下照射一段时间。分别从A、B中的黑藻茎段顶端撕取一片幼叶，用碘液染色后制成临时装片，在显微镜下观察它们是否有被碘液染成蓝色的淀粉粒。

学生操作完成后，在显微镜下观察现象并得出结论：见光装置中的黑藻叶片的细胞叶绿体中有被碘液染成蓝色的淀粉粒，证明进行了光合作用；遮光装置中黑藻叶片的细胞叶绿体中没有被碘液染成蓝色的物质，证明未产生淀粉。由此说明光是植物进行光合作用的条件，也证明了叶绿体是光合作用的场所。

设计意图：以黑藻为实验材料进行探究，实验简单、现象明显，也使学生对光合作用的场所是叶绿体有了更加深入的认识；跨学科融合教学理念，引导学生从自变量、检测指标、因变量3个角度对"光是不是植物进行光合作用的条件"这个实验进行思路上的探究，充分发展学生的科学思维能力。

实验2：从检测氧气的角度，探究光是光合作用的条件

依据氧气助燃的特性，以带火星的卫生香是否复燃作为检测指标来设计实验方案：取等量的黑藻分别置于两个相同的装置A和B中，装置A不遮光，装置B遮光，阳光下照射一段时间后，分别用带火星的卫生香检验从A、B中收集到的气体。

在进行实验的过程中，学生发现使用教材中提到的装置时，植物会被漏斗压住，叶片不能充分舒展，影响了光照，且收集氧气后倒取试管不方便，所以对实验装置进行了改进和迭代。学生用矿泉水瓶代替了原装置，使黑藻叶片能够充分舒展，形成了2.0版装置。但是，2.0版装置的瓶口较大，收集氧气时容易漏气。于是，学生对2.0版装置又进行了改进和迭代，将矿泉水瓶换成了带有气阀的奶茶杯，形成了3.0版装置。3.0版装置不仅简便易得，可实现废物再利用；而且操作起来十分简单，检测氧气时，直接将卫生香放在气阀处即可。

学生利用3.0版装置进行实验，发现在实验过程中观察"带火星的卫生香是否复燃"现象不明显，收集足够多的氧气需要较长的时间。教师引导学生思考：这可能是什么原因造成的？你有什么好的想法或建议？学生能够说出，由于奶茶杯的容积有限，所以内部的二氧化碳很快被植物利用完，为了尽快收集足够的氧气，可以向奶茶杯中通入二氧化碳。教师提醒学生可以加入碳酸氢钠作为二氧化碳的缓冲剂，提高光合作用的效率。

学生进行实验，观察现象：见光装置中带火星的卫生香复燃，说明有氧气产生；遮光装置中带火星的卫生香不复燃，说明没有氧气产生，由此证明光是植物进行光合作用的条件。

设计意图：引导学生对不符合操作实际的实验装置进行改进和迭代，培养学生的动手操作能力和创新能力。

实验 3：以 BTB 水溶液的颜色变化为检测指标，探究光是光合作用的条件

BTB 水溶液颜色的变化反映了水中二氧化碳含量的变化，随着二氧化碳含量增加，BTB 水溶液由蓝色逐渐变为黄色；二氧化碳含量减少，BTB 水溶液由黄色逐渐变为蓝色（学生吹气视频）。我们以此为检测指标，探究光是光合作用的条件。

引导学生思考：实验开始前，应配置蓝色还是黄色 BTB 水溶液？学生认为，光合作用吸收二氧化碳，所以实验前应选用黄色的 BTB 水溶液。

学生设计实验方案：取两个相同的透明矿泉水瓶 A 和 B，加入等量的黄色 BTB 水溶液；在 A、B 装置中各加入相同质量的黑藻，A 不遮光、B 遮光，光照一段时间后，观察 A、B 装置中的 BTB 水溶液颜色的变化。

教师追问：BTB 水溶液颜色的变化一定是绿色植物消耗二氧化碳造成的吗？光照是否会使其发生变化？如何改进实验方案？

学生思考交流后认为：应该再增加一个 C 装置，只加入等量黄色 BTB 水溶液，由此形成两组对照实验：A 与 B 形成对照，变量为光照；A 与 C 形成对照，变量为植物。观察实验前后各装置中 BTB 水溶液颜色的变化。

学生进行实验后发现，C 装置中 BTB 水溶液的颜色没有发生变化，说明光不会影响 BTB 水溶液的颜色。而 A 见光装置中的 BTB 水溶液由黄色最终变为蓝色，说明消耗了二氧化碳；B 遮光装置中的 BTB 水溶液始终为黄色，说明未消耗二氧化碳。由此得出结论：光是植物进行光合作用的条件。

设计意图：结合对照实验设计原理，引导学生从检测氧气、二氧化碳的含量变化角度对探究“光是光合作用的条件”的实验思路进行创新，综合运用知识，进行判断、分析、解释、推理和评价，体验知识的形成过程，发展科学思维能力。

4. 实验数据的处理

实验 4：利用溶解氧、二氧化碳传感器呈现氧气和二氧化碳含量变化，证明光是光合作用的条件

前三个实验都是定性实验，第四个实验借助数字化仪器进行定量实验，记录见光装置和遮光装置中氧气与二氧化碳含量的变化数据，为“光是光合作用的条件”提供直接证据。

引导学生利用数字化通用软件，准确记录和提取表格中的数据、图像，发展学生收集和提取数据的能力。让学生对比分析表格中的数据和图像趋势等，尝试总结数据背后的现象，判断数据是否具有可靠性。如果出现异常数据，引导学生推测异常数据产生的原因，如传感器使用前未校对、容器气密性不好等。在可靠性数据的基础上，引导学生进行逻辑推理并得出结论，发展学生基于数据得出结论的能力。

5. 实验教学评价

从实验方案设计、实验操作要领、实验数据处理、交流展示汇报、知识体系建构5个维度对本次实验进行评价，每个维度均建立了评价指标，划分出4种表现水平，要求学生根据达成的水平说明评分理由。评价量表如表1所示。

表1 探究"光是植物进行光合作用的条件"实验评价量表

维度	评价指标	待提高	合格	良好	优秀	评分理由
实验方案设计	科学、准确、多样					
实验操作要领	规范、有序、快速					
实验数据处理	收集准确、论证清晰					
交流展示汇报	表达清晰、逻辑通顺					
知识体系建构	内容完整、重点突出					

评价量表的制作遵循以下原则：①根据课程标准来确定任务内容（评价维度）；②写出任务内容匹配的证据声明（评价指标）；③在学生活动中通过做或交流来评估任务；④体现"教—学—评"的一致性。以"实验方案设计"任务内容为例，课程标准中的探究实践目标要求学生"能够针对提出的问题制定方案并实施"；科学思维目标要求学生"多角度、辩证地分析问题，能够提出创造性的见解"。因此，笔者确定了"实验方案设计"这一任务内容，从3个维度写出与该任务内容相匹配的证据：①科学性，学生要对光合作用的概念进行应用，保证其科学性；②准确性，在设计实验方案时，学生能准确运用控制单一变量原则设置对照实验；③多样性，学生要从检测指标的不同角度来设计实验方案，发展创新思维。接下来，通过学生的动手操作或表达交流，来评估他们的活动任务和证据是否匹配，最终给予相应的评价。

6. 实验创新点

6.1 整合实验方案，发展协同思考能力

以"光合作用"这一重要概念为依托，以"光是光合作用的条件"为切入点，以"黑藻"为实验材料，对光合作用相关实验进行整合，将探究光合作用的条件、场所、原料、产物等实验融合在一起，发展学生的协同思考能力。

6.2 拓展实验思路，发展发散、聚合等创新思维能力

从检测叶绿体中的淀粉粒、氧气的有无、二氧化碳的含量变化等角度，分析自变量“光”对因变量的影响，拓展实验思路，发展学生的创新思维能力。

6.3 迭代实验器材，发展工程、技术思维能力

在明确了任务目的和标准的前提下，让学生选择日常生活中的常用材料，对实验材料和装置进行多种迭代方案的设计并物化落实。

6.4 引入数字化实验，发展数据收集、处理、评估等思维能力

借助数字化仪器，对数据进行定量分析，在此基础上，发展学生数据收集、处理、评估等思维能力。

[学生研究性小论文]

探究植物蒸腾作用强度与环境中空气流动状况、叶片气孔数量的关系

1. 设计意图

蒸腾是水分从活的植物体表面以水蒸气的状态散失到大气的过程，蒸腾作用的主要器官是叶。叶片的表皮上有气孔，而且陆生植物的叶片下表皮的气孔一般比上表皮的多。我从习题中得知了一种叫凡士林的试剂，透光不透气。于是，生物兴趣小组的同学想用试剂凡士林来设计实验，以验证气孔是植物进行蒸腾作用的“门户”，而且叶片的下表皮的气孔比上表皮的气孔多。

影响蒸腾作用的因素很多，如光照、温度、湿度和空气流动速度。本次实验探究空气流动速度对蒸腾作用强度的影响。

2. 实验材料及用具

冬青枝叶、10mL量筒、移液枪及枪头、试管架、清水、凡士林、烧杯、剪刀、标签纸、植物油、电子天平、电风扇、报纸。

3. 实验过程

3.1 预实验——选取叶片

图1 预实验中的冬青枝叶

由于进入冬季，大多数阔叶植物都已落叶，校园中叶片较大的绿叶植物只有冬青和女贞，且冬青的数量较多。从外形上看，这些植物叶片表面的角质层较厚，不知是否会影响蒸腾作用的效果。于是，剪取一枝冬青，将其置于装有10mL水的量筒中，滴加0.5mL花生油，放在实验

室内阳光充足的地方12小时后，发现蒸腾作用明显（如图1所示）。冬青叶便于取材，可作为实验材料。

3.2 探究植物蒸腾作用强度与叶片气孔数量的关系的实验步骤

（1）用剪刀剪取4根大致相同、带有4片较大叶片的冬青枝条备用。

（2）准备4个10mL量筒，分别标注A1、B1、C1和D1，都装入10mL左右的清水，用移液枪分别向各量筒滴加0.5mL花生油。

（3）将4根冬青枝条分别插入量筒。其中，A1量筒中的冬青叶上下表皮都不涂凡士林，B1量筒中的冬青叶上表皮涂凡士林，C1量筒中的冬青叶下表皮涂凡士林，D1量筒中的冬青叶上下表皮都涂凡士林。用电子天平称取各装置的初始质量，将数据记录于表1。将量筒放入试管架中，置于实验室内阳光充足的地方12小时。

表1 蒸腾作用强度与叶片气孔数量的关系

量筒	A1	B1	C1	D1
初始质量（g）				
进行蒸腾作用后的质量（g）				
蒸腾作用散失水的质量（g）				

（4）观察实验现象，称取进行蒸腾作用后的质量并记录。

（5）重复以上实验两次，量筒分别标记为A2、B2、C2、D2，A3、B3、C3、D3，观察并记录实验现象。

3.3 探究空气流动速度对蒸腾作用强度的影响的实验步骤

（1）用剪刀剪取6根大致相同、带有4片较大叶片的冬青枝条备用。

（2）准备6个10mL量筒，分别标注a1、b1、c1、a2、b2、c2，都装入10mL左右的清水，用移液枪分别向各量筒滴加0.5mL花生油。

（3）将6根冬青枝条分别插入量筒。其中，a1和a2、b1和b2、c1和c2的叶片大小尽量相同。用电子天平称取各装置的初始质量，将数据记录于表2。将量筒放入试管架中，置于实验室内阳光充足的地方12小时。其中，a2、b2、c2用电风扇吹12小时。

表2 空气流动速度对蒸腾作用的影响

无风组量筒	a1	b1	c1
初始质量（g）			
进行蒸腾作用后的质量（g）			

续表

蒸腾作用散失水的质量（g）			
有风组量筒	a2	b2	c2
初始质量（g）			
进行蒸腾作用后的质量（g）			
蒸腾作用散失水的质量（g）			

（4）12 小时后，观察实验现象，称取进行蒸腾作用后的质量并记录。

3.4 结果与讨论

（1）探究植物蒸腾作用强度与叶片气孔数量的关系的实验结果

表 3 蒸腾作用强度与叶片气孔数量的关系的实验结果

量筒	A1	B1	C1	D1
初始质量（g）	32.374	32.872	33.542	32.305
进行蒸腾作用后的质量（g）	29.828	31.495	33.233	32.15
蒸腾作用散失水的质量（g）	2.546	1.377	0.309	0.155
量筒	A2	B2	C2	D2
初始质量（g）	32.27	32.725	31.95	31.92
进行蒸腾作用后的质量（g）	29.881	30.838	31.584	31.84
蒸腾作用散失水的质量（g）	2.389	1.887	0.366	0.08
量筒	A3	B3	C3	D3
初始质量（g）	31.96	31.36	32.109	33.036
进行蒸腾作用后的质量（g）	29.491	29.307	31.728	32.945
蒸腾作用散失水的质量（g）	2.469	2.053	0.381	0.091

通过以上实验数据，我们发现，12 小时后，A、B、C 装置的水都减少了，D 装置的水几乎不减少。3 组实验蒸腾作用散失水的质量分别求平均值，如下：

$\overline{A}=(A1+A2+A3)/3=(2.546+2.389+2.469)/3=2.468$；

$\overline{B}=(B1+B2+B3)/3=(1.377+1.887+2.053)/3=1.772$；

$\overline{C}=(C1+C2+C3)/3=(0.309+0.366+0.381)/3=0.352$；

$\overline{D}=(D1+D2+D3)/3=(0.155+0.08+0.091)/3=0.109$。

$\overline{A}>\overline{D}$，说明蒸腾作用的门户是气孔。其中，D组的冬青叶上下表皮都涂了凡士林，凡士林透光不透气，使叶片内的水分不能以水蒸气的形式从气孔排出；而A组的冬青叶上下表皮都不涂凡士林，气孔都通透。理论上，D组蒸腾作用散失水的质量应该为0，但3组实验有少量水分散失。学生分析原因如下：①可能是凡士林涂抹不均匀，部分气孔没有封闭；②去除实验所用4片叶的枝条下部多余的叶片后，枝条上有断口，有2组学生忘记在断口上涂抹凡士林；③可能是加水时量筒内壁沾有一定的水分，实验过程中蒸发了，所以质量减少；④植物的茎也有微弱的蒸腾作用；⑤枝条自身的生命活动可能会消耗水分。教师补充原因：呼吸作用会消耗有机物，质量也会减少。$\overline{A}>\overline{B}$、$\overline{A}>\overline{C}$，说明叶片的气孔越多，蒸腾作用越强，散失的水分就越多。B组为叶上表皮涂凡士林，C组为叶下表皮涂凡士林，$\overline{B}>\overline{C}$，说明从叶下表皮散失的水分比上表皮多，进而明确叶下表皮的气孔比上表皮的气孔多。

（2）探究空气流动速度对蒸腾作用强度的影响的实验结果（平均温度为10℃）

表4　空气流动速度对蒸腾作用强度的影响的实验结果（10℃）

无风组量筒	a1	b1	c1
初始质量（g）	28.416	29.296	28.241
进行蒸腾作用后的质量（g）	25.824	27.233	26.31
蒸腾作用散失水的质量（g）	2.592	2.063	1.931
有风组量筒	a2	b2	c2
初始质量（g）	27.382	28.438	28.734
进行蒸腾作用后的质量（g）	25.137	26.488	27.295
蒸腾作用散失水的质量（g）	2.245	1.95	1.439

12月，学校实验室白天的温度在12℃左右，夜晚的温度会更低，整个实验过程中的平均温度在10℃左右。根据以上实验结果，我们看出，12小时后，6个装置的水都减少了，无风组蒸腾作用散失水的质量平均值为（2.592＋2.063＋1.931）/3＝2.195，有风组蒸腾作用散失水的质量平均值为（2.245＋1.95＋1.439）/3＝1.878。无风组平均值>有风组平均值，说明空气流动速度对植物的蒸腾作用有影响，且温度在10℃左右时，空气流动速度越快，植物的蒸腾作用越弱。另外，我们发现有风组叶片变软。通过网络搜索，我们了解到，在低温条件下，植物可能会合成一种化学物质——脱落酸，

促使气孔关闭，蒸腾作用减弱。同时，叶片处于半休眠或休眠状态，叶片也会变软。

由于出现以上实验结果，我们决定在室温保持在20℃的空调办公室重做以上实验，验证是不是较低温引起了气孔关闭。

(3) 探究空气流动速度对蒸腾作用强度的影响的实验结果（平均温度为20℃）

表5 空气流动速度对蒸腾作用强度的影响的实验结果（20℃）

无风组量筒	a3	b3	c3
初始质量（g）	33.819	34.165	30.085
进行蒸腾作用后的质量（g）	32.123	31.105	29.033
蒸腾作用散失水的质量（g）	1.696	3.06	1.052
有风组量筒	a4	b4	c4
初始质量（g）	35.285	33.736	31.631
进行蒸腾作用后的质量（g）	33.637	32.105	29.606
蒸腾作用散失水的质量（g）	1.648	1.631	2.025

根据以上实验结果，我们看出，12小时后，6个装置的水都减少了，无风组蒸腾作用散失水的质量平均值为（1.696＋3.06＋1.052）/3＝1.936，有风组蒸腾作用散失水的质量平均值为（1.648＋1.631＋2.025）/3＝1.768。无风组平均值仍略大于有风组平均值，说明在20℃条件下，空气流动速度对植物的蒸腾作用的影响不是很明显。我们据此推测，在温度不高的情况下，空气流动速度对蒸腾作用的影响不大。

通过以上两个不同温度条件下的实验，我们得出结论，只有在一定的范围内，空气流动速度对植物的蒸腾作用有显著的影响，且较低温度下，植物的叶面不需要降温，蒸腾作用较弱，受空气流动速度的影响不是很明显。我们决定在下学期天气暖和后，再完善本实验。

4. 实验意义

(1) 我们通过实验，更好地理解了蒸腾作用的过程及其意义，理解了在一定范围内，空气流动速度对蒸腾作用强度有影响，学会了用实验来验证、解决课堂中的难题。

(2) 我们通过实验，了解了重复实验的重要性，学会了多角度思考问题，学会了利用互联网来解决问题。

(3) 实验过程中出现的问题，我们努力想办法解决，并不断改进方法以确保实验结果的准确性。

第五节　课程资源开发的策略

生物学学科核心素养视域下的生命化课堂，更加强调价值引领、社会参与、自主发展对学生生物学核心素养的培育。我们身边有着丰富的资源，那如何有序地开发这些资源并使其服务于教学，从而帮助学生在更加广阔的天地中更好地发展呢？我们尝试将课堂教学与课程资源开发相结合，总结出一系列课程开发的策略。

一、从资源的"接受沿用"向"因需开发"转变

长期以来，教师习惯于直接引用课本和教参中的图文等课程资源，或从互联网上获取教学素材。但是，互联网上的素材多样且繁杂，并不一定契合教师当前的教学需要，所以，自主开发课程资源、丰源足需成为教师的必然选择。

在学习"腔肠动物和扁形动物"时，学生对水螅和涡虫很不熟悉，没有见过活体，也较难买到，只能通过观察图片来理解辐射对称和两侧对称，很不直观。教师可以采取制作水螅和涡虫的尺度模型的方法来解决这一问题，效果甚佳。

在学习"鱼在游泳时靠躯干部和尾部的摆动产生动力"这一知识点时，教师一般采用小木板和细线捆扎活体小鱼躯干及尾部的方法，但捆扎操作对小鱼的鱼鳍和躯干等身体部位会产生不可避免的影响，鱼挣扎也会使操作难度加大，实验结果很难达到预期。其实，儿童电动仿真鱼是理想的实验器材，它的尾部和躯干可以左右摆动，其余部位则不会活动。它的尾部和躯干有快慢两种摆动频率，摆动频率越快，游速越快。用电动仿真鱼进行实验，操作简单，现象明显，学生一目了然：躯干和尾部的摆动为鱼游泳提供动力。

二、从"特定素材"向"替代资源"转变

教学中，教师常常遇到这样的情形：教材中的素材无法满足学生在特定地区、特定时间段内的学习需求；或是在特定的季节，很难获取相关的实验材料；或是在特定的地区，学生对相关素材不熟悉。选择贴近学生生活、丰富、易得的替代资源更有助于培养学生的生物学核心素养。

如在学习"生物入侵"的知识时，城阳区的大部分学生对教材中提到的

入侵物种凤眼莲——水葫芦比较陌生，想象不出凤眼莲侵占其他物种的生存空间是何种状态。教师可以选取本地区常见的入侵物种作为情境资料，如近些年来，公路两旁疯狂扩张的火炬树、再生能力极强且花粉致人哮喘的豚草、一年繁殖三代致人工松林大面积死亡的美国白蛾（幼虫为松毛虫），这些素材可以使学生意识到生物入侵在我们周边已经非常普遍，严重影响了本地物种的生存，破坏了当地的生态，从而形成一定的生态意识和社会责任感。

在学习“鱼鳃的结构”这一知识时，教师可以用毛笔的细丝来模拟鱼的鳃丝，将毛笔插入水中和提离水面，以此模拟鳃丝在水中与离水后的状态，效果良好。学生不再需要从鱼体上剪下鱼鳃，避免了对鱼的伤害，既形成了生命观念，又降低了学习成本。

三、从“静态资源”向“动态资源”转变

生物学中的生命现象是动态存在的，如果仅利用图片或模型等静态的资源进行学习，往往不利于生命观念的形成。

例如，在学习“动物的运动”一节时，虽然有清晰的图片，但学生对关节、肌肉、骨在运动中的协调配合是缺乏动态感知的。将新鲜的鸡翅剪掉皮，分别牵拉肱二头肌和肱三头肌，能让学生清晰地看到肌肉牵拉骨绕着关节活动的状态——或“收翅”，或“展翅”。在此基础上，学生现场体验屈肘、伸肘、手自然下垂、直臂提重物等，可以深刻理解“运动需要不同的骨骼肌群的相互配合才能完成”。学生基于动态感知和亲身体验，对“结构与功能相适应”的生命观念有了深刻的理解。

再如，在学习“真菌”时，教师可以拍摄菌菇棒内孢子萌发、长出菌丝、形成子实体、散出孢子的过程，然后使用倍速播放模式制成视频，使学生在几十秒的时间内亲眼见证真菌的一生，促进学生生命观念的形成。

四、从“平面资源”向“生命资源”转变

生物学是研究生物体的生命现象及其生命活动规律的科学，研究的对象是生命。对于种子萌发、植株生长、蒸腾作用等生命现象的展示，如果仅使用图片、文本等平面资源，很难达到生命感知和价值引领的效果。教师可以尝试将此类教学内容中涉及的学习资源向生命化靠拢，让学生基于生命最本真的形式来体验生命现象，感知生命规律。

在教学“昆虫的生殖和发育”时，教师可以准备蚕卵、幼虫、蚕茧、蚕蛹的活体，以及蚕蛾的标本，让学生亲自饲养并每日观察蚕的生长和发育过

程，感受生物繁衍与生命的奇妙。

学生通过亲身参与养殖、种植、培育、采集等活动，了解了生物的生活环境或习性，为进一步认识各种生物的结构与功能做好了铺垫。用鲜活的动植物样本取代模型或标本，有利于培养学生的生物学核心素养。

五、从“单独行动”向“全员参与”转变

教学资源的开发和利用是一个庞大的工程，需要教师全员参与，也需要学生积极配合。

如在学习“生物的变异”一节时，家住桃源河附近村庄的学生提供了上马街道青岛海水稻种植基地的海水稻照片、视频，以及海水稻历时35年的育种、改良及推广的文字资料。学生提供的视频、图片等第一手资料，极具感染力和震撼力，为学习“遗传变异在育种的应用”提供了绝佳的素材，使更多的同学体会到科学技术在攻克世界粮食危机和造福全人类中的关键作用，增添了对生命科学的敬畏和热爱。

在学习“认识和保护生物多样”一章时，学生主动认养校园或自家小区的木本植物并为其制作“身份证”——植物标志牌。这些活动使扎根在学生内心的生态文明观和责任感外化于行，是生物学科发挥育人价值、立德树人的体现。

几个人的思维和想法是有限的，但一群人的想法是开阔的。我们对广大学生提供的素材加以甄别和遴选，用好的素材建立资源库，学生制作的许多标本、模型等则陈列在实验室中供大家使用。

六、从“独立资源”向“融合资源”转化

在进行课程资源开发的初期，经验少、素材相对单一是不可避免的。随着资料素材的积累和交流的深入，我们发现，同一种资源可以用在不同的学习任务中。这样既能形成学习专题，也能降低准备资源的时间、精力和成本。

（一）同一课程资源可以在不同的学习板块中贯穿应用

如在学习“了解生物圈”一章时，我们准备了生态鱼缸，并饲养了易成活的小鱼。在学习“生物与环境的关系”时，我们又用这些小鱼来进行“不同水温对小鱼生活的影响”探究实验。在学习“生态系统”相关内容时，我们要求学生自带玻璃瓶，用生态鱼缸里的小鱼、池塘水、水草、泥沙等自制微生态瓶。

（二）生物学科教学可以与其他学科教学相融合

如将生物学教材中的“合理营养与食品安全”和环境教育课程中的“绿色食品”这两个板块的教学内容设置在一起，既让学生掌握了合理营养和食品安全的知识，也让学生学会了购买安全食品的方法。在学习“人体的呼吸”时，可以结合安全教育课程中的“人工呼吸”“海姆立克急救法”，不仅使学生明确了发生在肺内的气体交换的原理，也让学生学会了急救方法。在学习“发酵”知识时，可以将其与劳动技术教育课程融合，让学生亲自制作馒头、面包、酸奶、米酒、泡菜等，分享自己制作发酵食品的经历，应用生物学知识解释发酵现象，分析发酵失败的原因。

课程整合、学科融合已成为一种趋势，《初中生物学课程标准（2022 年版）》中将跨学科融合的项目式学习单列为一个主题。学习资源应用贯穿知识板块、跨学科融合更大限度地拓展了学习空间，使学习更有趣、更有意义。

七、将资源开发的“随机化”转变为“常态化”

我们积极寻求社会各界的支持，对学校周边的生态园、养殖场、花卉繁育基地、公园、博物馆等进行了实地调查，以时间为轴，以地理位置为平面，筛选出一系列适合学生个体就近进行常态化参观与实践学习的地理坐标——“城阳区及周边区域学生参观实践基地”。学生可以在相应的季节就近参观学习，获取资源，并对资源做初步整理后提交。当学生提交的资源被教师分享出来时，他的成就感是无以言表的。

学生拍摄了路旁高树上的“经济适用房”——喜鹊的巢穴，并通过网络搜索获知喜鹊有营疑巢的习性，为学习“动物的先天性行为”提供了更贴近生活的适切素材；学生从草莓采摘园带回无土栽培的草莓苗，向同学讲解草莓培养液中含有植物生长所需的各种无机盐及其功能；学生从大花蕙兰繁育基地带回幼苗，与同学分享名贵的兰花“飞入寻常百姓家”的核心技术——植物的组织培养。

[课例 1]

山东省优质课一等奖“鸟”一节的磨课过程

笔者以山东省优质课一等奖“鸟”一节的磨课过程为例，整理回顾其课程资源的开发与应用、问题的创设、教学活动的实施与改进等，以供同行参考。

1. 课前氛围的创设

在集体备课时，我们并没有预设课前氛围创设环节，后来考虑到学生在上课前应该有一个心理上的预热过程，便有了循环播放歌曲《我要飞得更高》的高潮部分的想法，但专家指出这首歌并不适用于课堂教学。经讨论，我们选择了一首既优雅又欢快的曲子——《森林狂想曲》，并制作了一个鸟类飞行的动画。

2. 导入的设计

精彩的导入是一节课成功的关键。起初，我们认为用纸飞机导入比较好，让学生思考纸飞机飞不远的原因。但这种导入方式没有新意，我们遂改用简易的飞机模型，让学生思考：如果想让飞机模型飞得更高、更远、更快，需要从哪些方面对飞机模型做改进？不幸的是，模型在一次试讲的过程中被损坏了。我们在研究讨论后认为，尽管飞机是根据鸟类的飞行仿生设计的，但把飞机模型和鸟的飞行联系起来，对于七年级的学生来说有一定的难度。按照承前启后的思路，我们认为，在导入中首先要体现出鸟类的主要运动方式是飞行，与前面学习的水中和陆地上的动物的运动方式有所区别；其次，鸟类是动物中比较高等的类群，要体现出动物的宏观进化过程。经过反复讨论，我们最终将导入确定为：“上节课学习了鱼类、两栖类和爬行类动物。今天学习的鸟类是从古代的爬行动物进化而来的，大家想一想，鸟要从陆地上腾空而起，必须解决哪些问题？”

3. 鸟适应飞行的特征

该部分是本节课的重点，难点也较多。

3.1 外部形态

我们最初想采用一问一答的方式推进教学，教师连续提出 3 组问题，引导学生思考：①鸟的运动器官是什么？由什么演化而来？②鸟的体表覆盖着什么？③鸟的外形有什么特点？但专家指出：采取这种简单的一问一答的方式，不能很好地培养学生的思维能力。于是，我们决定先让学生观察活体家鸽，再让学生交流讨论以下 2 组问题：①观察家鸽的外形，说说鸟在外部形态上有哪些适于飞行的特点；②展开家鸽的翅膀，翼呈什么形状？这与飞行有什么关系？

同时，我们制作了家鸽的正羽和绒羽标本，方便学生观察羽毛的特点并推测其功能。

3.2 骨骼和肌肉

为了方便学生总结鸟的骨骼的特点，我们打算用鸡的骨骼作为标本，但鸡是不会飞的鸟类，其骨骼特点与真正会飞的鸟类还是有一定区别的。最终，我们决定用家鸽的骨骼作为标本。

为了让学生更加直观地感受鸟的肌肉，教师可以带一只家鸽来课堂，让学生直接摸家鸽胸部的肌肉，然后展示鸟的肌肉模式图供学生对比。

3.3 消化系统

我们打算以鸡的肌胃导入，让学生明白鸟为什么没有牙齿，然后讲解鸟的消化系统。但是，专家认为，从鸟的肌胃导入有点本末倒置了。经过讨论，我们决定从学生的实际经验出发，提问学生：你是否见过鸟咀嚼？鸟吃东西时“囫囵吞枣”，它囫囵吞下去的食物能被消化吗？然后提供2个小资料和问题组，让学生自主探究。

3.4 呼吸系统

我们最初的教学思路是：教师播放双重呼吸的视频→学生看教材→学习小组成员在讨论后描述双重呼吸的过程。为了培养学生的自主学习能力，我们将教学过程调整为：学生自主阅读文本→学生尝试描述双重呼吸的过程（遇到困难）→教师播放双重呼吸的视频→学习小组成员在讨论后描述双重呼吸的过程。

但是，新的问题出现了：双重呼吸是一个非常复杂的过程，学生很难理解。如果将其直接处理成：空气→肺（在此发生第1次气体交换）→气囊→再次到达肺里（发生第2次气体交换）→排出体外，虽然能帮助学生大致理解双重呼吸的过程，但存在知识上的错误。经过反复研究，我们最终决定让学生先阅读教材，了解鸟飞行时的呼吸过程，然后在鸟的呼吸系统示意图上标注出气体进、出肺和气囊的路径。

4. 教学片段展示

教师出示装上翅膀的小姑娘图片，提问：她能飞上天空吗？为什么？学生回答：不能，因为她太重了。教师追问：那么，善于飞行的鸟类是如何解决体重问题，飞上天空的呢？下面，我们认识一下鸟类的骨骼和肌肉。

4.1 鸟类的骨骼和肌肉

4.1.1 骨骼

进行骨骼小实验：往一个盛水的烧杯中分别投入家鸽的骨头、猪的骨头，观察现象。教师提出问题：根据实验现象，你对鸟的骨骼特点有何整体认识？学生发现家鸽的骨头浮在水面，而猪的骨头沉入水底（如图1所示）。学生意识到家鸽的骨骼非常轻。教师追问：除此之外，鸟的骨骼还有什么特点呢？学生观察其长骨的横切面或将长骨对着光进行观察，发现长骨是中空的（如图2所示），且非常薄，能够透过光线。教师追问：鸟骨的这些特点与飞行有何关系？家鸽的骨骼轻、薄，长骨中空，有利于减轻体重。接着，学生观察完整的家鸽骨骼标本。教师提出问题：哪块骨的表面积最大？肌肉是附着在骨上的，家鸽的哪块骨上附着的肌肉最发达？

图1　家鸽和猪的骨头

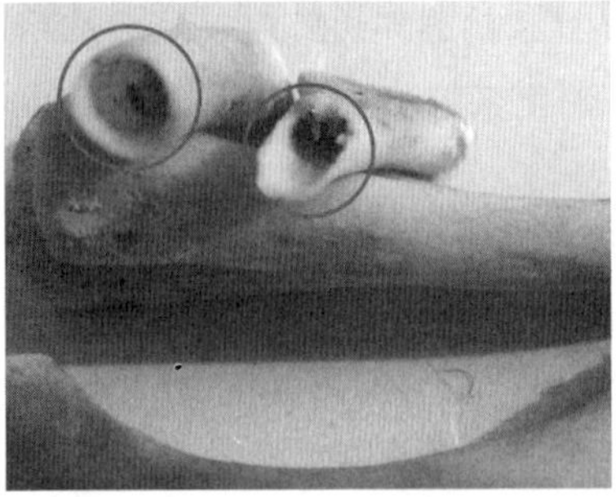

图2　家鸽的长骨

4.1.2 肌肉

有的学生根据生活经验，认为鸟后肢的肌肉最发达；有的学生根据鸟的主要运动方式是扇动翅膀飞行，认为鸟翅膀上的肌肉最发达；有的学生根据鸟的胸骨的特点，认为鸟的胸肌最发达。此时，教师因势利导，让学生分别摸一摸这几部分的肌肉，比较哪个部位的肌肉最发达。

学生通过亲自触摸，感知到家鸽胸部的肌肉最发达。教师追问学生：鸟的主要运动方式是扇动两翼飞行，为何不是两翼的肌肉最发达？学生观察鸟的胸肌牵动两翼扇动的动态图，从而明确：鸟的主要运动方式是飞行，与此相适应的是牵动两翼扇动的胸肌最发达，体现了结构与功能相适应的生命观念。

衔接：经研究发现，鸟类在飞行时消耗的能量是静止时的20多倍。如此之多的能量来自哪里？能量实际上是氧气分解有机物时产生的。教师出示呼吸作用的反应式：有机物＋氧气→二氧化碳＋水＋能量。大量有机物和氧气的获得需要发达的消化系统和呼吸系统参与。

4.2 呼吸系统

（1）学生自主阅读教材，初步感知家鸽的呼吸过程。

（2）教师播放家鸽双重呼吸的视频。

（3）教师指导学生观察教材中家鸽的肺和气囊示意图，请学生在图中用箭头分别标注出鸟吸气、呼气时气体在肺和气囊中流动的方向（以靠近尾部的2个气囊为例）（如图3所示）。

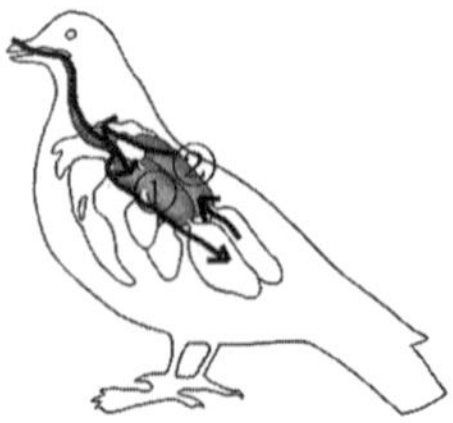

图3　家鸽呼吸时气体的流动方向

（4）教师引导学生根据所标的箭头概述家鸽双重呼吸的过程。

［课例 2］

开发课程资源，助力实验教学
——以“观察小鱼尾鳍内血液的流动”为例

实验教学是初中生物教学的重要组成部分，能够发展学生的科学思维能力和探究实践能力，培养学生的生物学核心素养。将信息技术与生物实验教学进行融合，在教学过程中以视频的形式展示实验过程，实时共享实验现象，探讨实验结果，改变了传统的教学方式，激发了学生的学习兴趣，提高了实验教学效率。

“观察小鱼尾鳍内血液的流动”是人教版生物学教材七年级下册第四章第二节的内容。学生通过观察小鱼尾鳍内血液的流动情况，尝试分辨血管的种类及血液在不同血管内的流动情况，锻炼观察、分析及合作能力，体悟结构与功能相适应的生命观念。但笔者在实际教学中发现，学生兴趣浓厚，只是实验效率极低。

1. 实验中存在的问题分析

学生在进行“观察小鱼尾鳍内血液的流动”实验时主要面临以下问题：一是小鱼的生命力弱，如果捕捞、包裹、观察小鱼的时间过长，可能会导致小鱼死亡；二是小鱼在实验过程中翻动身体可能会污染显微镜的镜头，影响观察效果；三是学生观察到现象后比较兴奋，急于交流，没能做到深入观察；四是显微镜每次只能供一人观察，无法实现实验物像的共享。

2. 实验材料的选取

学生根据教材，选用了尾鳍色素少的凤尾鱼、红鲤鱼、小草鱼来观察，发现存在以下问题：①凤尾鱼个体小，生命力较弱，易死亡；尾鳍展开面积虽然很大，但血管太细，不易寻找有分支的血管。②红鲤鱼个体大，尾鳍色素深；活动力强，包裹时易导致其缺氧死亡。③大的草鱼个体活动力强、不易包裹，在观察的过程中不断跳动，影响观察效果；小的草鱼血管太细，不易观察。另外，以上三种材料都不适合多个班级循环使用，实验成本较高。

非洲爪蟾的黄化品种——小金蛙，生命力强，且趾蹼透明，肉眼即可看到血管。将小金蛙麻醉后放在显微镜下观察，其血管及血液的流动情况明显，而且麻醉可以维持 15—20 分钟。另外，小金蛙适合多个班级循环利用，是非常好的实验材料。

3. 实验步骤的改进和简化

3.1 麻醉金蛙

用浓度 10％的酒精对小金蛙进行中度麻醉，酒精的用量以没过金蛙的身体为准（金蛙生性活泼，将其放入酒精中时要盖上盖子，以防其受到刺激后蹦出容器）。生物兴趣小组的同学设计对照实验，探索麻醉不同金蛙所需的酒精浓度及时间。通过实验发现，体重在20—40g的金蛙的麻醉时间在5分钟左右。

3.2 包裹金蛙

用浸湿的纱布覆盖麻醉好的金蛙，只露出后肢。用棉签轻轻展开金蛙的后肢趾蹼。

3.3 低倍镜观察

用低倍镜观察金蛙趾蹼内血液的流动情况时，金蛙的趾蹼透明处应正对通光孔。

4. 实验过程目标细化

为了提高课堂效率、优化观察效果，设置两个层次的观察目标。

4.1 初步观察，找到血管

尝试在低倍镜下找到金蛙的血管，并观察不同血管内的血流速度和血流方向。

4.2 再次深入观察并记录结果

找到金蛙从躯干往趾蹼边缘方向分支的血管，观察它们是变粗还是变细了，血流速度是变快还是变慢了（用图示表示，箭头标明血流方向）；观察管径最小血管的数量；观察红细胞是否单行移动；观察管径最小血管是往躯干方向还是趾蹼边缘的方向汇聚（用图示表示，箭头标明血流方向）。

将观察步骤分成两个有难度梯度的任务，学生带着任务完成实验，有效地解决了观察现象仅停留在表面的难点。

5. 展示与交流实验结果

将普通光学显微镜与电子目镜（价钱便宜、易于携带）相连，便于把观察到的实验物像实时共享在展示屏上，还可以共享利用平板支架录制的实验现象，解决了学生无法观察分析同一物像的难题。

在观察的基础上，引导学生推理出这三种血管的判断依据：①动脉：主干→分支；②静脉：分支→主干；③毛细血管：红细胞单行通过；④血流速度：动脉最快，静脉次之，毛细血管最慢。借助信息技术，学生能达成实验的预期目标，提高了实验效率，为接下来的学习奠定了基础。

6. 小结

信息技术融合学科教学解决了物像难以共享、师生互动脱节的问题；细化实验目标，使学生在具体目标的指引下，及时完成了观察任务，师生共同建构了基于体验与探究的生命课堂。

[课例 3]

4 分 30 秒观察发酵现象

1. 创新实验目的

在课堂上，让学生亲自体验酵母菌发酵产生酒精和二氧化碳的过程，培养学生的动手能力和实验能力。

2. 实验仪器及用品

500mL 废矿泉水瓶、气球、输液器、盛有澄清石灰水的小烧杯、安琪酵母、蔗糖、温度计、量筒、保温桶、天平、盛有酸性重铬酸钾溶液的小烧杯或手持式酒精检测仪。

3. 实验装置及说明

(1) 用剪刀剪掉输液器的葫芦处。

(2) 将输液器的尖端插入矿泉水瓶盖中。

(3) 把气球套在葫芦处，并用胶带固定，防止漏气。

(4) 用盛有澄清石灰水的小烧杯检测二氧化碳气体。

4. 实验操作

(1) 称取 15g 糖、9g 酵母粉，用纸槽送入矿泉水瓶底部。

(2) 用量筒量取 300mL、50℃的温水倒入矿泉水瓶中，盖上瓶盖摇匀。

(3) 把装置按照图 1 所示装好，用夹子夹住出气口。

(4) 把装置放在盛有 50℃温水的保温桶中，用温度计测量温度，一旦低于 50℃，立即添加热水。

(5) 大约 4 分 30 秒后，可以看到气球明显涨大。

(6) 拔掉夹子，挤压气球，把管子通到澄清的石灰水中，可以看到澄清的石灰水变浑浊，证明产生了二氧化碳。

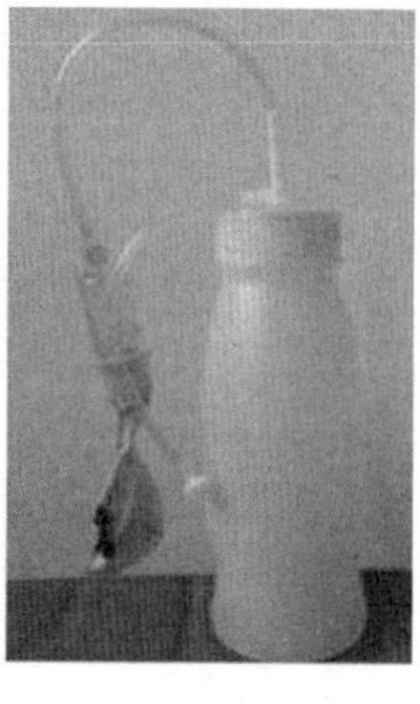

图 1 发酵实验装置

(7) 取下瓶盖，闻一闻有什么气味。取两滴酵母菌发酵液滴入酸性重铬酸钾溶液中，发现溶液由橙红色变成绿色，证明产生了酒精。若有手持式酒精检测仪，则直接将检测仪置于瓶口处，3 秒后可直接读取酒精的浓度。

5. 实验创新点及其意义

5.1 解决了发酵实验时间长、发酵速度慢的问题

教材上没有指定蔗糖浓度和温度，无法在很短的时间内产生实验现象，学生不能亲身体会实验过程。笔者多次尝试，发现酵母菌发酵的最佳蔗糖浓度是5%，最佳温度是50℃，酵母菌的最佳浓度是3%，这样会大大提高酵母菌的发酵速度，使得本实验可以作为学生的分组实验完成。

5.2 解决了本实验受季节限制的问题

按照正常的教学进度推算，教师组织学生做本实验时是在11月底，室温很低，酵母菌的发酵速度很慢。把实验瓶放在保温桶中，可以让本实验不再受季节的影响。

5.3 很好地解决了二氧化碳检测的问题

教材上要求，在实验完成后，把气球内的气体通到澄清的石灰水中。这一步很难操作。本实验利用输液器的连通原理，很好地解决了这个问题。

5.4 解决了酒精检测的问题

教材上要求学生闻一闻有什么气味，但是仅仅通过闻就得出结论不符合科学原则。用酸性重铬酸钾溶液检测酒精的存在科学地解决了这个问题。

5.5 本实验器材环保

本实验的器材大多取自废旧物品，让这个实验更加生活化，并提高了学生的环保意识。

第六节　课程资源开发的路径

一、充分利用教材资源，对初中生物学现行教材进行深度开发

（一）改进、优化和创新教材中的实验

对于教材中的分组和演示实验，根据本区域、学校和学生的实际，进行改进、优化及创新。通过选择替代性实验材料，改进实验条件、实验装置、实验方法等，笔者开发了一系列课堂效益明显的创新实验（如表3-14所示），极大地提高了课堂实验的开设率，提高了学生的实践探究能力，发展了学生的学科思维，从而提高了实验教学的效益。

表 3-14 部分实验改进方案

实验名称	存在问题	解决方案
酵母菌发酵实验	①气温低，发酵时间长 ②产物导出不便操作 ③检验酒精仅靠嗅觉	①在保温桶中发酵，蔗糖浓度 5%，酵母菌浓度 3%，水温 50℃，发酵 4 分钟 ②使用废输液管方便导出，且可控制二氧化碳的含量 ③使用手持式酒精检测仪，定性定量
观察血液在不同血管中的流动	①小鱼尾鳍色素多 ②使用活鱼不易操作	①改用无色素、趾蹼透明的小金蛙 ②课前 30 分钟用酒精麻醉小金蛙
观察浸水叶片上下表面的气泡	短时间现象不明显	①改用长叶柄、大叶片植物（如菠菜、绿萝） ②人工从叶柄处充气
观察叶的上下表皮	菠菜表皮不容易撕取	改用韭菜
绿叶在光下制造有机物	①阴天 ②脱色时间长	①用 200W 的白炽灯补充光照 ②用黑藻替代天竺葵，无需脱色
植物的呼吸作用	①实验装置过多 ②分组实验无法实现 ③仅用一种实验材料	①将所有实验装置集成一套装置 ②进行分组实验 ③将植物的根、茎、叶等六大器官作为实验材料
观察花的结构	已过桃花开放时间	①改用百合、洋桔梗、欧石竹或风雨兰 ②在桃花或风雨兰盛开的季节将其冷冻
观察种子的结构	①黄豆太小 ②生玉米难切	①改用蚕豆或花生 ②将玉米提前浸泡几小时或将玉米煮熟后使用

（二）开发、设计课堂体验活动

我们对事物的认知是通过身体的体验及其活动方式形成的。一切理性思维都以身体经验为基础。[①] 如在学习“肺与外界的气体交换”时，学生可以通过推拉塑料针管，体验气压与体积的关系，感知气体从气压高处往气压低处流动。在学习“关节的结构及功能”时，学生先是根据口令旋转肩关节，直观体验关节的灵活性与牢固性；随后，现场解剖鸡爪的一个趾关节，从中找

①崔鸿，解凯彬. 发展生物学学科核心素养的教学设计：从理论到实践［M］. 北京：人民教育出版社，2019：4-17.

到使关节牢固和灵活的基础结构；然后，使用生活化材料（太空泥、长条状气球等），自主建构关节的实物模型。学生从体验感知、明确原理到利用原理建构模型，一步步完成思维的升阶。

在突破教学重难点时，许多教师喜欢播放教学视频。教学实践表明，学生现场体验的效益优于观看教学视频的效益，有些深刻的体验甚至会令学生终生难忘。

（三）多样化实施模型建构

生物课堂上的模型通常包括物理模型（实物模型、类比模型、尺度模型、图像模型）、概念模型、不表示数学关系的图表、系统模型等。建构模型的过程使学生能够不断提升自己的思维品质和学科素养，学生通过创新和修正，逐渐完善自身的认知能力。

1. 自制实物模型，发展创新精神

在生物课堂上，教师组织学生制作实物模型，不但可以激发学生的想象力，提高学生的动手实践能力，更重要的是可以使学生深刻理解生物体的结构与功能，利于其生命观念的形成。比如，在学习"营养物质的吸收"一节时，教师出示小肠壁结构的平面图，学生亲自动手制作小肠的简易实物模型，对"小肠内表面积大，有利于消化和吸收"的描述就有了直观的感受。在制作"肾单位"等比较复杂的模型时，教师可以组织学生开展模型竞赛，让学生在课下充分发挥想象力，不限材料、不限方法来制作，然后在课上展示、交流、评价、优化。

2. 妙用类比模型，发展科学思维

对于学生很难想象或难以理解的知识，教师可以在教学中采用类比模型，帮助学生领悟。比如，将塑料吸管中可伸缩的部分与环节动物分节的身体相类比；一侧贴了胶带的长条气球充气与放气的状态可类比保卫细胞的吸水与失水状态；将神经纤维和神经的结构及功能与电线、电缆相类比。在生物教学中适当应用类比模型，能帮助学生理解生物学原理，发展科学思维。

3. 善用图表模型，使知识条理化、清晰化

对于一些易混淆的概念，教师采用图表模型，对概念进行横向和纵向比较，借助图表中的各项指标，不仅能帮助学生厘清概念的内涵和外延，而且有利于学生建构知识体系，使知识条理化、清晰化。

4. 建构概念模型，使知识体系化、结构化

在章节新授课结束或复习章节内容时，教师可以引导学生建构概念模型—思维导图，总结本章的知识点，建构章节知识体系。学生通过建构概念模型，梳理各概念间的内在联系及从属关系，使知识更条理、更系统。

（四）深入发掘科学史资源

生物学科学史是全面培育学生的生物学核心素养的极佳素材。课前，教师根据学生素养发展目标，挖掘、精选符合学生认知水平的科学史内容，并以此作为情境资源，引发学生思考，通过分析、讨论、交流、实验、实践等方式，帮助学生发展思维、建构概念、掌握方法。

1. 在对科学史上某些经典实验的思辨中发展科学思维、建构生命观念

生物学科学史是发展学生的科学思维、帮助学生建构生命观念的重要载体。以“病毒”一节为例，在解决“病毒是生物吗”这一问题时，选取以下科学史经典实验：1897 年，荷兰科学家贝杰林克重复了伊万诺夫斯基的实验，再次证明滤液具有传染性，并进一步进行实验探索。他对滤液进行高倍稀释，发现稀释后的滤液和未经稀释的滤液感染健康烟草的程度几乎没有差别。用稀释的滤液感染的烟草叶子，其汁液仍然具有很强的感染性。贝杰林克设计的实验流程图如下：

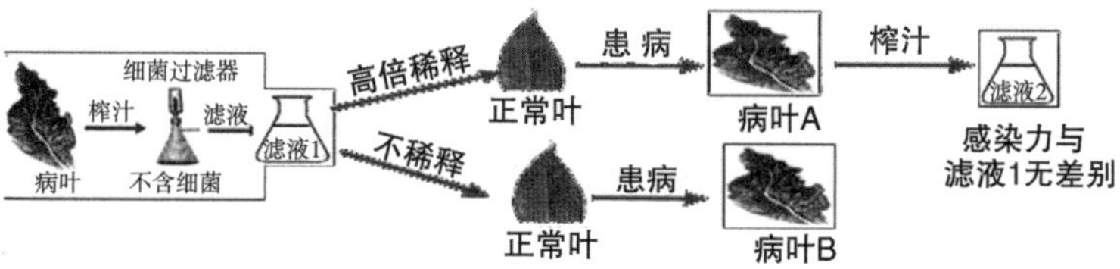

图 3-3 贝杰林克设计的实验流程图

在此基础上，教师出示问题引导：①若病毒是无生命的化学物质，被高倍稀释后，其感染烟草的能力会升高还是降低？②分析流程图，病叶 A 和病叶 B 的受感染程度几乎相同，滤液 2 与滤液 1 的感染力几乎无差别，这说明病毒在烟叶内进行了什么过程？这说明病毒有无生命？③体外保存的滤液感染力没有任何变化，说明病毒能在体外繁殖吗？教师以科学史为依托，设计问题串，引发学生思索、分析与讨论，从而让学生发展思维、建构知识、形成生命观念。

2. 选取与生活紧密联系的科学史，通过活动实践增强学生的责任担当意识

教师选取与生产、生活实际紧密联系的科学史内容，引导学生走进生活，实践应用所学知识来解决实际问题，增强其参与社会事务的责任担当意识。

例如，在学生学习了“传染病及其预防”的相关知识后，教师向学生讲述世界传染病史上的十大“瘟疫”事件，让学生从一串串触目惊心的数字中读出无力抗“疫”的惨烈结果，再展示义无反顾奔赴抗疫一线的科学家和医护人员的感人事迹，让学生从中树立责任感、使命感，在未来能为人类的健康事业出一份力。

3. 在对科学史上的经典实验的模拟重现中，提高科学探究能力

如在学习“甲状腺激素的作用”时，教材介绍了科学家破坏蝌蚪甲状腺的实验。有的学生认为，蝌蚪停止生长，可能与破坏甲状腺造成的伤口有关。为了解除学生的疑惑，我们决定模拟重现经典实验，且不破坏蝌蚪的甲状腺，而是在蝌蚪吃的食物中添加药物——甲状腺激素和甲状腺激素抑制剂，与不添加药物组形成对照实验。16 天的实验周期中，学生每天换水、喂食、观察、拍照、记录，最终观察到 3 组明显不同的实验现象：对照组蝌蚪正常发育为大一些的蝌蚪；添加甲状腺激素组蝌蚪提前发育成苍蝇大小的小青蛙；添加甲状腺激素抑制剂组蝌蚪则明显比对照组小，几乎未生长。模拟实验使学生亲身经历探究的过程，在提高科学探究能力的同时，掌握了探究的方法，体悟到科学家的思维方式。

[课例 1]

“人的性别遗传”教学设计

1. 课标、教材、学情分析及设计思路

1.1 课标分析

“人的性别遗传”是人教版生物学教材八年级下册第七单元第二章第四节的内容，对应课标中的重要概念 7.2“生物体性状主要由基因控制”，是建构次位概念 7.2.3“基因位于染色体上，人的性别是由性染色体的组成决定的”的重要载体。课标的学业要求是“能够解释遗传信息在生殖过程中完成了传递，并控制新个体的生长发育”，“借助图示或模型阐明染色体、DNA 和基因的关系”。

1.2 教材分析

学习“人的性别遗传”需要以“人的生殖和发育”“生物的遗传”“基因在亲子代间的传递”“基因的显隐性”等知识做铺垫，学生只有夯实了基础，才能深入理解本节课的内容。由于学生没有学习减数分裂等概念，所以，教师不宜将这些术语过早引入课堂。男、女染色体的差别以及生男生女的机会均等知识涉及模拟实验的具体操作，因为生活中男、女性别比失调问题以及

伴性遗传病的分析都是学生难以理解的内容。教师需要认真设计实验、选择模拟实验道具，采用直观易懂的方法，让学生在理解知识的同时，科学地看待生男生女的问题，并激发学生的探究意识和创新思维。

让学生掌握男、女性染色体的差异是本节课要达到的首要目标，而让学生探究发现生男生女的机会均等是本节课的重点和难点。

1.3 学情分析

八年级学生对生男生女的奥秘充满好奇，教师要充分利用学生的好奇心，激发学生的求知欲。但是，该部分知识十分抽象，需要学生具备扎实的遗传学知识基础，并且生男生女涉及了许多社会问题及封建思想观念，因此，教师不仅要让学生理解掌握本节课的知识，还要通过模拟实验设计与操作、数据处理与分析，让学生亲自发现生男生女的规律及比例，以此为契机，引导学生走入生活、关注社会，提高社会责任感及自我认同感。

1.4 设计思路

本节课涉及大量的学生活动：学生在看一看、辨一辨、摆一摆、组一组、举一举、抓一抓、想一想的过程中，将抽象的知识内化与外显，提高分析与概括能力、观察与表达能力等，培养社会责任感及自我认同感。

2. 教学目标

（1）学生通过自主观察体细胞染色体排序图，比较发现男、女染色体的差别，训练归纳概括能力。

（2）学生通过小组合作，模拟实验——精子、卵细胞随机结合，探究发现生男生女的机会均等。

（3）学生通过分析人口普查数据，用科学的态度看待生男生女问题。

3. 教学准备

①上网查阅我国人口普查的相关资料；②糖果、卡片、牛皮纸袋等模拟实验用具；③制作染色体道具，将抽象过程具象化。

4. 教学过程

4.1 真实情境，提出问题

教师：生物学知识与我们的生活息息相关，人口普查第三项就是性别（出示第七次人口普查内容），为什么人有男、女之别？男、女性别是如何形成的呢？

学生猜测：可能是遗传物质的差异、染色体的差异、基因的差异等。

教师引导学生回顾：①遗传物质的载体是什么？②每种生物的体细胞中染色体的数量有何特点？以此排除“男、女染色体数目的不同导致性别的差异"这一错误想法，使学生将关注点聚焦到"染色体的类型"上。

设计意图：借助真实的生活情境导入新课、提出问题，引发学生的猜测，让学生在复习回顾染色体相关知识的基础上，将关注点聚焦到染色体上。

4.2 男、女染色体的差别

4.2.1 男、女体细胞染色体的组成

首先，教师投影"男、女染色体排序图"，让学生观察、比较，发现染色体是成对存在的，男、女的第 1—22 对染色体几乎无差别，第 23 对染色体存在差异。然后，教师播放视频"常染色体、性染色体、X 染色体、Y 染色体及发现史"等。在此基础上，学生自主完成导学案中的"填一填"内容：①视频中介绍人类体细胞染色体总体分几类？②前 22 对统称为____，第 23 对由于能够区分性别，被称为______。③男性第 23 对性染色体大小不同，较大的为______染色体，较小的为______染色体；性染色体组成为______。④女性第 23 对性染色体大小相同，性染色体组成为______。

随后，学生就"男、女染色体排序图"进行"辨一辨"活动：①请在图中分别标注出常染色体和性染色体。②请找出 X 染色体和 Y 染色体，并在相应染色体的下方标注出名称；描述 Y 染色体与 X 染色体在形态上的主要区别是什么。③请区分男、女染色体排序图，并在两幅图的下方标注"男"或"女"。④以"22 对常染色体＋性染色体"的形式表示出男性和女性染色体的组成。

设计意图：学生通过自主观察体细胞染色体排序图，比较发现男、女染色体的差别，明确男、女体细胞染色体的组成，培养观察与辨析、概括与归纳能力。

4.2.2　男、女生殖细胞中性染色体的组成

教师引导：男、女体细胞中染色体的组成有差异，他（她）们产生的生殖细胞中染色体的组成又会有怎样的差异呢？

学生进行模拟体验活动 1：利用染色体组成卡片，模拟男、女体细胞产生生殖细胞的过程。首先，辨认手中卡片是男性体细胞的组成还是女性体细胞的组成；然后，通过抽拉卡片，模拟体细胞形成生殖细胞的过程，直观感知体细胞中成对染色体在形成生殖细胞时彼此分离；在此基础上，观察卡片，说出男性的精子（女性的卵细胞）中染色体的数量和组成，以及性染色体的数量和组成。

学生进行模拟体验活动 2：小组合作，利用小卡片，进行"组一组""举一举"活动，表示出男、女体细胞中染色体的组成和性染色体的组成，男、女生殖细胞中染色体的组成和性染色体的组成。活动由一名同学主持，另一

名同学负责纠错，最终落实表格中的内容（如表1所示）。

表1　男、女不同细胞中染色体的组成

	男性	女性
体细胞染色体的组成		
体细胞性染色体的组成		
生殖细胞染色体的组成		
生殖细胞性染色体的组成		

设计意图：两次模拟体验活动化抽象为直观，不仅帮助学生突破了思维盲区，而且加深了学生对染色体组成相关知识的印象。

4.3 生男生女的机会均等

4.3.1 理论推理

教师引导：就性染色体而言，精子的类型有两种，卵细胞的类型只有一种，那么当精、卵结合形成受精卵时，会形成几种类型的受精卵呢？

学生进行模拟体验活动3：继续利用手中的染色体卡，模拟生殖细胞的产生过程，以及精子与卵细胞结合形成受精卵的过程，说出受精卵的种类；利用性染色体，推导性别遗传的图解，预测该种类型的受精卵发育成的个体性别，从理论上证实生男生女的机会均等。

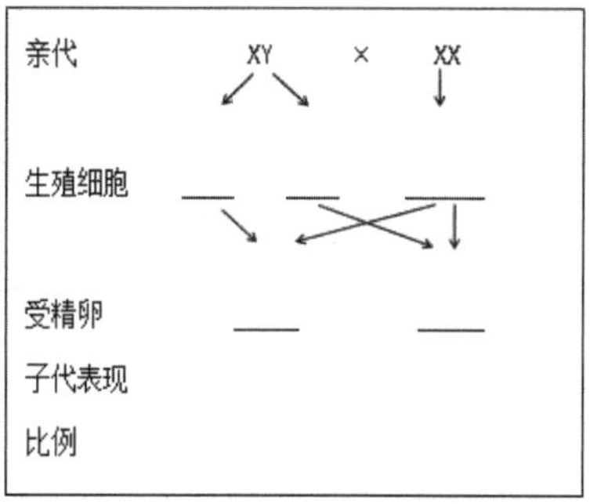

图1　人的性别遗传图解

4.3.2 实验模拟

教师引导：通过推理，我们知道“生男生女的机会均等”，但事实上是不是这样呢？这需要进行验证，通常采用实验法、社会调查法等进行验证。

学生进行模拟体验活动4：投影“探究生男生女的比例”实验步骤，引导学生合作完成模拟探究。首先，明确方法步骤：①抓取。一名同学随机从两个纸袋中各抓取一颗糖果，一颗糖果模拟精子，一颗糖果模拟卵细胞。②记录。将抓取的“精子”和“卵细胞”放在一起，判断受精卵内性染色体的种类，并据此判断出"男"或"女"，在表格相应位置画"√"。③归位。每完成一次，将糖果放回所属的纸袋中。④摇匀。将纸袋中的糖果摇匀后，重新抓取。每组抓取10次后，算出男女个数及男女比例。接着，学生思考与讨论以下问题：①分别从两个纸袋里拿出一颗糖果组合在一起，这是在模拟什么过程？②为什么要随机摸糖果，而不能按喜好挑选？③为什么完成一次抓取活动后，必须把取出的糖果重新放回纸袋摇匀？在此基础上，学生以小组合作的方式，按步骤完成探究活动，将结果记录在表2中并统计整理。教师汇总各小组数据，计算男女比例。问题引导：统计数据为什么不是理论上的"生男生女概率为1∶1"？学生根据"样本数越大，男女比例越趋近1∶1"，进一步理解"生男生女的机会均等"的内涵。

表2　精子与卵细胞随机结合记录

	1	2	3	4	5	6	7	8	9	10	合计	比例
男												
女												

设计意图：通过理论推测与模拟实践相互印证，学生重新认识"生男生女的机会均等"的涵义，培养了分析与判断、实践与求证的思维习惯，同时发展了科学严谨的求知态度。

4.3.3 社会实际

出示我国历次人口普查数据，以问题引导学生关注社会生活：人口普查数据为何与理论推理的不一致？导致这种男女比例失调现象的原因有哪些？我国男女失衡造成了哪些社会问题？为解决这一问题，国家又采取了哪些措施呢？学生的分析与视频内容相互印证，使学生认识到男女性别比例均衡会促进社会和谐的重要性。

设计意图：通过分析人口普查数据，引导学生用科学的态度看待生男生女问题；引导学生关注社会生活，形成科学的性别观，提高自我认同感及社会责任感。

4.4 人的性别决定与基因有关

引发认知矛盾：通过今天的学习，我们知道"男女性别是由性染色体决定的"，"性别作为一种特殊的性状"与我们之前学习的"性状是由基因控制的"是否矛盾？

学生自行阅读资料小卡片，了解：1905年，科学家发现了男、女的性染色体不同；1990年，科学家在性染色体上发现了与性别决定有关的基因，明确随着科技的进步，科学发现在步步推进、层层深入。

4.5 课堂总结与评价

学生总结本节课的收获，完成知识建构。

设计意图：通过对本节课知识的建构，不仅提高了学生归纳总结的能力，还提高了学生的社会责任感、自我认同感等。

4.6 作业超市（任选一项完成）

（1）绘制染色体在生殖过程中变化的结构简图。

（2）实践作业：利用卡纸、彩笔、塑料膜制作男女染色体的模型，并利用模型向家人展示生男生女的过程中染色体的变化，揭示生男生女的奥妙！

[课例 2]

基于科学史的“病毒与人类的生活”教学设计

生物学科学史是科学家对生命世界进行不断探索的过程中智慧的体现和积淀，深度学习生物学科学史能帮助学生理解科学的本质，发展科学思维，感悟科学精神。

“病毒与人类的生活”是人教版生物学教材八年级下册第五单元第五章的内容，在《义务教育生物学课程标准（2022 年版）》中属于大概念 2 下的重要概念 2.3“微生物一般是个体微小、结构简单的生物，主要包括病毒、细菌和真菌”中的下位概念 2.3.1“病毒无细胞结构，需要在活细胞中完成增殖”。病毒的增殖方式是本节课的重难点。本节课以病毒发现的科学史资料为线索，设置层层递进的问题，引导学生基于科学家所处的时代，分析、评价科学史上的实验设计，体验探究的过程，根据实验结果做出合理推测，发展科学思维。

1. 教学目标

（1）学生探索病毒的发现史，在探究中实践科学思维，建构生命观念，感受科学家的科研成果对人类健康的重要性，提升社会责任感。

（2）学生通过对比结构示意图与动手制作模型，能总结病毒的结构特点；通过病毒繁殖过程的视频以及噬菌体侵染细胞的图片，能概述病毒的繁殖过程。

（3）学生列举病毒与生物圈中人类的关系，增强病毒预防和治疗的意识。

2. 教学过程

2.1 以“寻找烟草花叶的病因”科学史为线索，逐步揭开病毒的神秘面纱

2.1.1 烟草花叶病的特点

首先，教师出示背景资料：“19 世纪中叶，农民种植的烟草容易得一种

病，新长出的叶子皱缩，深绿色叶片上出现浅绿色斑纹，严重影响了烟叶的产量和质量。为探明烟草产生疾病的原因，麦尔进行了长时间的观察与实验研究。"① 接着。教师出示科学史资料1："1879年，德国农业化学家麦尔开始研究烟草花叶生这种病的原因（实验流程如图1所示）。1882年，麦尔将这种病命名为'烟草花叶病'。"② 教师提出问题：烟草花叶的这种疾病有何特点呢？这种植物传染病——烟草花叶病的病因是什么呢？麦尔推测，烟草花叶病与细菌有关。但麦尔在光学显微镜下并未观察到假想中的细菌。

图1　麦尔研究烟草花叶病的流程图

2.1.2 引起烟草花叶病的因子的特点

教师出示科学史资料2："1889年，俄国科学家伊万诺夫斯基在研究烟草花叶病的病因时，重复麦尔的实验，将感染了烟草花叶病的烟草汁液用两层滤纸过滤后，喷洒在健康的烟草叶片上，叶片依然被感染。他又用细菌过滤器过滤患花叶病的烟草汁液，发现滤液仍具有感染性，正常的烟叶还会患上烟草花叶病。"③（实验流程如图2所示）在此基础上，教师请学生完成以下任务：①请根据资料补充流程图2中缺失的信息；②通过伊万诺夫斯基的实验流程，你认为烟草花叶病会是细菌引起的吗？引起烟草花叶病的因子有何特点？请说明你的判断依据。

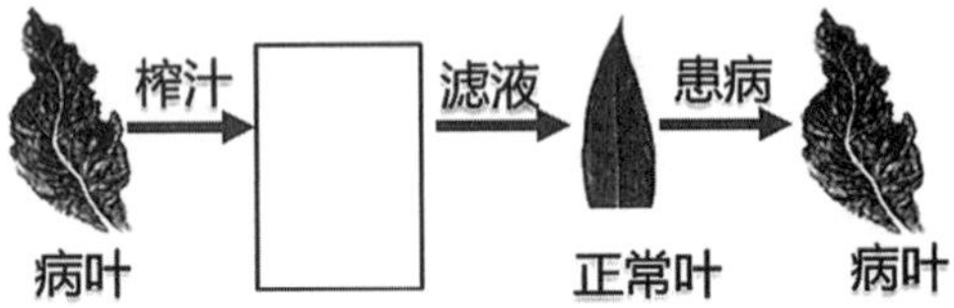

图2　伊万诺夫斯基研究烟草花叶病的流程图

教师出示科学史资料3："1897年，荷兰微生物学家贝杰林克重复了伊万诺夫斯基的实验，再次证明滤液具有传染性。然后，他用蒸馏水对滤液进行高倍稀释，发现大剂量稀释后的滤液和未经稀释的滤液对健康烟草产生感染

①周程. 病毒是什么？——人类发现首个病毒的过程考察［J］. 工程研究——跨学科视野中的工程，2020，12（1）：92-112.

②周程. 病毒是什么？——人类发现首个病毒的过程考察［J］. 工程研究——跨学科视野中的工程，2020，12（1）：92-112.

③周程. 病毒是什么？——人类发现首个病毒的过程考察［J］. 工程研究——跨学科视野中的工程，2020，12（1）：92-112.

的程度几乎没有差别，用稀释的滤液感染的烟草叶子，其汁液仍然具有很强的感染性。”①（实验流程如图 3 所示）教师利用问题串引导学生思考：①若致病因子是无生命的化学物质，被稀释后，其感染烟草的能力会升高还是降低？②分析贝杰林克实验 1，病叶 A 和病叶 B 的受感染程度几乎相同，可推知，病叶 A、B 中的致病因子浓度几乎无差别，这说明致病因子在烟叶细胞内进行了哪项生命活动？

通过分析科学史资料 2、3 的实验流程，学生推测：致病因子并非无生命的化学物质；相反，它们有生命、可增殖。

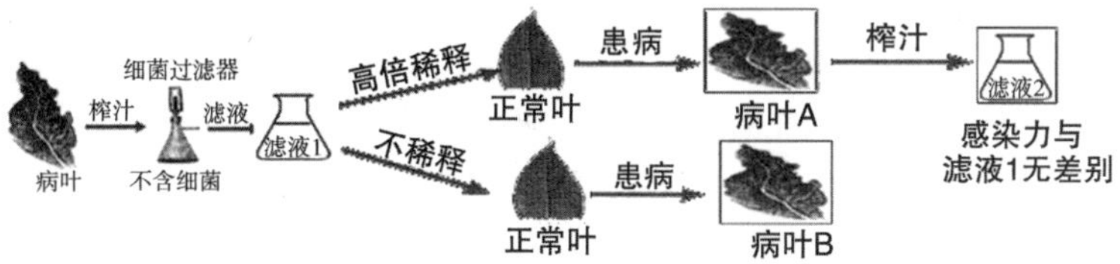

图 3　贝杰林克实验 1

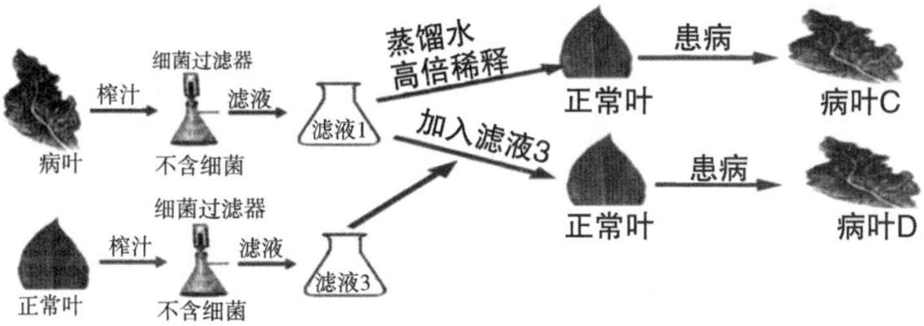

图 4　贝杰林克实验 2

2.1.3 烟草花叶病的因子的增殖条件

教师引导学生思考：“若滤液中的致病因子有生命、可增殖，那么它是否能够在生物体细胞外增殖呢？”教师出示科学史资料 4：“贝杰林克又做了一组对比实验——用细菌过滤器对健康烟草叶子的汁液进行了过滤，将获得的这种滤液加到有传染性的滤液中，再给健康烟草进行接种。他发现健康烟草感染后的病症表现程度与他用同体积的蒸馏水稀释后的带有传染性的滤液的情况一样。”②（实验流程如图 4 所示）教师提出问题：①分析贝杰林克实验 2，病叶 C 和病叶 D 的受感染程度几乎相同，是否说明致病因子在健康烟草叶汁液的滤液中增殖？②对比贝杰林克的两组对照实验可知，致病因子的增殖条

①周程. 病毒是什么？——人类发现首个病毒的过程考察 [J]. 工程研究——跨学科视野中的工程，2020，12 (1)：92-112.

②周程. 病毒是什么？——人类发现首个病毒的过程考察 [J]. 工程研究——跨学科视野中的工程，2020，12 (1)：92-112.

件是什么？通过分析实验，学生得出结论，这种具有传染性的致病因子在细胞外不增殖，只在活的生物体细胞内增殖。

设计意图：将科学家的实验探究过程设计成流程图，更符合学生的认知规律。学生通过阅读图文资料，提取信息、分析对照实验、深入思考引导性问题，在分析、判断、推理的过程中发展了逻辑思维能力。

2.2 基于多领域科学家对病毒的探索发现，逐步建构病毒的结构模型

2.2.1 病毒的大小

20世纪初期，研究烟草花叶病毒的学者越来越多，各有发现。教师出示科学史资料5："一战时期，美国植物学专家奥德拉证明了烟草花叶病病原体是可被吸附的颗粒；1921年，美国植物病理学专家杜加尔将烟草花叶病病原体的颗粒与已知物质颗粒的大小进行比对，推定烟草花叶病致病因子的大小与血红蛋白相近，直径大约为30纳米，体积大约是一般细菌的1/37000。"① 教师提出问题：已知叶绿体直径为4000—10000纳米，线粒体直径为500—1000纳米，细胞核直径为7000纳米，依据数据推测，烟草花叶病的病原体有细胞结构吗？它会是细菌吗？请说明推理过程。学生根据其微小到根本容纳不了细胞器，判断其应该没有细胞结构，不是细菌。教师介绍："一战结束之初，美国学者认为，烟草花叶病的病原体不具有细胞结构，是可在细胞内进行自我复制的超显微颗粒。1923年，杜加尔的论文指出，烟草花叶病致病因子不是细菌，而是'病毒'，这种病毒在细胞内具有非同寻常的活性，具有复制力，但脱离细胞后没有活性。"② 教师请学生用自己的语言来表述杜加尔的观点，即烟草花叶病的病原体是病毒，病毒不能独立生活，必须寄生在生物体细胞中，通过复制增殖。那么，病毒究竟是什么呢？

2.2.2 病毒的结构

教师出示科学史资料6："1934年，美国生物化学家斯坦利发现，胃蛋白酶能使烟草花叶病毒提取物水解，彻底失去传染性。据此推测，烟草花叶病毒是一种蛋白质。1935年，斯坦利从烟草病叶的提取液中成功分离出烟草花叶病毒晶体。1936年，英国的鲍顿和剑桥大学的皮里合作，对提取出的烟草花叶病毒结晶体进行检测。他们在深入研究后指出，烟草花叶病毒大约是由

---

①周程．病毒是什么？——人类发现首个病毒的过程考察［J］．工程研究——跨学科视野中的工程，2020，12（1）：92-112.

②周程．病毒是什么？——人类发现首个病毒的过程考察［J］．工程研究——跨学科视野中的工程，2020，12（1）：92-112.

95%的蛋白质和5%的核糖核酸组成的核酸蛋白质复体。”① 教师提出问题：病毒的遗传物质是蛋白质还是RNA？请设计实验方案来证明。学生设计实验方案，预测实验现象，并根据预测推导实验结论。在此基础上，教师出示科学史资料7：“1956年，德国科学家吉尔和施拉姆将烟草花叶病毒放在溶液中震荡，使RNA与蛋白质分离后，分别用提纯过的RNA和蛋白质去给烟草接种。”②（实验流程如图5所示）学生根据实验现象得出结论：病毒是由蛋白质外壳和内部的RNA构成的，RNA是病毒的遗传物质。

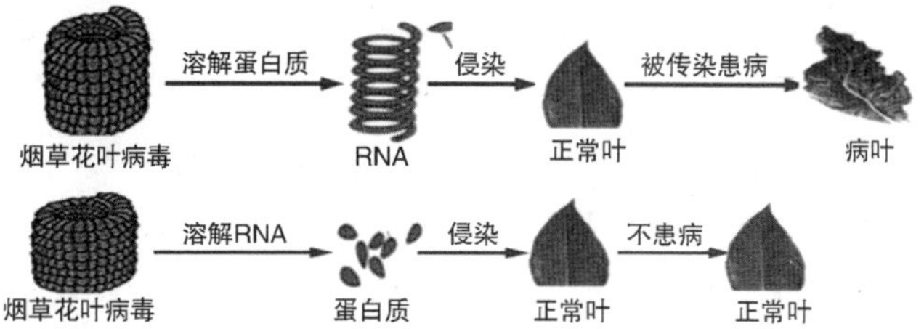

图5 吉尔和施拉姆实验流程图

2.2.3 病毒的种类

教师介绍：“1936年，鲍登和皮里基于证据推定烟草花叶病毒呈杆状，但直到1939年，德国生物化学家考舍等人才使用电子显微镜第一次成功地观察到了烟草花叶病毒——呈杆状，其直径大约为15纳米，长度为150或300纳米。”③ 此后，科学家们陆续发现其他病毒的亚微观结构。教师出示各种病毒的亚微观结构及模型图，学生根据寄主细胞的不同，将病毒分类，然后使用太空泥等原料制作病毒模型。

设计意图：病毒的结构是多个领域的科学家经过大量的实验探索出的结论。分析数据，运用类比法，学生推测出病毒无细胞结构，发展了逻辑思维；通过重温科学史，用科学家的思维去设计实验，推测实验现象，并根据预测推导实验结论，学生的发散性思维得到了培养，分析问题能力得到了发展；通过制作病毒物理模型，学生的迁移能力和动手实践能力得到了增强。

---

①周程．病毒是什么？——人类发现首个病毒的过程考察［J］．工程研究——跨学科视野中的工程，2020，12（1）：92-112.

②周程．病毒是什么？——人类发现首个病毒的过程考察［J］．工程研究——跨学科视野中的工程，2020，12（1）：92-112.

③周程．病毒是什么？——人类发现首个病毒的过程考察［J］．工程研究——跨学科视野中的工程，2020，12（1）：92-112.

2.3 以科学发现"T2 噬菌体侵染细菌实验"的视频，直观呈现病毒的增殖过程

教师预设问题：病毒究竟是如何进行自我复制的？1952 年，美国科学家赫尔希和蔡斯以 T2 噬菌体为实验材料，利用放射性同位素标记的新技术，完成了"噬菌体侵染细菌实验"。教师播放视频，以问题引导学生描述其过程：①在病毒复制的过程中，遗传信息由谁提供？②在细菌的细胞内合成病毒的遗传物质和蛋白质，所需的原料由谁提供？在此基础上，学生进行小组交流。然后，教师再次播放"噬菌体侵染细菌过程"视频，学生解说病毒的繁殖过程，以此突破教学难点。

设计意图：病毒的繁殖过程比较抽象，是本节课的难点，而借助多媒体动画的形式，将科学家精妙的实验过程生动直观地呈现出来，将抽象的知识直观化、立体化，再以问题串引导学生分层次描述整个过程，轻松突破了难点。

2.4 运用"病毒的利与弊"正反双方大 PK，深入理解病毒与人类生活的关系

学生在课前查阅相关资料，然后在课上交流 PK"病毒对人类究竟是利大于弊还是弊大于利"。辩论双方你来我往，逐一列举病毒在人类生活中的作用或危害。最后，学生总结发现：病毒对人类造成危害往往是因为科技发展水平低，人们对病毒的认识不足；当科技进步后，人们对病毒的认识越来越清晰，常常可以驾驭病毒，变害为利，让病毒造福人类。

设计意图："病毒的利与弊"正反双方大 PK 使学生能够一分为二、客观地看待病毒，意识到科技改变生活，科技与我们的日常生活息息相关。

3. 教学反思

教师基于科学史开展教学活动，让学生追寻科学家的足迹，亲历科研过程，体会科研的艰辛。在此过程中，学生基于生物学事实和证据，运用批判性思维、创造性思维等，探索生命现象的奥秘。

[课例 3]

"生物的遗传和变异"单元教学设计

《义务教育生物学课程标准（2022 年版）》要求学生建构大概念——"遗传信息控制生物性状，并由亲代传递给子代"。生物学教师要以学科核心素养为宗旨，将教学内容聚焦到大概念上，进行指向学科核心素养的单元整体教学设计，帮助学生建构系统化的知识体系，并提升学生解决复杂情境中问题的能力。

1. 单元教学内容分析

本单元主题为人教版生物学教材八年级下册第七单元第二章的内容，是第 6 个学习主题“遗传与进化”的重要内容之一。在地球上生命延续及发展的过程中，生物的遗传与变异现象是普遍存在的，是生殖过程的自然延续。也正因如此，生物才在适应环境的过程中不断进化，逐渐形成了现在生物的多样性。

本单元属于大概念 7 的第 2 个重要概念 7.2“生物体的性状主要由基因控制”，一共包含了 6 个次位概念，而且次位概念是建构重要概念和大概念的基础。每个次位概念又包含了若干个具体的知识点，比如“遗传”“变异”“性状”“相对性状”“基因”“染色体”等。这些知识点比较零碎，却是解释具体事例和建构概念性知识时不可或缺的。而要整体化建构知识系统，就要找到知识之间的相互联系，这也是整体化设计单元教学方案的前提。根据新课标内容要求，梳理本单元的知识框架，如图 1 所示。

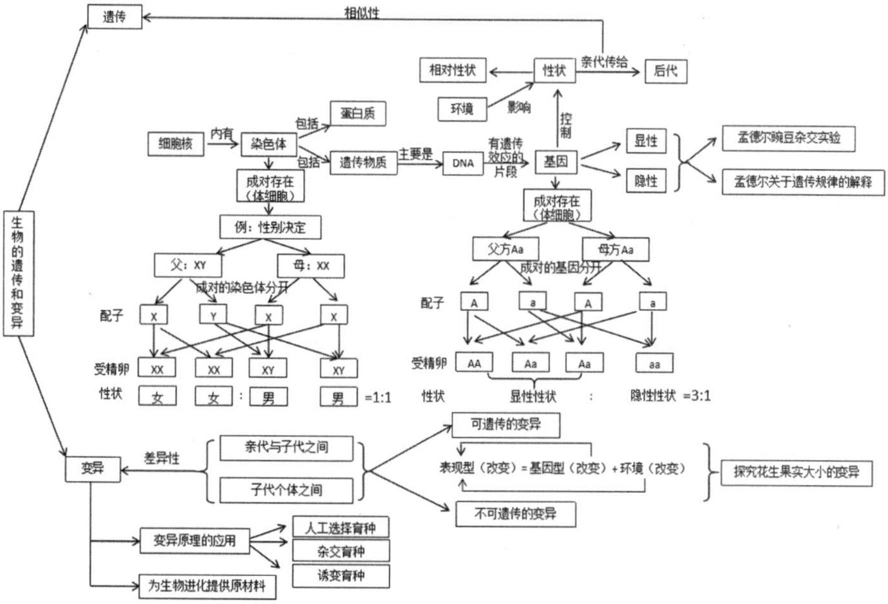

图 1 单元知识框架

2. 单元整体设计思路

创设单元教学情境一定要进行顶层设计。设计一个贯穿始终且合理的生物学情境需要结合本单元的教学目标，尽可能地将本单元需要解决的生物学问题的信息蕴含在特定的、真实的情境中，进而去设计各项教学活动。而这一系列“情境—问题—活动”，最终都是为了有效提升学生的生物学核心素养。因此，在进行情境创设时，我们应该着眼于学生对未来社会发展和个人生活需要的适应，指向生命观念、科学思维、探究实践和社会责任等核心素养方面，进行全方位的宏观设计。课程标准提倡"引导学生从真实情境中提出问题"，建议教师围绕教学目标和教学内容，联系学生的个人经历、社会生活和生产实践来创设真实的学习情境，从而指导学生探寻问题的解决方法。新课程标准提倡教师设计真实的、具有挑战性和开放性的生物教学情境，回归生活、贴近生活，进而诱发、驱动、支持学生探索、思考与解决问题，从而实现教学情境的信息化和生活化。因此，创设的情境不仅要激发学生的学习兴趣、引发学生的认知冲突、引入学习主题，还要将生物学知识与生产探寻、生活实际、科学研究密切联系在一起，带给学生更多的关于生命的启迪和思考。

本单元的主题情境以班级内某同学对家人的观察引发的思考作为切入点。"我和妹妹都是爸爸妈妈生的，为什么我是双眼皮，长得像妈妈，妹妹是单眼皮，长得像爸爸?""单眼皮和双眼皮是由什么决定的?""为什么我是男孩，妹妹是女孩，这是由什么决定的?""如果爸爸妈妈再生一个孩子，会是男孩还是女孩，会是单眼皮还是双眼皮呢?""将来我的孩子也会是双眼皮吗?"贴近学生生活的情境，更容易引起学生的共鸣，激发学生的探索欲。

而这一系列问题的解答需要围绕关键问题展开："基因是如何控制生物体性状的?"以"情境—问题—活动"为主线，围绕核心问题"基因是如何控制生物体性状的"，遵从知识建构的内在逻辑关系，将关键问题分解成相互关联的7个子问题，并分别设计任务、情境、学生活动以及学习评价，整体化开展单元学习活动，以促进大概念的建构和核心素养的达成。学生能够运用系统与整体的思维方式认识生物的遗传与变异现象及规律；运用结构与功能相适应、生物与环境相适应的观点，阐明基因组成和环境共同决定生物的性状；认识到杂交育种、转基因技术对人类生产生活具有巨大推动作用，开展关于转基因技术等科学技术发展利与弊的讨论，做出理性解释和判断，进而培养解决生产生活问题的责任感和能力。

3. 单元教学目标

基于新课程标准中关于本单元的内容，围绕本学科的核心素养目标，制定本单元的教学目标如下：

(1) 学生通过经典科学实验回顾和资料分析，阐明DNA是主要遗传物质，体验科学家的科学探究过程，培养科学严谨、务实求真的科学态度。

(2) 学生通过小组合作建构模型，明确染色体、DNA和基因的关系，培养动手实践能力以及观察、思考、解决问题的能力。

(3) 学生通过回顾胚胎学家比耐登对马蛔虫染色体的研究经典实验，结合模型演示，掌握基因在亲子间传递的规律，逐步发展科学思维，培养科学探究能力，以及吃苦耐劳、追求卓越的科学态度与价值观。

(4) 学生通过探究男性与女性体细胞染色体排序图，寻找男性与女性体细胞染色体的不同之处，培养观察能力和概括总结能力。

(5) 学生通过模拟实验，理解人类的性别是由性染色体决定的，生男孩和生女孩的机会是均等的，生男生女取决于父方提供的精子类型，培养统计数据、分析数据的能力，以及用科学知识看待问题、分析解决问题的能力，承担起用所学知识改变周围落后思想的责任。

(6) 学生通过组织调查和统计家人身体的常见性状，认识遗传与变异现象，并在理解的基础上完成对性状及相对性状概念的自主建构，培养观察、分类、归纳、总结等科学思维能力。

(7) 学生通过对转基因鼠实验过程以及生活中一些常见现象的分析与讨论，阐明基因组成和环境共同决定生物的性状，树立结构与功能相适应、生物与环境相适应的生命观念。

(8) 学生通过推测、验证、问题引领再现孟德尔实验过程，结合遗传性状显隐性的模拟活动，建构基因遗传图解模型；理解基因的显性与隐性，明确控制相对性状的成对基因的传递规律，培养实事求是、细致严谨的科学态度，树立运用科学方法解释生命科学问题的思想意识。

(9) 学生通过分析近亲结婚实例调查及遗传图谱，理解近亲结婚的危害以及国家禁止近亲结婚对增强家庭幸福感、提高国民素质、种族延续的重要意义，认同国家政策，认同优生优育。

(10) 学生通过寻找完全相同的两片树叶活动和探究“花生果实大小的变异”实验，认同生物的变异是普遍存在的，而引起变异的原因却是多种多样的，遗传物质改变引起的变异是可遗传变异，培养探究实践能力及分析问题、解决问题的能力。

(11) 学生通过调查研究金鱼品种的整个培育演化过程，认识多种多样的育种方式，认识生物变异的重要意义，培养收集信息的能力。

(12) 学生通过学习袁隆平院士与他的“禾下乘凉梦”，认识到杂交育种、转基因技术对人类生产生活具有巨大的推动作用；通过辩论科学技术的利与弊，辩证看待科学技术的发展；参与社会热点话题的讨论，做出理性解释和判断，提升社会责任感。

4. 单元教学的主要过程

4.1 主题1：人体主要的遗传物质是什么？

活动1：教师组织学生回顾经典实验——格里菲斯的肺炎双球菌体内转化实验、艾弗里的体外转化实验以及赫尔希的噬菌体侵染细菌实验，证明DNA是最主要的遗传物质。在回顾实验的过程中，教师要引导学生分析实验设计思路，通过问题设置，引领学生思考，重视对学生科学思维及探究能力的培养。

4.2 主题2：基因、DNA和染色体三者之间有什么关系？

活动2：教师利用身边简单易得的环保材料，组织学生以小组合作的形式制作"染色体结构模型"。教师将生物模型制作评价量表提前发给学生，让学生在制作模型时参考评价量表（如表1所示）。然后，学生以小组为单位进行课堂展示，从科学性、完整性、清晰性、艺术性四个方面进行组间互评，并提出修改建议。通过该活动，学生在探究实践中既了解了基因、DNA和染色体三者之间的关系，又锻炼了动手实践能力、语言表达能力和问题解决能力。

表1　生物模型制作评价量表

	示范级（80—100分）	合格级（60—80分）	不合格级（0—60分）
科学性（50分）	40—50分：所选材料能真实准确地反映模拟对象的特征，包括各部分结构的形态、大小、比例、相对位置、特性等	30—40分：所选材料基本能准确地反映模拟对象的特征，包括各部分结构的形态、大小、比例、相对位置、特性等	0—30分：模型和模拟对象之间的相似度不高。模型中各部分结构的形态、大小、比例、相对位置、特性等有明显错误
完整性（30分）	25—30分：模型包含模拟对象的所有重要结构	20—25分：模型包含模拟对象的大部分重要结构，但存在少量遗漏	0—20分：模型只包含模拟对象的部分结构，严重不完整
清晰性（10分）	7—10分：各部分结构有清晰而准确的标注	5—7分：大部分重要结构有清晰的标注，但存在少许错误或遗漏	0—5分：各部分结构几乎没有名称标注
艺术性（10分）	7—10分：材料环保，创新，制作精巧，形象美观	5—7分：材料环保，制作认真、工整	0—5分：材料不够环保，制作粗糙，形象不佳

4.3 主题3：基因是通过什么在亲代和子代之间传递的？

活动3：教师组织学生回顾有性生殖的整个过程，明确基因在亲代和子代之间传递的“桥梁”是生殖细胞。

活动4：教师组织学生回顾胚胎学家比耐登对马蛔虫染色体的研究经典实验，结合动态模型，演示染色体是如何在亲子间传递的。由一对染色体的传递到多对染色体的传递再到人的染色体的传递，教师总结染色体在亲子间的传递规律，并组织学生讨论这种传递方式的意义。结合基因与染色体的关系，教师总结基因在亲子间的传递规律。在实验探究和模型建构中，注重对学生探究能力和科学思维的培养。

4.4 主题4：人类的性别是由哪种染色体决定的？

活动5：教师展示男性体细胞与女性体细胞的染色体组成的排序图，组织学生寻找男性与女性体细胞染色体的不同之处，探寻X染色体和Y染色体的区别以及精子与卵细胞的种类。

活动6：以小组为单位，学生进行实验，模拟精子与卵细胞的随机结合，做好数据统计，并进行数据分析。然后，教师组织学生讨论交流，最终得出结论：生男孩和生女孩的机会是均等的，且性别由性染色体的组成决定。在实验过程中，教师要重视方法指导（比如：取样的时候，一定是随机取样）和过程性评价。过程性评价方案可以展示在屏幕上，让每个学生都做到心中有数，并以此规范自己的行为，促进学生进步。

活动7：教师结合某些地区的重男轻女现象、禁止胚胎性别鉴定法律法规和男女比例现状，引导学生讨论男女比例稳定对种族延续及国家社会稳定的深远意义，培养学生科学看待问题、分析问题的能力以及社会责任担当意识。

4.5 主题5：人体的性状由什么决定？还有其他影响因素吗？其中有什么规律？

活动8：以家庭为单位，组织学生进行性状大调查。教师将设计好的调查表发给学生，学生根据调查结果填好表格并在课堂上展示。教师选取某一位学生的表格及家庭照片进行分析，根据表现形式的不同，对性状进行分类，引导学生自主建构概念—性状和相对性状，从宏观上认识遗传和变异现象。贴近学生生活的情境，更容易引起学生的共鸣，激发学生的探索欲。

活动9：教师组织学生阅读并分析“转基因鼠的启示”实验过程，讨论交流相关问题，明确基因与性状的关系是基因控制生物的性状。而生物所表现的性状除了由基因控制以外，还有其他影响因素吗？对于这个问题，教师可以组织学生结合身边的具体实例进行分析，生物性状的改变也是适应环境的表现，最终得出结论：基因控制生物的性状，环境影响性状。同时，帮助学生进一步形成结构与功能相适应、生物与环境相适应的生命观念。

活动10：控制相对性状的一对基因在遗传上有什么规律呢？学生阅读科学史，了解孟德尔实验过程及成功的原因；模拟性状显隐性的遗传过程，建构基因遗传图解模型；通过推测、验证，分析总结基因控制性状遗传的规律。

活动11：学生调查近亲结婚的具体实例并在课堂上展示调查结果（比如达尔文与表姐结婚，生了10个孩子，没有一个是健康的）；结合遗传图谱分析，理解近亲结婚会提高后代患遗传病的概率，从而明白国家禁止近亲结婚对增强家庭幸福感、提高国民素质、种族延续的重要意义，认同国家政策，认同优生优育。

4.6 主题6：如果基因改变，生物的性状会改变吗？引起生物变异的原因有哪些？

活动12："有的人曾经说过世界上找不出完全相同的两片叶子。你赞同这一观点吗？"教师组织学生在课前寻找完全相同的两片叶子，结果没有一个学生成功找到完全相同的两片叶子。然后，教师引导学生观察一些具体实例的照片，发现其他生物个体中也没有完全相同的，让学生明白生物的变异是普遍存在的。

活动13：教师组织学生进行探究实验——"花生果实大小的变异"。教师准备适量且足够的两个品种的花生，引导学生制定探究实验步骤，注意要随机取样，样品的数量要足够，取样方法为五点取样法，选择合适的测量工具及测量方法，绘制和解读曲线图等。在活动过程中，教师要注重过程性评价的积极推动作用，将活动评价量表发给学习小组的组长，让每一位学生明确评价标准，以规范和指导自己的行为。

最后，通过小组汇报交流及问题解决，学生认识到生物性状的变异是普遍存在的，引起变异的原因是多种多样的；遗传信息改变引起的变异是可遗传的，单纯由环境引起的、遗传信息没有改变的变异不会遗传。

4.7 主题7：人类在生产实践中对生物的遗传变异有哪些应用？

活动14：教师组织学生以小组为单位调查研究金鱼品种的整个培育演化过程、不同时期的代表照片及主要采用的培育方式。各小组派代表在课堂上进行成果展示。通过该活动，学生认识了多种多样的育种方式，认识了生物变异的重要意义，培养了收集信息的能力。

活动15：学生分享科学家的故事——袁隆平院士与他的"禾下乘凉梦"，认识到杂交育种、转基因技术对人类生产生活具有巨大的推动作用。

活动16：结合病毒改造引发传染病流行的案例，教师组织学生辩论科学技术的利与弊，引导学生辩证看待科学技术的发展。我们应尊重科学、敬畏自然，合理开发利用先进技术来造福人类，共创人类命运共同体。教师引导学生参与社会热点话题的讨论，做出理性解释和判断，提升社会责任感。

教学过程中使用的学生活动评价量表如表2所示。

表2 学生活动评价量表

评价项目	评价要点	自评	互评	师评
活动态度	认真积极参与小组活动			
	努力完成自己的任务			
活动体验	善于合作，与他人分享成果			
	能提出自己的看法或问题解决方法			
实践能力	独立思考，自主学习			
	积极实践，发挥特长，施展才能			
知识收获	本节课主要知识掌握情况			
注：评价结果分为A、B、C、D四个等级。A为优秀，B为较好，C为一般，D为尚可				

[课例4]

聚焦生物学重要概念的“微生物”单元教学设计

1. 教材分析及设计思路

人教版生物学教材八年级上册第五单元中，“细菌和真菌”及“病毒”两部分内容是形成新课标重要概念“微生物一般是指个体微小、结构简单的生物，主要包括病毒、细菌和真菌”的载体。这两部分内容的知识结构相对独立，可作为单元进行教学设计，从而引领学生建构上述重要概念。本单元从细菌的大小、形态、结构与繁殖方式，真菌的种类、结构、营养方式与繁殖方式，病毒的构成、生活方式与增殖，微生物与人类生活的关系等方面建构单元知识结构框架（如图1所示）。

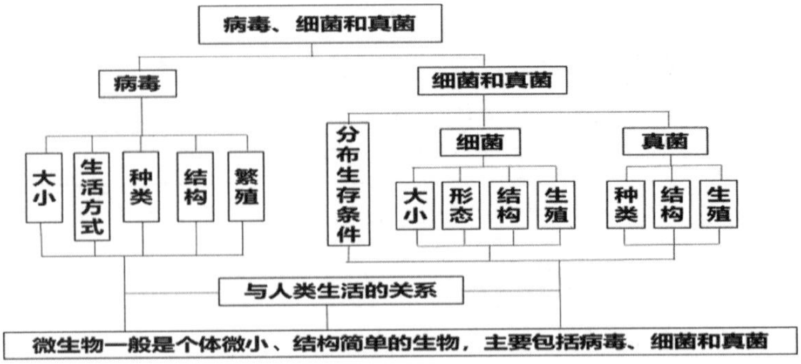

图 1　单元知识结构

本单元教学设计运用“策源—引问”源流式教学模式，以充足的学习资源为依托，以情境问题驱动探索活动，通过观察、体验、猜测、验证等活动，得出结论、发现规律、建构概念、形成观念。

本单元以手上生活着数以百万计的微生物这一真实情境作为切入点，以“你的手上有着数以百万计的微生物，为何你却看不到？它们是如何生活的？它们与人类生活有何关系”为主线，引出一系列次位问题：“如何用肉眼观察到手上的细菌、真菌？除手上外，它们还分布在哪里？”“手上种类繁多、形态各异的细菌有何共同特征？它们是如何生活的？”“生活中常见的各种霉菌、蘑菇和酵母菌为何统称为真菌？它们的生活方式是怎样的？”“勤洗手可预防新冠肺炎，导致该疾病的生物有何特征？”“生活在你手上、身上及周围的各种微生物，与你的生活有何关系？”在真实情境的引领下，学生不断地解决问题、建构次位概念：“细菌是单细胞生物，无成形的细胞核。”“真菌是单细胞或多细胞生物，有成型的细胞核。”“病毒无细胞结构，需要在活细胞内完成增殖。”“有些微生物会使人患病，有些微生物在食品生产、医药工业等方面得到广泛的应用。”学生的科学思维、生命观念、态度责任等素养得到全面提升，从而建构起“微生物一般是指个体微小、结构简单的生物，主要包括病毒、细菌和真菌”这一重要概念。单元教学设计思路框架如表 1 所示。

表 1 单元教学设计思路框架

核心问题	次级问题	具体问题
你的手上有着数以百万计的微生物，为何你却看不到？它们是如何生活的？与人类生活有何关系？	如何用肉眼观察到手上的细菌、真菌？除手上外，它们还分布在哪里？	区别细菌和真菌的菌落
		培养菌落的一般方法
		运用培养菌落的方法检测微生物的分布情况
	手上种类繁多、形态各异的细菌有何共同特征？它们是如何生活的？	细菌是如何发现的
		细菌的大小、形态及结构
		细菌的繁殖
		细菌几乎无处不在的原因
	生活中常见的各种霉菌、蘑菇和酵母菌为何统称为真菌？它们的生活方式是怎样的？	观察酵母菌、霉菌和蘑菇
		真菌的基本结构、营养方式及生殖
	勤洗手可预防新冠肺炎，导致该疾病的生物有何特征？	病毒的发现史
		病毒的大小和结构
		病毒的生活方式和分类
		病毒的增殖
	生活在你手上、身上及周围的各种微生物，与你的生活有何关系？	微生物与疾病
		微生物与医药
		微生物与食品腐败
		微生物与食品制作
		微生物与环境净化

2. 单元教学目标

基于课程标准的内容要求、学业要求和学业质量标准，并围绕培养学生核心素养的要求，笔者制定了如下教学目标：

（1）学生尝试采用细菌和真菌培养的一般方法，进行“检测不同环境中的细菌和真菌”的探究活动，根据探究结果，总结细菌和真菌的分布特点，提高实践探究能力及实事求是的科学态度。

（2）学生观看“细菌发现科学史”视频，了解列文·虎克与巴斯德在微生物学方面的贡献，重温巴斯德鹅颈瓶实验，提高分析问题的能力；根据细菌的电镜照片、模型及动画，描述细菌的形态、结构、生殖方式；通过细菌与动植物细胞的比较，推测细菌的营养方式，在完成概念建构的同时，发展结构与功能观。

(3) 学生使用放大镜、显微镜等观察酵母菌、霉菌、蘑菇，描述它们的形态结构特点，并总结真菌细胞的结构特点；通过比较动植物与细菌的细胞，推测真菌的生活方式与生存环境特征，认同真菌的结构与其生活方式相适应；通过观察酵母菌繁殖图片、自制的孢子印和视频，概述真菌的生殖方式。

(4) 学生通过病毒发现的科学史资料，了解病毒的传染、有生命、极其微小、组成成分等特点；通过其与细胞器的大小数据比较，推测出病毒没有细胞结构且无法独立生活；根据示意图动手制作模型，总结病毒的结构特点并进行分类；观看病毒繁殖的视频，总结病毒的繁殖方式。在此过程中，学生体验知识的形成过程，培养分析和综合、抽象和概括的思维能力，同时感受到科学研究对人类防治疾病的重要性，提升社会责任感。

(5) 学生根据生活经验，列举微生物使人或动植物患病的例子，了解微生物致病的类型；通过抗生素的发现及应用的科学史、"超级细菌"等资料，了解真菌—细菌—病毒的相生相克链，发展基于事实做出推测的科学思维；通过抗生素的种类、"疫苗是什么"微视频和"大肠杆菌工程菌生产胰岛素"的生产流程等资料，认同微生物在医药工业中有着重要的地位；从成本、产量、生产周期等方面比较"传统方法提取牛胰岛素"与"大肠杆菌生产胰岛素"，认同工程菌制药是未来的制药方向。

(6) 学生列举生活中常见的食品腐败及防腐的实例，总结食品腐败的原因及防腐的原理；通过品尝、体验等活动，初步认识发酵的过程及变化，了解影响发酵的因素，培养科学探究意识，学会基于事实和证据做出推测和结论；通过学习生产中的发酵过程，总结发酵的本质，培养理性分析问题的意识和能力，学会归纳—总结的科学思维方法。

(7) 通过课前调查、课上交流、设计方案及课后实践，了解微生物在生活污水、厨余垃圾、秸秆与落叶等的处理，物质与能量的有效利用，以及防止环境污染及维持生态平衡方面的应用情况，养成参与社会与家庭决策的意识，并认同微生物是生态系统中必不可少的成分。

3. 单元主要教学过程

3.1 主题1："几乎无处不在的细菌和真菌"（2课时）主要包括3个活动

活动1：细菌和真菌的菌落。看一看自己的手，干净吗？学生展示菌种取自手上、长有许多菌落的培养皿，感知"微世界"，并说一说在生活中还能从哪些方面感知到细菌和真菌的存在。学生列举生活中常见的细菌和真菌，如馒头长毛、水果腐烂、玉米芯上长出橘色的霉、渗水的墙角长出霉点、草丛中长出蘑菇等。教师以此导入菌落的概念，让学生用放大镜观察培养皿中的细菌和真菌菌落（菌种取自手上），从菌落的大小、颜色、形态等方面列表进行区分。教师引导：长出菌落往往意味着腐败，那为何还要培养菌落呢？然后以食品在出厂前的质检指标之一——菌群是否超标、饮用水水质指标及限值为例，使学生意识到培养及区分菌落在解决生产生活实际问题中极其重要。

活动2：培养细菌和真菌的一般方法。如何培养细菌和真菌的菌落呢？刚才观察的培养皿中的菌落是生物兴趣小组的同学在3天前培养的，学生观看操作过程的视频（检测手上的细菌、真菌），并总结培养细菌、真菌菌落的方法。在此基础上，学生思考以下问题：①培养基中的牛肉汁、牛奶或蔗糖的作用是什么？②配制培养基后，为什么要高温灭菌？③接种前为什么要先冷却培养基？④为什么要把接种后的培养皿放在恒温箱或温暖的地方？⑤根据培养菌落的方法，归纳细菌和真菌生长繁殖必需的条件。教师引导学生概括出细菌、真菌的生活条件：有机物、水分和适宜的温度，并以视频“四川泡菜的制作”拓展学生的认知：不同的细菌、真菌还要求某些特别的生活条件，如有的需要氧气，有的在有氧条件下生命活动会受到抑制。

活动3：探究细菌和真菌的分布。教师引导：刚才观察的培养皿中的菌落是手上的细菌繁殖形成的，根据你的知识经验，你认为细菌、真菌还存在于哪里？哪些环境中更多一些？哪种环境中根本没有？教师让学生两两搭配，基于假设，任选1个检测对象（如笔、课桌、门把手、公交卡、硬币、口腔、空气、瓶装矿泉水等），根据“细菌、真菌培养的一般方法”设计实验方案，并填写在实验报告单上；参照教材的“提示”和实验桌上的材料用具，实施实验计划。接着，教师展示其他班级学生的实验成果，并提供“在酷热、极寒、极咸、低能量、高辐射的极端环境中依然有细菌、真菌的存在”的图文资料，拓展学生的认知，概括出“细菌、真菌在生物圈中广泛存在”。

设计意图：以“检测手上的细菌和真菌”这一主线贯穿3个活动，为什么要培养菌落—如何培养菌落—运用培养菌落的方法检测环境中的细菌和真菌，化微观为宏观、从文本到生活、从个别到一般，总结建构“细菌、真菌在生物圈中广泛存在”的概念。

3.2 主题2：“无成形细胞核的单细胞生物”（1课时）主要包括4个活动

活动1：细菌的发现史。教师出示小资料“手上的细菌”，学生提取信息，了解细菌数量巨大、个体微小、种类繁多的特点。如此微小的细菌是如何被发现的呢？教师播放微视频“科学史话——列文·虎克和巴斯德的贡献”，学生了解列文·虎克和巴斯德的功绩，但对巴斯德的鹅颈瓶实验推翻“细菌的自然发生说”认知并不深刻。接下来，教师引导学生重温科学研究之路——鹅颈瓶实验，讨论以下问题：①煮沸肉汤的目的是什么？四年后，鹅颈瓶中的肉汤依然没有腐败，说明什么？②煮沸后的直颈瓶与鹅颈瓶形成一组对照实验，其变量是什么？鹅颈瓶的瓶颈打断前与打断后也形成对照实验，变量是什么？③直颈瓶中的肉汤和打断弯颈后的瓶中的肉汤都很快腐败，说明导致肉汤腐败的细菌来自哪里？学生在回答问题的同时，得出"细菌不是自然发生的，而是由原来已经存在的细菌产生的"这一结论。

活动2：细菌的大小、形态及结构。细菌个体微小到什么程度？教师将细菌分别与小米粒和绣花针上的针孔相类比，播放电镜下的针尖从放大100倍至数万倍的图片，使学生直观感知到细菌的微小。接着提供各种细菌的图片，让学生根据其形态分类，了解细菌都是独立生活的单细胞生物。然后，教师提供自制的各类细菌的模型，让学生结合教材中的细菌结构示意图，指认模型的结构名称，总结各类细菌的共同结构及特殊结构，并根据已有知识经验推测各结构的功能。在此基础上，教师引导学生列表比较细菌与动植物细胞在结构上的区别，并推测其营养方式，从而建构概念"细菌结构简单、进化上比较低等，属于原核生物"，并推测出细菌应该与动物细胞异养，也是利用现成的有机物生活的异养生物，再据此解释"利用厨余垃圾和落叶自制营养土"的原理。

活动3：细菌的繁殖。教师提供电镜下观察到的各种细菌生殖的图片，请学生推测细菌的生殖方式；然后播放细菌分裂生殖的动画，让学生直观感知细菌生殖的速度之快。在此基础上，学生思考：假设你手上此刻有100个细菌，细菌的繁殖速度按30分钟繁殖一代计算，在没有洗手的情况下，4小时后你手上的细菌数目是多少？这对你搞好个人卫生有什么启示？

活动4：细菌几乎无处不在的原因。教师以真实情境引发学生思考：一般而言，细菌在100℃的环境中待10分钟就会被杀死，但是给外科手术器械消毒要求140℃、持续灭菌2—3小时，这是为什么呢？教师引导学生了解芽孢的存在。接着，教师播放"细菌形成芽孢及重新萌发"的微视频，并提出问题：芽孢从形成到重新萌发，个体数量是否发生了变化？芽孢是细菌的繁殖方式吗？教师引导学生明确芽孢只是细菌度过恶劣环境的休眠体。最后，教师引导学生运用本节课学到的知识，解释细菌分布广泛、几乎无处不在的原因。

设计意图：通过比较各种细菌的形态、拆分细菌实物模型、观察动画等，学生进行比较归纳、推测验证，建构"细菌是单细胞的原核生物"这一次位概念，而计算手上的细菌数目，对学生形成健康的生活态度和良好的卫生习惯产生了积极影响。

3.3 主题3：“有成形细胞核的单细胞或多细胞生物”（1课时）主要包括2个活动

活动1：观察酵母菌、霉菌及蘑菇。每3名学生组成1个小组，每人完成1个观察任务，3人共享实验结果，并填写实验观察记录单。任务1：观察酵母菌，制作酵母菌培养液临时涂片，先不染色观察（液泡），后滴加碘液观察（细胞核）。观察内容为：①酵母菌是单细胞还是多细胞生物？细胞是什么形态？②细胞里能观察到液泡吗？③细胞里能观察到细胞核吗？④你能找到长有大小不一的突起的酵母菌吗？在此基础上，完成酵母菌结构示意图。任务2：观察霉菌，取一块长有青霉的橘子皮，垫上白纸，用放大镜观察。观察内容为：①观察一条条直立生长的白色绒毛；②观察直立菌丝顶端青绿色的结构；③用显微镜观察青霉的永久装片，菌丝还是孢子呈绿色？长有孢子的菌丝顶端是什么形状？菌丝顶端每一分枝上的孢子是怎样排列的？④菌丝有横隔吗？青霉是单细胞还是多细胞生物？细胞里能观察到细胞核吗？在此基础上，完成青霉菌结构示意图。任务3：观察蘑菇。观察内容为：①选取常见的蘑菇，用肉眼观察蘑菇的菌盖、菌柄、菌褶；②用放大镜观察菌褶内的结构，你看到了什么？③上下撕开菌柄，薄至透明时用解剖针挑取少部分组织，制成临时装片，并在显微镜下进行观察，蘑菇的内部结构在组成上有什么特点？

活动2：真菌的基本结构、营养方式及生殖。完成观察任务后，组内和组间交流观察小结，并达成共识：酵母菌为单细胞，而真菌、霉菌和蘑菇均是由菌丝构成的多细胞真菌，但它们的每个细胞的基本结构都是相似的，均由细胞壁、细胞膜、细胞质、细胞核构成。在此基础上，学生利用表格，比较真菌与动物、植物、细菌在细胞结构上的异同点。教师引导学生基于真菌有成形的细胞核这一证据做出推论——真菌在进化上比细菌高等，从而建构“真菌与动植物细胞同属于真核生物”的概念；基于真菌没有叶绿体，推测真菌的营养方式为异养，列举生活中各种真菌生长繁殖需要有机物的真实例子证实推测。最后，学生展示自制的不同蘑菇的孢子印，观看真菌释放孢子的视频，总结真菌的生殖方式。

3.4 主题4：“无细胞结构寄生在活细胞中的生物”（1课时）主要包括4个活动

活动1：重温病毒的发现科学史。教师提供“1886年迈尔的烟草花叶病实验及1889年伊万诺夫斯基的实验”的科学史图文资料，提出问题：①根据迈尔实验的结果，试推测烟草花叶病的病因可能是什么。②根据伊万诺夫斯基实验，可以得出什么结论？③伊万诺夫斯基将这种病原体称作“滤过性病毒”，这种“滤过性病毒”是生物吗？接着出示“1897年贝杰林克在伊万诺夫斯基实验的基础上的滤液稀释实验”的科学史资料及实验流程图，以问题引导：若病毒是无生命的化学物质，被稀释后，其感染烟草的能力有何变化？分析流程图，“高倍稀释后的滤液和未经稀释的滤液对健康烟草产生感染的程度几乎相同”，说明病毒在烟叶内进行了哪种生命活动？以此引导学生逐步了解病毒具有传染性，比细菌小，有生命，可在生物体内繁殖。

活动 2：病毒的大小和结构。教师出示正在入侵人类细胞的新冠病毒（放大 70000 倍）的图片、电镜下正在入侵细菌细胞的噬菌体（放大数万倍）的照片，学生比较病毒与细胞的大小，直观感知病毒极其微小这一特点。然后，教师提供细胞核、叶绿体、线粒体和新冠病毒的直径大小的系列数据，引导学生思考：细胞是生物体结构和功能的基本单位，基于以上数据推测，病毒有细胞结构吗？为什么？接下来，教师提供“1936 年鲍顿和皮里发现烟草花叶病毒大约是由 95%的蛋白质和 5%的核糖核酸（RNA）组成的”及“1939 年科学家用电子显微镜看到的烟草花叶病毒（30 万倍）”的图文资料，并提出问题：烟草花叶病毒的遗传物质是蛋白质还是 RNA？提供科学史“1956 年吉尔和施拉姆分离 RNA 与蛋白质后，再分别用提纯过的 RNA 和蛋白质去给烟草接种”，请学生预测可能的实验结果及结论。根据“接种 RNA 的烟草患花叶病，接种蛋白质的烟草没有患花叶病”这一实验结果，学生明确烟草花叶病毒的遗传物质是 RNA。在此基础上，教师出示各种病毒图片，总结其结构的共同特点——没有细胞结构，仅由蛋白质外壳和内部的遗传物质组成。最后，教师让学生尝试使用太空泥等材料制作病毒的模型并展示交流。

活动 3：病毒的生活方式和分类。问题引导：病毒结构简单，没有自己的代谢结构，那病毒能否独立生活？其生活方式应该是怎样的？学生根据病毒寄生的细胞种类不同，对病毒进行分类。接着，教师提出问题：病毒如果离开了活细胞，会怎样呢？教师提供“离开活细胞的病毒结晶体”“2022 年 3 月，城阳区新冠疫情的源头为邮件上携带的新冠病毒的结晶体”和“据研究，新冠病毒结晶体可以在钞票、手机屏幕和不锈钢等物体的表面上保持感染能力 28 天”等图文资料，让学生思考：根据以上材料，你能得出什么结论呢？

活动 4：病毒的繁殖。教师组织学生重温“1952 年，赫尔希和蔡斯以 T2 噬菌体为实验材料，利用放射性同位素标记技术，解密了‘噬菌体侵染细菌’全过程”的科学史，接着播放噬菌体侵染细菌的动画及新冠病毒繁殖的视频，让学生直观感知病毒的繁殖方式。在此基础上，教师提出问题：①在病毒复制的过程中，遗传信息由谁提供？②在寄主细胞内合成新病毒的遗传物质与蛋白质所需的原料由谁提供？③病毒是如何制造新病毒的？最后，教师以“病毒对人类有害也有益，是危害多还是益处多”为主题，让学生根据课前搜集的相关事实资料进行辩论。病毒究竟是危害人类还是造福人类，取决于科技的发展水平。随着科技的发展，人类在一定程度上可以控制病毒，甚至变害为利，让病毒造福人类。

教学反思：基于病毒发现的科学史资料，培养学生分析和综合、抽象和概括的思维能力，让学生感受到科技发展对科学发现的促进作用，体会科学研究对人类防治疾病的重要性，提升社会责任感。

3.5 主题5：“微生物与人类生活的关系”（3课时）主要包括5个活动

活动1：微生物与疾病。问题引导：①你的手上可能寄居着上百万个微生物，包括细菌、真菌、病毒等。它们都没有叶绿体，这意味着它们的生活方式应该是怎样的？（寄生或腐生）②说到微生物寄生在人的体表或体外，你最先想到的是什么？（致病）③新冠病毒肆虐全球3年之久，除此之外，你还知道哪些细菌、真菌、病毒使人生病甚至死亡的例子？教师总结学生列举的各种微生物导致传染病的例子，引出病原体的概念。接着，教师组织学生拓展阅读，了解微生物引起的人体致病或致死的三种情况：传染性疾病（如新冠肺炎、手癣、痢疾）、非传染性疾病（如黄曲霉产生的黄曲霉毒素致癌）及中毒（红蝇鹅膏菌）。

活动2：微生物与医药。设问：微生物都会使人生病吗？教师播放“青霉素发现及应用”科学史微视频，提出问题：抗生素能够治疗细菌感染，是因为抗生素能够抑制细菌细胞壁的形成，那抗生素是否会对人体细胞造成危害（过敏除外）？可否使用抗生素治疗新冠肺炎、病毒性感冒？为什么？教师指出抗生素在生活及医疗中的滥用现象，孩子们喝的牛奶、吃的食物中也有抗生素；在部分病人中出现了现有抗生素对其无效的“超级细菌”。学生阅读“超级细菌”相关资料，提取信息并回答问题：①如何治疗由“超级细菌”导致的疾病？②噬菌体侵染并消灭细菌后，是否会危害人体细胞？为什么？在此基础上，教师以问题引导学生关注微生物与生物制药：利用真菌等生产的抗生素早已被广泛应用，除此之外，你还知道哪些药物是利用微生物生产的？在学生举例的基础上，教师通过播放微视频“疫苗是什么”，使学生明确病原体可用于预防由该种病原体引起的传染病。然后，教师以“利用大肠杆菌生产胰岛素”为例，出示制药流程，介绍转基因技术，并提出问题：①利用大肠杆菌生产胰岛素需要提供什么生产条件？②为什么可以源源不断地生产胰岛素？③请从成本、产量、生产周期等方面比较“传统方法提取牛胰岛素”与“大肠杆菌生产胰岛素”，以此使学生明确工程菌制药是未来的制药方向。

活动3：微生物使食品腐败。教师出示长毛的馒头、腐烂的水果等实物，让学生分析并明确腐败的原因——营腐生的微生物大量繁殖、分解有机物的结果，引导学生列举生活中常见的防止食品腐败的方法，分析总结食品防腐的原理。

活动4：微生物与食品制作。学生品尝面包、苹果醋、酸奶、豆腐乳，说一说这些发酵食品在口感、味道上与原材料相比有哪些变化，推测会发生这些变化的原因。接着，学生现场进行发酵实验操作，思考问题：葡萄糖和温开水分别为酵母菌的生活提供了什么条件？为什么要静置一段时间？教师追问：①瓶中的液体有什么变化？产生的是什么气体？怎样验证你的推测？②打开瓶盖闻一闻，有什么气味？怎样验证你的推测？（用手持酒精测试仪进行检测）学生基于事实和证据，总结出葡萄糖被酵母菌分解为酒精和二氧化碳。然后进行迁移应用，学生带着问题观看视频“舌尖上的中国·转化的智慧·酿造米酒”，思考：①何时加入酒曲比较合适？②酿酒的时间越长越好吗？教师提供资料：酿酒的时间过长，在有氧条件下，醋酸杆菌会将酒精转化为醋酸；介绍酸奶和泡菜的酸味不同于醋，来自乳酸，是由乳酸菌分解葡萄糖而来的。在此基础上，教师请学生总结发酵过程与细菌、真菌培养的一般步骤的相同点，并分析发酵与腐败的异同，使学生明确发酵的实质是人类大规模培养微生物，让微生物在分解有机物时，产生对人类有利的代谢产物的过程。

活动5：微生物与环境净化。学生思考：不能随意焚烧秸秆、落叶的原因是什么？如果直接还田，为何来年的病虫害越来越严重？厨余垃圾乱堆、生活污水随意排放，会导致什么后果？小组课前调查：对于秸秆、落叶、厨余垃圾、生活污水、禽畜粪便等，如何处理才能够合理有效地利用其中的能量与物质，且不对环境造成二次污染？学生在课堂上交流调查结果：①农村建设沼气池，利用甲烷菌分解有机物可处理秸秆、落叶、厨余垃圾及禽畜粪便等，同时产生沼气（甲烷），用于做饭、照明等。②生活污水排至污水处理厂，在好氧细菌和真菌、厌氧细菌、甲烷菌、蓝细菌、硝化细菌等80余种微生物的作用下，实现有机物分解、氮磷转化、污染物去除。③在家庭厨余垃圾中加入枯草杆菌等，可将其变废为“肥”，用于养花种菜。在此基础上，学生设计可行性实践方案，将周末两天家庭产生的厨余垃圾变废为“肥”（提示：枯草芽孢杆菌为需氧菌），并记录过程。

表 2 单元作业设计及评价

主题	单元作业设计	评价指标	自评	互评	师评
几乎无处不在的细菌	课后拓展实践作业超市：如何洗手效果更好？不同洗手用品的洗手效果有何差别？	方案具有可行性、科学性，实验操作严谨，实验结果与结论具有逻辑性，图文并茂			
无成形细胞核的单细胞生物	资料搜集：细菌自然发生论	能够科学地评价该学说			
	制作类：选用生活化材料制作一个细菌模型	选用合适易得的材料，结构科学、比例合理、各结构颜色分明			
有成形细胞核的单或多细胞生物	课前实践作业超市：尝试培养酵母菌；尝试培养霉菌（选用新鲜橘子或橘皮培养青霉，选用新鲜馒头培养曲霉）；制作孢子印	按照教师提供的流程操作，不随意更改；用显微镜或放大镜看到酵母菌、霉菌或孢子印			
无细胞结构、寄生在活细胞中的生物	纸笔作业：列表比较病毒、细菌、真菌	条理清楚，内容准确，无科学性错误，排版美观			
微生物与人类生活的关系	资料搜集类：病毒的克星——干扰素；酱、酱油的生产工艺；味精的制作工艺	以流程图的形式，说明原理或生产过程，图文并茂，具有科学性			
	动手实践类：独立制作馒头、米酒或酸奶	形成成果报告，形式为视频、照片或 PPT 等，有产品实物			
	科普小论文：辩证地认识微生物，题目自拟	文章具有科学性、趣味性和可读性，图文并茂，版面设计美观			

二、善于开发利用社区资源

（一）开发利用社区的场馆、园区、基地等资源

养殖场、海鲜市场、花鸟市场、农业生态园、花果蔬菜采摘园、农业种

植基地等可为学生学习提供直接的、丰富的、鲜活的素材，这些素材极具直观性和说服力，既开拓了学生的眼界，又发展了学生的想象力，促进了其生命观念的形成。

活体生物及标本资源使学生"寓学于玩"。例如，将社区中的动植物园、博物馆、水族馆与生物学课堂教学相结合，将参观活动与学习探究相融合（如表 3-15 所示）。参观前，教师分发观察记录单（为每个场馆设计不同的观察任务）；场馆内，各小组根据记录单上的任务和问题，做好观察记录等任务；参观后，各小组整理资料，用各自喜欢的形式交流、展示参观学习成果，组间进行评价与讨论。在"寓学于玩"的过程中，学生培养了合作意识及分析解决问题的能力，能够认同生物体的结构与功能相适应、结构与生活环境相适应的观点，初步形成保护生物生活环境的意识。

表 3-15　青岛市部分馆园的特色及相关生物学知识、概念

馆园	特色	相关的生物学知识、概念
青岛水族馆	有梦幻水母宫（水母实验室）、海兽馆（企鹅、海豹表演等）、鲸馆（珍稀鲸标本）、海洋生物馆（海洋生物标本达 2 万余件）、淡水生物馆等	腔肠动物的特征；水母的繁殖方式；海豹、企鹅的学习行为；鱼类、哺乳动物的主要特征；生物的进化；鲸、海豹、企鹅适于生活环境的结构特点
青岛动物园	有猩猩馆、猴山、熊猫谷、狮虎山、天鹅湖、百鸟笼、鸣禽馆、两栖动物和爬行动物馆、儿童宠物园等	两栖类、爬行类、鸟类、哺乳类的特征；动物的学习行为；动物的社会行为；鸟类与生活环境相适应的特点等
青岛贝壳博物馆	有贝壳观赏区、儿童科普区等；有鹦鹉螺、龙宫翁戎螺等 5 个纲 262 科 4260 余种标本，130 余种化石	软体动物的特征；生物的多样性；生物分类；生物的进化；贝壳标本制作；贝壳仿生学等
青岛昆虫博物馆	有昆虫展览区、标本收藏区；有昆虫纲 20 目 100 余万号	昆虫的生殖与发育；动物的先天性行为；昆虫仿生学；昆虫与人类的生活和文化；昆虫标本制作等
青岛植物园	有木本植物 600 余种、草本植物 400 余种；集林木花卉观赏、科研科普、花木培育于一体	植物分类；藻类、苔藓和蕨类植物标本采集；实验资源选取；植物的多样性；植物的生殖；生物与环境的关系等

续表

馆园	特色	相关的生物学知识、概念
明月海藻科技馆	有神秘海洋观感区、缤纷海藻展区、古今中外交流区、海藻与生活互动区等7个展区，有千余种海藻标本、百余种海藻产品	藻类植物的主要特征；海藻的起源；藻类植物的多样性；藻类与人类生活的关系

（二）充分开发社区人力资源

医生、畜牧业养殖和屠宰的技术工人、生命科学的相关科研人员、大棚种植技术人员等社区中的人力资源亦是生物学课程资源。委托养猪场场主录制的新生小猪崽学会到直饮水处喝水的视频，远比课本上列举的例子更具有直观性和吸引力；经过骨科资深医生的专业指导，学生能够区分新鲜鸡翅中的韧带和粗大的神经；得益于屠宰场工人娴熟的技术，获取了堪称完美的禽畜的主动脉和上腔静脉。这些人力资源为学生探究实践的顺利实施和生命观念的形成提供了不可或缺的帮助。

[课例]

基于境脉学习的"生物进化的历程"教学设计

1. 课标、教材、学情分析及设计思路

1.1 课标分析

《义务教育生物学课程标准（2022年版）》强调，发展科学思维是培育学生理性思考、批判质疑、勇于探究等科学精神的重要途径。学科知识产生于某种特定的情境中，而脱离了特定的情境，学科知识就会僵化，缺乏生命力。[①] 新课标倡导将真实情境运用到课堂中，在解决真实情境中产生的问题时有效提升学生解决复杂问题的能力，深化学生对知识的理解。"境脉"引领下的教学能更有效地将创设真实情境设置成主线与脉络。通过"境脉"教学，学生在知识的学习和问题的解决过程中，不断提升了深度学习的能力。"生物进化的历程"是人教版生物学教材八年级下册第三章第二节的内容，属于《义务教育生物学课程标准（2022年版）》概念2和概念8内容的整合，侧重课标中的重要概念2.2和8.1。本节课例将研究生物亲缘关系的科学方法内化成学生自己的学习行为，让学生在思维引领下主动建构生物进化这一重要

①钟启泉. 基于核心素养的课程发展：挑战与课题［J］. 全球教育展望，2016（1）：3-25.

概念。

1.2 教材分析

学生已经掌握了生物的分类、生命的起源、生物的遗传与变异等知识，但不同生物类群之间的亲缘关系以及生物进化的趋势等内容对于学生来讲还相对抽象，那如何将抽象的知识浅显形象化呢？教师需要给学生提供合作探究与体验的机会，有效地促进学生运用多种逻辑思维手段加深对生物进化本质的认识。新课标倡导将真实情境运用到课堂中，在解决真实情境中产生的问题时有效提升学生解决复杂问题的能力，深化其对知识的理解。"境脉"引领下的教学能更有效地将创设真实情境设置成主线与脉络，让学生在学习知识和解决问题的过程中，多维度提升学科核心素养。

1.3 学情分析

根据已有经验和课本知识，学生对化石相关内容并不陌生。这为本节知识的学习奠定了基础。学生欠缺的是以化石作为直接证据，证明各类生物之间的进化关系的经验。教师为学生提供观察和探究的机会，让学生利用多种逻辑思维手段加深对生物进化本质的认识。

1.4 设计思路

本节课以山东省内的"化石博物馆之旅"为主线，以问题为导向，让学生以活动单为载体开展合作探究，自主建构化石的概念。学生通过动手制作生物进化树模型，体验生物进化的主要历程，建构知识框架，逐渐形成生物进化与适应这一生物学观点，多维度提升学科核心素养。

2. 教学目标

（1）学生通过梳理比较不同生物类群的特征，认识生物进化的规律，理解生物体结构与环境相适应的生命观念。

（2）学生通过"化石博物馆之旅"，认识、比较化石的形成过程及分布特点，激发探索古生物奥秘的兴趣，认同化石是生物进化的主要证据，形成尊重事实证据的科学思维。

（3）学生在游览山东各地化石博物馆的过程中，激发探索古生物奥秘的兴趣，同时形成尊重事实、保护文物的意识，落实责任担当，树立终身学习的观念。

3. 教学准备

城阳区某中学八年级生物兴趣小组对水螅、涡虫、蛔虫、蚯蚓、缢蛏、蝗虫、中华鲟、大鲵、扬子鳄、朱鹮、大熊猫，银杏、菊、苹果、海带、墙藓、铁线蕨、肾蕨这些生物，按照一定的标准进行分类。各小组分别领取任务包，按照要求完成表格，梳理和巩固各种生物的重要特征；通过寻找证据，大胆推测生物进化的大致历程，并上台汇报成果。

4. 教学过程

4.1 头脑风暴——认识不同生物类群的特征及进化证据

课前布置：教师引导学生回忆动物分类的依据，对水螅、涡虫、蛔虫、蚯蚓、缢蛏、蝗虫、中华鲟、大鲵、扬子鳄、朱鹮、大熊猫这些生物按照体内有无脊柱进行分类，让学生按照要求完成表格，梳理和巩固无脊椎动物的重要特征，再通过寻找证据推断出动物进化的大致历程，黑板贴图展示。

4.1.1 无脊椎动物类群

课前，学生结合教材及以下资料，梳理无脊椎动物相关知识，完成表1。

资料：①从扁形动物开始，其体壁具有三胚层：外胚层、中胚层、内胚层，中胚层可以分化形成肌肉层。②水螅和涡虫比较低等，没有专门的呼吸结构，都用体表呼吸；蛔虫生活不需要氧气，所以没有专门的呼吸结构。③水螅比较低等，没有专门的运动结构；涡虫用纤毛运动。

表1　无脊椎动物类群的特征及比较

代表动物	水螅	涡虫	蛔虫	蚯蚓	缢蛏	蝗虫
所属类群						
体形	______对称	______对称	______对称	______对称	______对称	______对称
是否分节						
胚层数	______胚层	______胚层	______胚层	______胚层	______胚层	______胚层
有无肛门						
呼吸结构						
运动						
进化表现						
进化趋势						

设计意图：通过梳理、比较无脊椎动物的重要特征，寻找事实证据，推断出动物进化的大致历程，认同“生物结构与环境相适应及生物在不断进化”的观点。

4.1.2 脊椎动物类群

活动1：学生结合脊椎动物各类群的特征及课前收集的资料，完成表2；寻找证据并尝试推测脊椎动物的进化顺序，写出脊椎动物进化的大致历程，黑板贴图展示。

表 2　脊椎动物类群的特征及比较

代表动物					
所属类群	鱼	两栖动物	爬行动物	鸟类	哺乳动物
生活环境					
体表覆盖物					
呼吸器官					
心脏结构					
体温					
生殖方式					
其他特征					
进化表现					

活动 2：从以下几个方面说明鱼、两栖动物、爬行动物、鸟、哺乳动物适应环境的结构和生理特点。

①从体表覆盖物来看，脊椎动物是如何适应其生活环境的？②从骨骼和肌肉特点来看，脊椎动物是如何适应其生活环境的？③从呼吸器官来看，脊椎动物是如何适应其生活环境的？④为什么只有鸟和哺乳动物能保持体温恒定？⑤从生殖发育过程来看，鸟类的生殖发育过程比其他卵生动物有什么进步之处？胎生哺乳比卵生有什么优势？

设计意图：学生通过对以上 5 个问题进行探讨与交流，进一步明确在生物进化的过程中，动物体结构是越来越复杂的，生活环境逐渐由水转向陆地，既掌握了脊椎动物的重要特征，又深化了结构与环境相适应的生物学观点，理解了进化的趋势，并能大致写出脊椎动物的进化历程。

4.1.3　植物类群

组内分析讨论银杏、菊、苹果、海带、墙藓、铁线蕨、肾蕨的结构特征，完成表 3，找到支持植物进化顺序的证据。

表 3　植物类群的特征及比较

代表植物	海带	墙藓	铁线蕨、肾蕨	银杏	菊、苹果
所属类群					
形态特征					
生活环境					

设计意图：学生通过梳理比较不同植物类群的特征，明确生物进化的趋势，认识植物类群进化的大致历程，认同生物的进化与适应观。

4.2 创设情境，提出问题

新闻链接：山东是中国最早进行恐龙化石科学发掘与研究的地区，山东地区在白垩纪也是恐龙的生活乐园。让我们一起穿越回白垩纪，走进山东恐龙乐园，感受恐龙时代地球生命演化的恢宏历程，探讨生命科学中演化与灭绝的主题。

教师提出问题：生物进化无法直接用观察和实验的方法再现，科学家是如何推断出生物是不断进化的？推断的证据是什么呢？

设计意图：以新闻引出本节课探寻的主角——恐龙。

4.2.1 生物进化的直接证据——化石

活动1：探寻化石博物馆之旅1——诸城恐龙博物馆

观看视频“被中外专家誉为‘世界第一龙’的‘巨型山东龙’”，思考以下问题：①根据你的理解，什么是化石？②化石是怎样形成的？

设计意图：以新闻中的“山东大汉”巨型山东龙为问题情境，引发学生对“化石”这一概念的思考。通过视频讲解、图片展示，学生建构化石的概念，并领悟研究化石的意义。

活动2：探寻化石博物馆之旅2——山东天宇自然博物馆

阅读以下资料，思考问题：①郑氏始孔子鸟可能属于哪种动物类群？请说出你的证据？②根据郑氏始孔子鸟化石，你能对它的进化做出怎样的推测？③郑氏始孔子鸟属于过渡类型化石，仿照郑氏始孔子鸟进化推断方式，推断蜥螈化石和提塔利克鱼化石分别属于哪种动物类群。

资料：在距今约2.5亿年至6600万年前的中生代，爬行动物是地球上的“统治者”。它们中的恐龙称霸陆地，翼龙翱翔天空，鱼龙和蛇颈龙等统领海洋。伴随着地球环境的变化，恐龙在白垩纪繁衍到巅峰，遍布各大陆，却在6600万年前的白垩纪末期都绝灭了（除了演化为鸟类的一支），留下许多未解之谜……2005—2006年，中英两国科学家团队在河北一处湖边林地考察时，意外发现一件属于恐龙时代的新鸟类化石，这个年代的鸟类化石非常少见，此新鸟类被科学家命名为郑氏始孔子鸟，其化石目前被存放于山东天宇自然博物馆。郑氏始孔子鸟生活在约1.31亿年前，像鸟，被覆羽毛，有翅，但翅膀上还长着爪子；嘴形像鸟喙，牙齿开始退化，尾椎骨愈合为尾综骨。

设计意图：将郑氏始孔子鸟与爬行动物、现代鸟类做比较，学生认识到何为过渡类型化石。以郑氏始孔子鸟为例，教师适时进行拓展，提供资料包，让学生找寻生物类群间存在亲缘关系的证据，为研究生物进化历程提供充足证据，厘清脊椎动物间的亲缘关系，逐渐掌握生物学研究中经常用到的方法——比较法。教师以动物的化石作为直接证据，帮助学生归纳、厘清脊椎动物间的亲缘关系，为绘制生命进化树做好铺垫。

4.2.2 生物学研究方法——比较法

小组活动：①动手观察地层模型，概述地层与其中存在的生物化石有怎样的关系；②动手打开地层模型，根据地层中各种生物化石的分布情况，推测地层中生物进化的大致历程。

设计意图：教师以动物化石为依据，帮助学生归纳、厘清脊椎动物间的亲缘关系，引导学生验证动物类群的结构从简单到复杂的顺序与地层中早期生物化石出现的时间顺序基本相同这一事实。

4.2.3 生物进化的间接证据——解剖学、分子生物学、胚胎学

科学家可以通过纵向比较不同年代的化石，以及横向比较现存生物种类等，推断出生物进化的大致过程。教师引导学生结合图 1 思考：除了化石，你还能列举哪些证据证明生物是不断进化的？

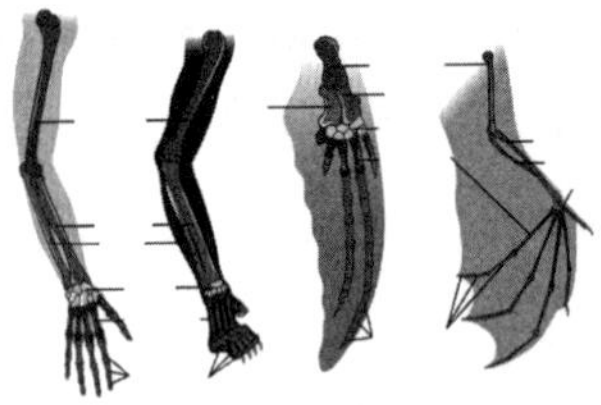

生物名称	黑猩猩	猴	马	鸡	小麦	金枪鱼	酵母菌
与人细胞色素C有差异的氨基酸数	0	1	12	13	35	21	44

生物名称	黑猩猩	长臂猿	罗猴	狗	牛	白鼠	袋鼠
与人血红蛋白部分氨基酸组成差异数	1	2	8	15	25	27	37

图 1　生物进化的解剖学及分子生物学证据

通过对动物同源器官进行比较研究，以及比较蛋白质分子的差异，可以推断出：地球上的生物起源于共同祖先——原始生命。

设计意图：学生通过阅读、分析与讨论，进一步明确在进化的过程中，动物体的结构是越来越复杂的。生物是不断进化发展的，它们之间存在一定的亲缘关系。

4.2.4 绘制生物进化树

通过游览山东省内的博物馆，学生见证了地球上的生物从无到有、从有到多的历程。学生总结归纳出不同生物类群的进化顺序后，教师抛出问题：这些生物进化的整体排列顺序像不像一棵树？这就是生物进化树。教师引导学生利用手中的材料，建构属于自己的生物进化树。各个学习小组派代表上台展示自己建构的生物进化树，并概述不同分支生物进化的顺序，其他组点评。

设计意图：通过循序渐进的问题，引导学生从形态结构和生理功能等方面绘制生物进化树，梳理生物进化的历程。

4.3 课堂总结与评价

表 4 生物进化历程评价量表

评价标准	赋分	得分
能够通过分析资料，概述植物进化的历程	能独立完成得 5 分，能对照课本完成得 3 分，能在小组成员协助下完成得 1 分，不能完成得 0 分	
能够通过分析资料，概述无脊椎动物进化的历程	能独立完成得 5 分，能对照课本完成得 3 分，能在小组成员协助下完成得 1 分，不能完成得 0 分	
能够通过分析资料，概述脊椎动物进化的历程	能独立完成得 5 分，能对照课本完成得 3 分，能在小组成员协助下完成得 1 分，不能完成得 0 分	
能总结归纳出动植物的进化历程规律	能独立完成得 5 分，能对照课本完成得 3 分，能在小组成员协助下完成得 1 分，不能完成得 0 分	
能绘制出生物进化树	能独立完成得 5 分，能对照课本完成得 3 分，能在小组成员协助下完成得 1 分，不能完成得 0 分	
能表述并绘制出生物进化历程思维导图	能独立完成得 5 分，能对照课本完成得 3 分，能在小组成员协助下完成得 1 分，不能完成得 0 分	
总计	30 分	

设计意图：学生对照评价量表进行自评，复盘学习过程。

[校本课程：开发乡土资源，开展探究实践]

生物与生态——登山节

自 2002 年起，城阳区每年 4 月都会举办健身登山节。崂山西麓的云头崮、三标山、太和山、青峰山等春来山花烂漫，迎春花、桃花、高山杜鹃花、樱桃花等争奇斗艳；夏至林木葱葱，雨后的崂山，空气清新，是天然的"氧吧"；秋时层林尽染，千年的银杏树下铺满厚厚的落叶；冬往暮雪千山，在大雪的覆盖下，新的生命在积蓄力量，静待萌芽。环境影响生物，而生物在适应环境的同时，也在影响和改变着环境。土壤中的微生物，在无人的角落，扮演着分解者的角色，变"废"为肥，改善土质，滋养植物。

在生物圈大大小小的生态系统中，每一种生命都奋力绽放着，成为生态平衡中不可或缺的一员。生物与环境相互影响、相互依存，共同构成了我们生机勃勃的美好家园。

1. 影响植物萌芽时间的因素

随着天气转暖，生长在崂山不同区域的高山杜鹃从4月初到月底，陆续迎来盛花期，成为春季崂山的一道靓丽风景。

1.1 温度会影响植物萌芽吗?

"人间四月芳菲尽，山寺桃花始盛开"，巨峰海拔落差大，高山杜鹃自低处逐级开放，运用你学过的知识想一想，花是由什么发育而来的?

图1　芽的类型

植物的芽按所形成的器官的性质不同，可分为叶芽、花芽和混合芽，能发育成叶的是叶芽；能发育成花的是花芽；萌发后既能抽枝长叶，又能开花结果的是混合芽。芽的生长会受到什么因素影响?

1.2 活动：探究非生物因素对植物萌芽的影响

春天是万物萌芽生长的季节，影响植物萌芽的非生物因素有哪些呢? 阳光，温度，水分，土壤……

下面介绍几种崂山常见的树种，你可以选取其中一种，通过实验探究非生物因素对植物萌芽的影响。

高山杜鹃　又名映山红，杜鹃花科，杜鹃花属，落叶灌木，早春先叶开花，花期在4—5月，果期在9—10月。喜湿润和凉爽的环境，萌发力强，耐修剪。多生于山坡、林下及灌木丛中，垂直分布可达海拔1000米以上。

樱桃　蔷薇科李属，多年生木本植物。花期一般在春季的3—4月，最合适的生长温度是10℃—20℃。樱桃的萌芽、开花期较早，花芽冻害和早春的晚霜冻害对樱桃产量影响很大。10℃左右是樱桃花蕾期的适宜温度，现蕾后抗霜冻的能力降低。

元宝枫　槭树科槭树属，果实为翅果，形状像元宝。每年的2月底至3月初萌芽，到3月底花芽已膨胀得很大，外面包被的鳞片有四片随着芽的膨大而长大。在四片毛茸茸的大鳞片里面，隐约能看见黄绿色的花序。

提示：

（1）选取生长环境（海拔、坡度、坡向）基本相同的健康成年大树作为研究目标树。

（2）一般在12月底进行剪枝，每株目标树剪长约40cm的枝条，保证芽数量充足且未受损。

（3）枝条切口浸泡在次氯酸钠溶液中30秒，可进行消毒处理。

（4）枝条可在水中培育。

（5）定义萌芽：以芽鳞裂开、叶部分可见为依据。

制订计划：

（1）取16根大小相似的枝条，修剪掉部分侧枝。

（2）倾斜修剪枝条3—5cm，用次氯酸钠溶液对切口进行30秒消毒处理。

（3）取16个相同的培养瓶，每4个分为1组，加入自来水，自来水占培养瓶2/3的空间。

（4）将带芽的枝条分别放入培养瓶中。

（5）以5℃为升温梯度，将4组培养瓶放在5℃、10℃、15℃、20℃的温室中培养。

（6）温室中其他条件保持一致，观察并记录芽生长过程中的变化。

讨论和完善计划：

（1）每根枝条留几个芽合适？

（2）怎样保证温室中除温度不同，其他的条件如光照、二氧化碳浓度、湿度等相同？

观察和记录：

以小组为单位，设计表格，观察并记录芽的萌发过程。

分析结果，得出结论：

哪组芽最先萌发？________________。

你们小组得出的结论是________________。

讨论：

在实验过程中有哪些困难？有什么好的解决办法？

________________。

通过探究可以发现，温度会影响植物的萌芽时间，随着春季温度升高，树种的萌芽时间会提前，那光照、水分、土壤的成分会影响植物的萌芽吗？

1.3 课外活动

全球变暖是当今社会关注度极高的全球性环境问题，据统计，在整个20世纪，全球气温平均上升了约0.6℃。气温升高，植物的萌芽时间会不会受影响？不同的植物又是如何适应这种环境变化的呢？查阅资料，跟同学们分享吧！

1.4 拓展阅读

"苏醒"的青岛百合

每年6月中旬，当你爬上崂山海拔400米以上的山腰，运气好的话，会发现三五成群自天而降的"云裳仙子"，有的身着橙黄色云裳，有的穿着橙红色旗袍，万绿丛中，娇艳动人。这就是青岛百合，又名"崂山百合"，1897年最早由德国人在小青岛上发现并命名。

青岛百合繁殖能力弱，生长缓慢，对外部生存环境的要求也极其严格，加之人为干扰等因素，野外种群数量稀少，现处于濒危状态，被列入国家第二批稀有濒危植物名录。近年来，在农业专家、植物学家的努力下，通过组织培养、扦插鳞片叶、种子驯化繁育等方式，扩繁青岛百合取得了可喜的成果。

2. 自然界中的"斑"和"瘤"

野外爬山，你可能见过，山上的岩石表面经常长出像癣一样丑陋的花斑，你知道这是什么吗？你在观赏崂山名木古树的时候，会发现树干上有一些千姿百态、形状各异的突起，这又是什么呢？

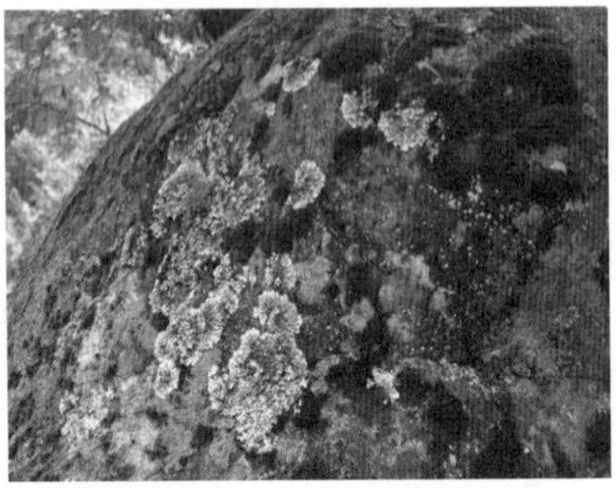

图2　地衣

图3　树瘤

2.1 辨识苔藓和地衣

自然生长状态下，苔藓和地衣存在较大的生态位重叠。换言之，有苔藓的地方很有可能存在地衣。二者之间似乎有着千丝万缕的联系，但却是两种完全不同的物种。

提出问题：

(1) 苔藓属于植物吗？说说你的判断理由。

(2) 地衣属于植物吗？说说你的依据。

(3) 地衣由哪几种生物组成？不同生物之间的关系是什么？

(4) 地衣是如何获得营养物质的?

图4 苔藓

图5 地衣

苔藓能称为植物，是因为它有叶绿体，能够进行光合作用“养活自己”。尽管有些苔藓是黑色或者紫色的，但色素掩盖下，叶绿体仍旧存在。而地衣是藻菌共生体，藻、菌长期紧密地结合在一起，在形态、结构、生理和遗传上都形成了一个单独的、固定的有机体。①

构成地衣的藻类，通常是绿藻和蓝藻（蓝细菌），具有叶绿素，能进行光合作用，为真菌提供营养；构成地衣的真菌属于子囊菌和担子菌，可以从外界吸收水分和无机盐，提供给共生的藻类，并保持藻体湿润。

地衣的生存能力既顽强又脆弱。地衣的分布范围极为广阔，从南极到北极，从高山到沙漠中心都有地衣分布，在极端干旱、高温（60℃）以及极端寒冷（−196℃）环境中都能生长；但地衣却对汽车尾气、酸雨，以及工业排放的有毒气体十分敏感，可以看作是“环境监测师”。它们形态各异，颜色不同，用“先锋者”的姿态，装扮着我们的家园。

地耳，又名地衣菜、地皮菜，是一种营养价值丰富的野生美味。夏秋阴雨绵绵，是地耳生长的旺季。地耳，似木耳之脆，但比木耳更嫩；如粉皮之软，但比粉皮更脆，润而不滞，滑而不腻，有一种特有的爽适感。地耳的食用方法很多，可凉拌、馏、烩、炒等。

图6 地耳

①热衣木·马木提，山都哈什·哈布力. 黄梅属地衣2个中国新记录种 [J]. 西北植物学报，2023，43 (5)：877-882.

2.2 认识树瘤和根瘤

在野外，你见过身上长“疙瘩”的大树吗？这是怎么回事？有些植物的根部也会长出类似的疙瘩，我们俗称“根瘤”。

2.2.1 想一想

仔细观察图7，思考下列问题：

(1) 树干可以分为几部分？

(2) 你见到的“树瘤”一般出现在哪个部位？

当树干的某些部位受到自然灾害或者病虫害影响时，树干会启动自我保护机制，伤愈后的部位就形成了独特的印记，俗称“树瘤”。

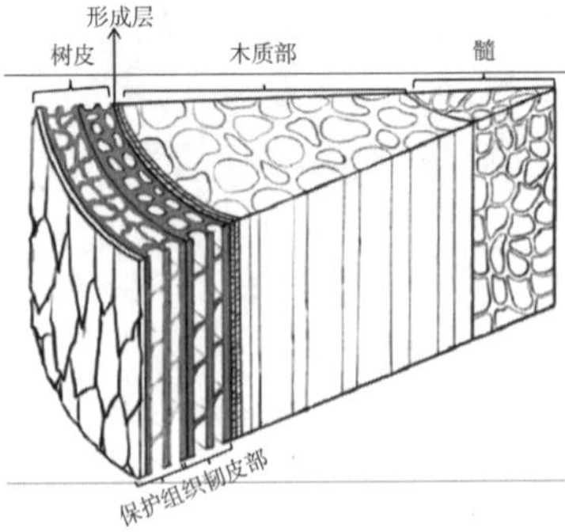

图7 木本植物的茎

“树瘤”的出现与愈伤组织分不开。愈伤组织是指在形态上没有分化但能进行活跃分裂的细胞团，植物的疗伤愈合能力及再生能力可用于无性繁殖，如嫁接、扦插、组织培养等。根瘤和树瘤的形成原因相同吗？

2.2.2 小资料

嗨，我是根瘤菌！

我是一类能促使植物异常增生的革兰氏阴性需氧杆菌，人们称我与豆科植物为“最佳拍档”。我能侵染豆科植物根部或茎部，与之形成共生结瘤，并以共生体的形式将空气中游离态的氮气转化为植物可以吸收利用的化合态氮。① 一个个根瘤就像是一座座微型的氮肥加工厂，将转化后的氮源源不断地供给植物。豆科植物吸收氮肥后合成蛋白质，抗病能力显著增强。

图8 根瘤菌

2.2.3 课外活动

“苔痕上阶绿，草色入帘青。”苔藓植物自成一派风景，登山游玩，可以采集苔藓植物，收集山上的石块、土壤或植物，将苔藓的意境美带入景观之中。赶紧动手试一试吧！

---

①张洁，莫负涛，李智燕，王国生. 根瘤菌对禾本科作物生长的促进作用研究 [J]. 甘肃农业，2021 (12)：41-42，47.

3. 落叶为什么会消失?

秋天，金黄的落叶随风飘散，漫山遍野的落叶终将“化作春泥更护花”。

叶为什么会脱落?落叶对植物来说有什么意义?

入秋以后，低温和强光破坏了叶绿素，树叶渐渐发黄衰退。同时，树根吸收地下水分中各种营养的能力减弱。树干和树枝为了有足够的营养抵抗寒冬，就在树叶和树枝之间形成一种“离层”，隔绝了水源，这样树叶就飘落下来了。

落叶后的树木减少了水分和养分的损耗，并把营养物质转运到根、茎和芽里存储起来。然后，树木进入休眠状态，以度过寒冷的冬天。那脱落的树叶是如何“化作春泥更护花”的呢?

3.1 土壤中的微生物

土壤中生活着肉眼看不见的细菌、丝状真菌和呈放射状的放线菌，这些生物是极其繁多的，一茶匙表层土就可能含有亿万个细菌。它们能将落叶中的有机物分解成无机物供植物重新利用，参与生物圈中的物质循环。

活动：土壤中真的有微生物吗?

制订计划并实施：

(1) 将10g土样加入盛有90mL无菌水的锥形瓶中，充分摇匀。取1mL上清液倒入盛有9mL无菌水的试管中，依次等比稀释，制成土壤浸出液。

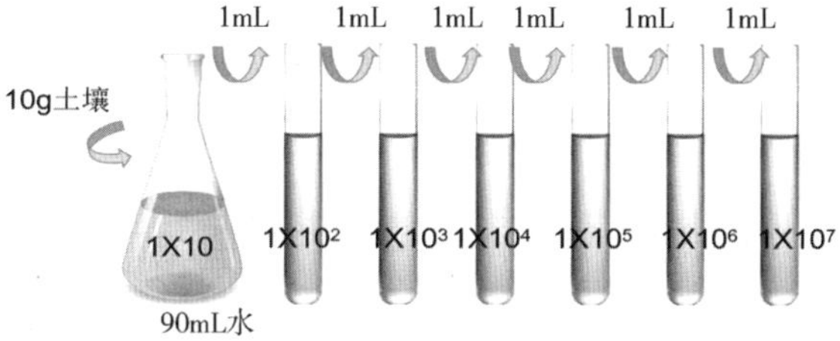

图9　土壤浸出液稀释示意图

(2) 取0.1mL菌液(土壤浸出液)，滴加到已经高温灭菌的培养基表面，用涂布器将菌液均匀地涂布在培养基表面。涂布时可转动培养皿，使涂布均匀。

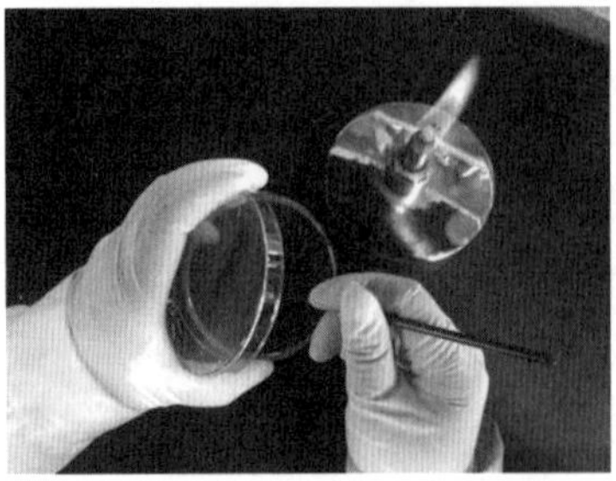

图 10　涂布示意图

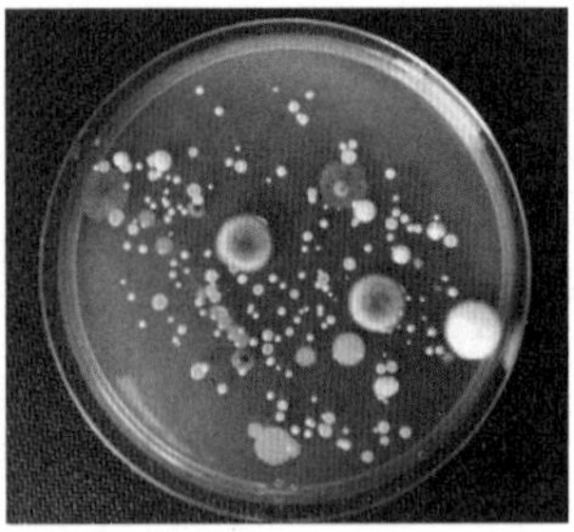

图 11　菌落

(3) 待涂布的菌液被培养基吸收，将平板倒置，30℃—37℃恒温培养 1—2 天后进行观察。

观察结果，思考：你观察到土壤中的微生物了吗？你能根据菌落分辨出细菌、真菌吗？

讨论：

(1) 制作土壤浸出液时为什么要对其进行稀释？

(2) 利用涂布器进行涂布前，应如何处理涂布器？

(3) 为什么将平板倒置培养？

(4) 为什么需要在 30℃—37℃恒温培养？

3.2 微生物的分解作用

3.2.1 活动

土壤中的微生物对落叶有分解作用吗？

(1) 材料用具

肥沃土壤，同种植物落叶若干，烧杯，无菌水，恒温箱，电子天平，纱布，塑料袋。

(2) 制订计划并实施

①将土壤等量分装在 6 个相同的烧杯中，编号 A1、A2、A3（实验组），B1 、B2 、B3（对照组），用黑色塑料袋从上方罩住实验组烧杯，将其放入 60℃恒温箱中 1 小时后取出；对照组土壤不做任何处理。

②取 36 片大小基本相同、品种一样的落叶，用无菌水冲洗干净，干燥至恒重后均分成 6 份，编号 A1、A2、A3（实验组），B1 、B2 、B3（对照组），并记录每份的初始重量，用纱布包好。

③在 6 个装有土壤的烧杯中，各挖一个深度为 5cm 的小坑，将用纱布包好的落叶分别埋入对应编号的土壤中，再将实验组和对照组分别放在室温下。一个月后取出纱布包，观察其中落叶的分解情况，随后对每份叶片进行冲洗，干燥至恒重，称重并记录。

（3）分析结果，得出结论

表 1 结果比较

	A1	A2	A3	B1	B2	B3
叶片初始干重/g						
分解后叶片干重/g						

对照组落叶的腐烂程度比实验组________，且平均失重________，这说明________________________________。

（4）讨论

①为什么将实验组放入 60℃恒温箱中 1 小时？

②取大小基本相同、品种一样的落叶均分成 6 份的目的是什么？

③为什么要将叶片用无菌水冲洗干净后干燥至恒重？

④对照组与实验组均分为 3 个样品的目的是什么？

通过上述探究活动可知：土壤中存在多种微生物，秋天落叶的消失与微生物的分解作用息息相关。除了微生物，动物对落叶的分解有促进作用吗？相同的土壤中，微生物对不同种落叶的分解速度相同吗？

3.2.2 技能训练

（1）探究蚯蚓对落叶分解的促进作用

假设一般是根据已有知识和生活经验做出的，有的还需要查阅资料，下面的资料会给你一些启示。

蚯蚓能破碎、分解和混合有机质。蚯蚓的取食活动加快了植物残体分解中的生物过程，富含易水解氮的蚓粪又加快了周围凋落物的矿化过程。

蚯蚓的粪便中含有丰富的氮、磷、钾等无机盐，可以增加土壤有机质并改善土壤结构，还能中和酸性或碱性土壤，增加磷等速效成分，使土壤适于农作物的生长。如果农田中的蚯蚓消失了，土壤健康指标会变差。

请你根据以上资料，做出假设：________________________。

提示：

①蚯蚓用湿润的体壁呼吸，所以土壤要始终保持湿润疏松。

②蚯蚓生长的适宜温度为 18℃—25℃。

请设计实验证明蚯蚓对落叶分解速度有促进作用。

（2）探究细菌对不同落叶的分解作用

由于全球气候的差异，为了适应环境，植物的叶片进化出了不同的质地和形态，如松柏植物的针叶与梧桐树的阔叶。降雨量的不同也导致叶片出现了不同的质地，如有的植物为革质叶片，细胞壁较厚，像皮革的质地，形状为卵形或椭圆形，颜色主要为碧绿色，具有较强的耐寒能力，储存水分的量也很大。革质叶片主要是旱生植物的叶子，如桂花树、橡皮树、迷迭香等，叶片会带有香味。还有一些植物为蜡质叶片，其表面具有光泽，覆盖一层透明的蜡状物质，能够有效抵御病虫的侵害，减少细菌的滋生，同时能够减少水分的蒸发，保证植物在生长过程中拥有充足的水分。常见的蜡质叶片植物有月桂、田七、海棠等，不带有香味。

细菌对不同类型的叶片分解速度一样吗?

请你根据以上资料，做出假设：________________________________。

材料用具：

枯草杆菌，各种植物落叶若干（薄叶阔叶：菠菜叶、桃树叶、梧桐树叶；厚革质阔叶：冬青叶、广玉兰树叶、桂花树叶；针叶：松针、侧柏叶；蜡质阔叶：海棠树叶、田七树叶等），培养皿，无菌水，打孔器。

提示：

①枯草芽孢杆菌繁殖需要水分，叶片需要保持湿润。

②不同叶片大小不一，难以控制变量，可利用打孔器制成大小相同的圆片。

请设计实验探究细菌对不同落叶的分解作用。

4. 变“废”为肥，设计并制作家庭堆肥箱

随着秋天的到来，山上会积攒大量的落叶，但来年春天，落叶就消失了。山上的泥土明明没有人施肥，但从泥土中长出来的树木却很茂盛。落叶能在大自然中分解，这其实是天然堆肥的过程。家家户户每天都会产生厨余垃圾，除了扔掉以外，还有什么更快速有效、更合理环保的处理方法吗?

对，我们可以采用人工堆肥的方法！所谓人工堆肥，其实是指在一定的温度、水分、空气等条件下，调控打造出适合微生物活动的环境，通过微生物，把落叶、杂草、生厨余、粪便等中的有机物分解为稳定并可让植物吸收的营养物质的过程。

想一想：

（1）堆肥时需要给微生物创造什么样的环境?

（2）堆肥时用到的材料是越大越好还是越小越好？为什么?

4.1 设计家庭堆肥箱

参照下面三种堆肥方法，利用身边易得的材料，设计家庭堆肥箱。

图12 瓶内堆肥法

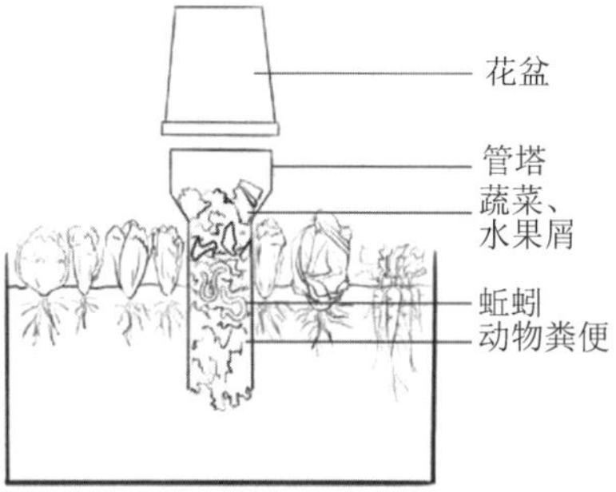

图13 蚯蚓堆肥法

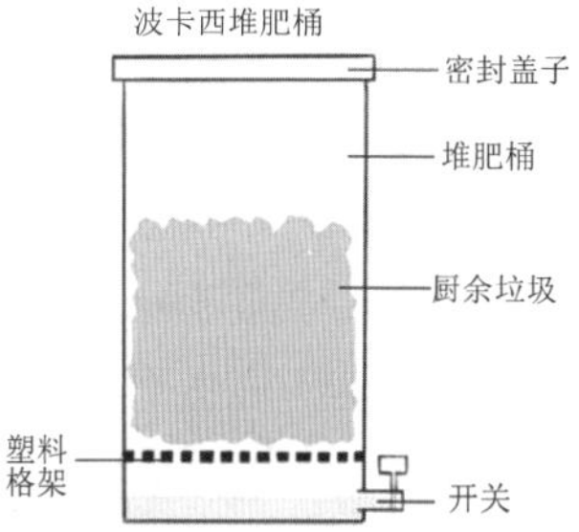

图14 波卡西堆肥法

4.1.1 瓶内堆肥法

找一个花盆或者瓶子，在其底部按顺序铺上一层树叶（主要贡献碳肥）、一层厨余垃圾（主要贡献氮肥）、一层树叶（也可以是报纸或撕碎的快递纸盒）、一层泥土，适合微生物生存的碳、氮比例是25∶1—30∶1，最后盖上盖子，静待两个月。

4.1.2 蚯蚓堆肥塔

找一个塑料瓶或者PVC管，其中下部和底部戳上洞，底部放上动物粪便和蚯蚓，再铺上切碎的厨余垃圾，最后盖上盖子。

4.1.3 波卡西堆肥法

波卡西堆肥法适用于城市家庭，是目前常用的堆肥方法，干净卫生，不会长虫子。波卡西堆肥是将EM活菌剂混合到厨余垃圾中，一同放进密封的、底部可排水的堆肥桶中，通过兼性厌氧发酵方式来分解厨余。

4.2 课外活动

查阅资料，利用自制的堆肥箱进行堆肥，不同小组间可以比一比哪种堆肥方法效率最高。

5. 制作叶脉画

“闲持贝叶书，步出东斋读”，中国的书画家有在植物叶片上写书作画的传统。同学们，你了解叶脉画吗？叶脉画起源于东汉时期的贝叶经、贝叶佛像画，是用菩提树的树叶制作成叶脉来画佛像的一种特有东方绘画艺术。

5.1 想一想

（1）所有的叶片都可以用来作叶脉画吗？

（2）选用作叶脉画的叶片有什么特点？

5.2 做一做

叶脉画一般精选野生阔叶，如贝叶棕叶、黄桷树叶、枫树叶、玉兰叶等。其制作主要经过选材、发酵、去肉、平整、制作5个步骤。

方法步骤：

(1) 叶子要完整，没有瑕疵。柔软、叶脉清晰的叶子最好。

(2) 将叶子放在10%—20%的 NaOH 溶液中煮20—30分钟，煮到叶子变色，变得更加柔软。

(3) 将煮好的叶子轻轻放在托盘中，在托盘的边缘缓缓地加入清水，用夹子夹出一片叶子。

(4) 轻按叶子的一边，用刷子顺着同一个方向刷出叶肉。如果很难刷出叶肉，可能是因为叶子没有煮烂，还要再煮一段时间。

(5) 碰到很难刷出来的叶肉时不能硬刷，要用刷子的背面轻敲顽固叶肉，敲击几次以后，叶肉就出来了。

(6) 用清水清洗叶子再擦干，一片完美的叶脉就做出来了。叶脉可以漂白再染色，也可以在叶脉上画画。

花卉与生活——花海节

宋代秦观在《行香子·树绕村庄》中写道："小园几许，收尽春光。有桃花红，李花白，菜花黄。"

自2017年4月始，辣洪滩羊毛沟花海湿地成为当地市民休闲打卡的圣地，春、夏、秋几乎每个月都有主打花的花海，游人流连忘返。有些花儿形态相似，花期相近，让人一时间难以辨别，比如同属于蔷薇科大家族的桃花、杏花、樱花和紫叶李。自然界的花儿繁多，这是植物一代代繁衍的结果。植物组织培养是快速繁殖培养优良、名贵品种的好方法。

花卉，历来兼具食用和审美的双重价值，可入膳入药、制作香料、装点起居空间，成为文学表达里意蕴丰厚的常见意象。"落红"因其美丽和易逝，成为文人的高频吟咏对象。我们可以用落红制作香精、口红，也可以制作永生花，将花之美留存下来，给我们的生活增添几分诗意。

1. 常见易混淆花卉辨识

春天，到处开满了各种各样美丽的花儿：桃花、樱花、杏花、李花……有的花我们马上就能叫出名字，而有的花我们则容易混淆，一时间难以辨认。

1.1 观察并区分常见的易混淆花卉

每年三四月份，桃花、杏花、樱花和李花次第开放，它们都来自拥有美丽的五瓣花的蔷薇科大家族，真是让人"粉粉"分不清。我们该如何辨别它们呢?

1.1.1 活 动

(1) 活动目的：区分桃花、杏花、樱花和李花。

（2）材料用具：照相机、A4纸、画笔。

（3）查阅资料并认真观察植物，找出桃花、杏花、樱花和李花（以校园中的紫叶李为例）的异同。提示：可观察花的着生方式是单生还是簇生，观察花柄的有无及其长短、花瓣的形状特点等。请以表格的形式汇总观察结果。

（4）找一找，辨一辨：学校里那些美丽的粉色五瓣花朵究竟是哪种花？

（5）思考并讨论以下问题：

①桃花、杏花、樱花和紫叶李在花瓣的数目上有何共同点？

②它们为什么会有相同之处？又为什么会有不同之处呢？

③桃花有许多不同的品种，如小花白碧桃、垂枝碧桃。观察图1，比一比：是小花白碧桃与垂枝碧桃的共同特征更多，还是樱花与垂枝碧桃的共同特征更多？为什么？

图1 小花白碧桃、垂枝碧桃、樱花

同属于一个分类单位的植物，都会有一些共同特征。例如，桃花、杏花、樱花和紫叶李均属于蔷薇科植物。蔷薇科植物的花通常有五片花瓣，或者是5x（x为正整数）片花瓣，花瓣通常呈白色、粉红色或红色。这四种植物同属于一个科，亲缘关系很近，因此在形态结构上会有许多相似之处；但由于它们属于不同种生物，因此，我们能在它们的形态结构上发现一些不同的特征。

根据生物之间在形态结构和生理功能上的相似程度，科学地对其进行分类，有利于我们弄清生物之间的亲缘关系，更深入地了解和研究身边的生物。

在对植物进行分类时，“种”是最基本的分类单位，同种生物的亲缘关系是最密切的。小花白碧桃与垂枝碧桃同属于一个种，因此，与樱花相比，小花白碧桃与垂枝碧桃的亲缘关系更近，共同特征更多。

1.1.2 小资料：几组常见的易混淆花卉解读

（1）国槐与洋槐

	花	叶	茎	果实
国槐	花期在7—8月，花较洋槐小	卵状长圆形，先端急尖	没有刺，枝条是绿色的，带有白点	念珠状荚果

续表

	花	叶	茎	果实
洋槐	花期在4—5月，有白、黄、紫三种颜色，常见的为白色	浅绿，卵状椭圆形，先端圆或稍凹	有尖刺，枝条是褐色的	扁平的荚果

图2 国槐

图3 洋槐

(2) 玉兰与广玉兰

	叶	花	是否落叶
玉兰	宽卵形，互生，全缘	花朵下有粉色的花蒂	落叶乔木
广玉兰	正面光滑油亮，背面带有褐色的绒毛	纯白色	四季常青

图4 玉兰

图5 广玉兰

(3) 连翘与迎春花

	枝条	叶	花
连翘	浅褐色，茎内中空	长椭圆形，单叶对生	4枚花瓣
迎春花	老枝灰褐色，小枝绿色四棱状	三出复叶，卵状椭圆形	6枚花瓣

图6　连翘

图7　迎春

(4) 牡丹与芍药

	叶	花	茎
牡丹	叶片裂叶，下表面有白粉	花大，花瓣外放，花期早	多年生木本植物
芍药	叶片狭长，下表面无白粉	花朵相对较小，花期晚	多年生草本植物

图8　牡丹

图9　芍药

1.1.3 课外活动

查阅资料，尝试观察并辨认校园里、社区里的花卉，设计植物身份证并挂牌。植物身份证上可添加二维码，扫一扫即可识别其身份。

2. 名贵花卉的繁殖——植物组织培养

有的名贵花卉的种子发育不全，在自然条件下萌发较难，传统分株繁殖时间久、成活率低，名贵花卉的价格可想而知。如何让名贵花卉大量繁殖、走进寻常百姓家呢？植物组织培养技术可以解决这一难题。

2.1 植物组织培养知多少

自然状态下的名贵花卉容易受到外界影响而凋落，为了增加名贵花卉的数量，加快其繁殖速度，可以利用植物组织培养技术。那么植物组织培养技术是如何得到完整植物体的？在整个过程中需要注意什么呢？

植物组织培养技术是指将离体的植物器官、组织或细胞等培养在人工控制的培养基上，给予其适宜的培养条件，诱导其分化为完整植株的技术。

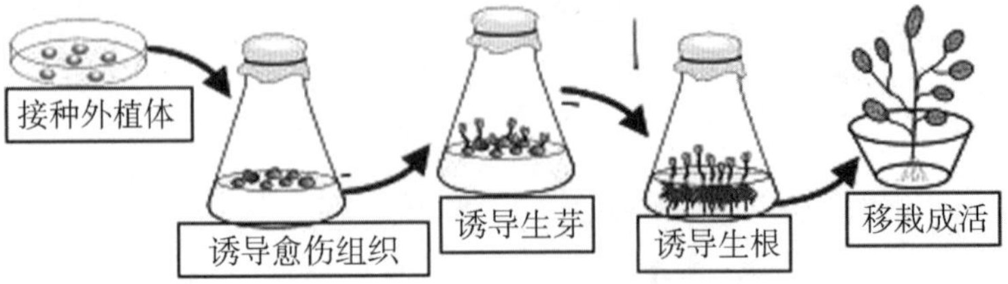

图 10　植物组织培养的一般流程

结合图片，思考以下问题：

(1) 利用植物组织培养技术为什么能得到完整的植物体？

(2) 愈伤组织是什么？

(3) 植物组织培养为什么能得到脱毒苗？

植物细胞具有全能性，细胞经过分裂和分化后，仍然具有产生完整生物体或分化成其他各种细胞的潜能。

愈伤组织是细胞排列疏松而无规则、高度液泡化、呈无定型状态的薄壁细胞，具有较强的分裂和分化能力。

危害植物的病毒、植物菌原体、类细菌有几百种，病毒通过无性繁殖传递，在母体内逐代积累，致使种性退化严重，表现为植物生长受到抑制，形态畸变，产量下降，品质变劣，严重时只好拔除病株，因而造成很大的经济损失。取茎尖病毒极少部分通过植物组织培养技术，可以脱除严重患病毒病植物的病毒，恢复种性，提高产量、质量。组织培养脱毒技术在生产实践中得到广泛应用，且有不少国家已将其纳入常规良种繁育体系。①

2.2 植物组织培养用多少

利用植物组织培养技术可以实现名贵花卉的大量繁殖，那现今植物组织培养技术主要成功应用于哪些花卉呢？

(1) 利用植物组织培养技术成功培养出的花卉有哪些？

(2) 植物组织培养技术主要应用于植物的哪些方面？

利用植物组织培养技术培养出的花卉长势强、花朵大、色泽鲜艳、抗逆行强、产花数量高，能够保持品种的优良特性，已成功应用于玫瑰、新几内亚凤仙、杜鹃、日本小叶常春藤、蝴蝶兰等名贵植物。②

---

①毕伟，董慧慧，李顺凯. 植物组培脱毒技术及其在花卉上的应用 [J]. 山东林业科技，2007 (5)：102-104，106.

②秦丽. 观赏植物大岩桐、特色经济作物红花组织培养再生体系的建立及百合遗传转化影响因素的初探 [D]. 乌鲁木齐：新疆大学，2007.

植物组织培养技术在观赏植物中主要应用于脱毒苗、新育成或新引进品种、稀缺良种、优良单株、濒危植物和基因工程植株等的离体快速繁殖方面。①

查阅资料，调查生活中常见的植物组织培养应用案例。

3. 花之美——落红犹香

鲜花，是大自然最美的馈赠；鲜花，是生活中最多彩的装点；鲜花，是甜蜜幸福最心动的表达。鲜花虽终将“零落成泥碾作尘”，但通过技术手段，可以“香如故”。

3.1 研讨花之质

自然界的花千姿百态，每朵花都有自己的美，那花中的成分都有哪些呢？这些成分都能制造成什么产品留存呢？让我们一探究竟吧！

3.1.1 变色实验

花中所含成分十分丰富，约有300种化学成分，包括人体必需的氨基酸、蛋白质、鞣质、维生素、色素、黄酮类、多糖类等。

在小烧杯中加入30mL的清水，再加入10滴碘酒，配成棕黄色溶液，若加入花粗提取物，你会发现溶液颜色变淡了，这是为什么呢？

原来碘酒具有强氧化性，而花中所含的黄酮类、多糖类等化学成分具有抗氧化性，可以使溶液变淡。除此之外，有些花还具有抗癌、抗肿瘤、免疫调节、降血糖、抑菌抗病毒、抗衰老以及抗辐射等广泛的药理活性。

3.1.2 花之妙用

玫瑰花蕾可以酿酒、制糖、做糕点、窨茶，还是日用化学工业制造香脂、香水、口红、牙膏的配料。玫瑰花性温味甘、微苦，入肝、脾经，在我国已有两千余年的药用历史，是常用的理气药，具有理气解郁、活血散瘀、舒肝镇痛、收敛止泻等药理作用，可用于治疗肝胃气痛、食少呕恶、月经不调、跌扑伤痛等。其药用价值已引起国内外医药专家的普遍重视。②

图11　花卉的用途

①秦丽. 观赏植物大岩桐、特色经济作物红花组织培养再生体系的建立及百合遗传转化影响因素的初探 [D]. 乌鲁木齐：新疆大学，2007.

②丁凤伟. 玫瑰花化学成分及有效部位的研究 [D]. 济南：山东中医药大学，2011.

3.2 留存花之美

3.2.1 植物拓染

(1) 活动目的：用大自然中的花、草、茎、叶等进行拓染，将植物的形态永久保存下来。

(2) 材料用具：花、草、茎、叶等，盐水、铁锈水适量，布料，锤子，健身球，鹅卵石，镊子，熨斗。

(3) 活动任务：制作植物拓染工艺品。

(4) 活动步骤。

(5) 活动成果。

3.2.2 永生花瓶的制作

(1) 活动目的：将植物的落叶、落花等收集起来，使其"永生"。

(2) 材料用具：植物若干、漂浮油、玻璃瓶。

(3) 活动任务：制作植物漂浮瓶。

(4) 活动步骤。

(5) 活动成果。

3.2.3 鲜花口红的制作

(1) 活动目的：将新鲜的玫瑰花瓣研磨成粉，制作鲜花口红。

(2) 材料用具：分析天平、研钵、剪刀、二氧化硅、小烧杯、玻璃棒、酒精灯、三脚架、白蜂蜡、维生素 E、口红制备模具。

(3) 活动任务：采集新鲜的玫瑰花瓣研磨成粉，制作鲜花口红。

(4) 活动步骤。

(5) 活动成果。

3.2.4 玫瑰精油的制取

(1) 活动目的：提取玫瑰花精油。

(2) 材料用具：分液漏斗、200mL 量筒、500mL 蒸馏瓶、橡胶塞、200℃温度计、直型冷凝管、承接管、250mL 锥形瓶、连接进水口和出水口的橡皮管、铁架台、酒精灯、石棉网、电子秤、新鲜的玫瑰花、2.5%氯化钠溶液、无水硫酸钠。

(3) 活动任务：通过水蒸馏法提取，并通过分液漏斗分离得到粗玫瑰精油。

(4) 活动步骤。

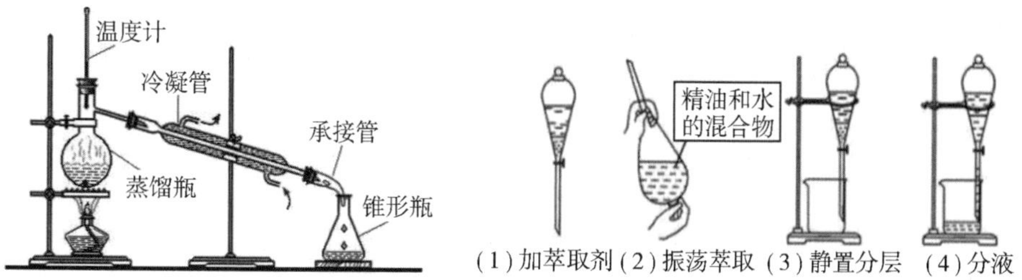

图 12　冷凝和萃取步骤

(5) 活动成果。

3.2.5 课外活动

与美术、语文学科相结合，设计每个产品的包装并赋予其意义，形成“落红犹香”系列产品。

三、筛选利用媒体资源

(一) 筛选利用新闻报道与社会热点，拉近文本与学生生活的关系

教师搜集整理与教学内容相关的图文资料、新闻报道、纪录片、最新生物研究进展及其在生产生活中的实际应用情况。这些内容更贴近学生的真实生活，使课程内容与学生生活联系得更紧密能提高学生的生物学素养。如扁形动物在日常生活中很少见，如何才能拉近扁形动物与我们日常生活的关系呢？一则题为“小伙吃田螺，变成绿巨人”的新闻报道，使学生从文字和图片两个角度认识了肝片形吸虫，直观地了解了扁形动物背腹扁平的特征，并警惕病从口入，注意饮食卫生。2019 年底，新冠肺炎开始在全球大流行，新冠病毒入侵人体并致病、疫情防控的措施、新冠疫苗的研制与接种等新闻宣传、报道，为学生学习病毒、传染病及其预防、免疫与计划免疫等内容提供了大量鲜活的素材。生物课堂上大量人文素材的应用拉近了学习与生活的距离，使学生由文本走向生活，用文本去解释和解决生活中的实际问题，提高了学生的科学思维，同时有利于学生健康观的形成。

(二) 开发适切的微视频资源，突破课堂教学症结

使用微视频，化抽象为具体、化微观为宏观、化平面为立体，可以突破想象的盲点，可以突破实验材料的时空限制，也可以突破实验时间长的限制。微视频亦可用于指导课外实践。教师可以从以下途径获取需要的微视频：生物学科的优秀期刊常通过公众号共享一些优质的微视频资源，可以直接下载

使用；通过网络平台下载的视频如果不符合自己的课堂需求，可以对这些资源进行剪辑、编辑、后期配音和合成；若找不到适合的资源，就自己动手实验，由同事协助录制视频，或让生物兴趣小组的同学进行实验操作，自己录制视频。

（三）充分利用虚拟实验室，提高学生的体验感

在因新冠疫情而开展网络授课期间，NOBOOK、矩道等虚拟实验室的使用，大大提高了学生的学习兴趣。例如，在教学“流动的组织——血液”一节时，虚拟实验室让学生仿佛身处血管内，学生对各种血细胞的形态、大小、数量一目了然，自然而然地总结出血液各成分的特点及区别。在模拟保护色的形成时，教师往往因模拟实验过程复杂、耗时太长而烦恼，采用NOBOOK虚拟实验室，自动计时、自动计数、自动投放被捕食动物，让每个学生都可以直接点击屏幕完成模拟试验，效果非常理想。

[课例1]

基于媒体资源的实验教学设计——以“鸟的生殖和发育”为例

1. 课标、教材、学情分析及设计思路

1.1 课标分析

“鸟的生殖和发育”是人教版生物学教材八年级下册第七单元第一章第四节的内容，对应课标中的重要概念2.2“根据生物的形态结构、生理功能以及繁殖方式等，可以将生物分为不同的类群”，是建构次位概念2.2.4“脊椎动物（鱼类、两栖类、爬行类、鸟类、哺乳类）都具有适应其生活方式和环境的主要特征”的重要载体。课标的学业要求是“对于给定的一组生物，尝试根据一定的特征对其进行分类”。

1.2 教材分析

学生已经学习了植物的生殖、昆虫和两栖动物的生殖及发育等内容，本节课是让学生通过解剖鸡卵的结构、认识鸟的不同繁殖行为，了解鸟的繁殖过程，以及鸟的生殖和发育情况，为学生学习生物的遗传做好铺垫。所以，让学生掌握鸟卵的结构是本节课的重点和难点。

1.3 学情分析

通过前面的学习，学生已经掌握了生殖发育的相关知识，对鸟比较熟悉，但对于鸟卵的结构和功能的认知比较模糊。有些学生的头脑中存在错误的前概念，如“卵黄上的小白点（胚盘）将来发育成小鸡的眼睛”“一个鸡卵就是

一个卵细胞，卵白是细胞质，卵黄是细胞核”。因此，教师在教学中要以任务作为驱动载体，让学生掌握正确的解剖和观察方法，帮助学生重新认识鸡卵的各部分结构。

1.4 设计思路

本节课改变了教材设定的教学顺序，引导学生主动发现自己不科学的认识，形成正确的生物学概念。首先，以“摄影爱好者在城阳白沙河畔拍摄到了震旦鸦雀”为情境，通过实例，认识鸟的生殖和发育过程；接着，在问题的引导下，自主观察鸟卵的结构，建构“鸟卵的复杂结构增强了鸟类对陆地环境的适应性”这一概念。

2. 教学目标

(1) 学生通过观看视频、阅读图文资料，描述鸟的生殖和发育过程，发展归纳概括能力。

(2) 学生通过自主解剖鸡卵的实验，学会由外及内的解剖鸡卵的方法，认识鸡卵的结构和功能，提高探究实践能力，培养结构与功能相适应的生命观念。

(3) 学生通过分析白沙河流域鸟类的生存现状，关注鸟类与人类的和谐发展状况，形成爱鸟护鸟、保护环境的生态意识。

3. 教学准备

课前阅读小资料1：白沙河是城阳的母亲河。几年前，白沙河污染严重，生活在该河流生态系统的生物种类较少。2014年，青岛开展清洁水行动计划，全面整治污染河流，白沙河生态环境不断改善，芦苇水草愈发茂密，震旦鸦雀、凤头鸊鷉、白鹭、白骨顶鸡、夜鹭等越来越多的野生鸟类在这里嬉戏繁衍，展现出一幅人与自然和谐共生的画面。

课前阅读小资料2：你知道世界上最大的鸟卵吗？象鸟蛋是一种名为象鸟的动物产的卵，高30cm，直径21cm，相当于100个普通鸡蛋大小。象鸟的外形犹如大型鸵鸟，在公元14世纪时就因为人类过度捕杀而灭绝。考古学家认为，象鸟虽然个头高大，但行动笨拙，因此成了人类的主要猎杀对象。

材料和器具：解剖盘、镊子、解剖剪、大培养皿、烧杯、放大镜、鸡卵等。

4. 教学过程

4.1 创设情境，提出问题

教师播放视频“白沙河再现震旦鸦雀”，提出问题：视频中的一对震旦鸦雀在白沙河苇丛中互相梳理羽毛，并发出优美的鸣叫声，互相梳理羽毛示爱、发出特殊的叫声是鸟类的生殖过程中的哪种繁殖行为？你知道鸟类在生殖和发育过程中还有哪些繁殖行为吗？

设计意图：通过观看视频、倾听鸟叫等方式，给予学生视觉和听觉的双重感受，激发学生的学习兴趣和热情。

4.2 鸟的生殖和发育过程

4.2.1 鸟的繁殖过程

活动1：教师提出问题：除了图片中展示的震旦鸦雀的求偶行为，你还知道其他鸟类的求偶方式吗？学生展示提前收集的孔雀开屏、黑翅长脚鹬在心仪的鸟儿面前“战斗”、雄军舰鸟向雌鸟炫耀膨胀的红色喉囊、蓝脚鲣鸟在雌鸟面前跳舞炫耀蓝色的脚面等图片，认识鸟类的各种求偶方式。鸟类求偶成功后会进行交配，因为有精、卵细胞的结合，所以属于有性生殖。

活动2：教师出示两则资料，请学生基于资料回答以下问题：①视频呈现了震旦鸦雀的哪些繁殖行为？根据你的经验，你认为鸟的生殖和发育过程包括哪几个阶段？②诗中描写了鸟在生殖和发育过程中的哪些繁殖行为？

资料1：“震旦鸦雀用芦苇叶中的纤维为建材，将纤维丝缠绕在2—5根芦苇上，然后一圈一圈地绕成巢样。”“震旦鸦雀在巢中孵卵。”“两只亲鸟在芦苇秆上发现虫子后，用嘴像啄木鸟一样敲打芦苇秆，把虫子揪出来吃掉或叼回去喂给巢里嗷嗷待哺的雏鸟。”

资料2：白居易《燕诗示刘叟》：“青虫不易捕，黄口无饱期。须臾十来往，犹恐巢中饥。”

活动3：教师展示各种鸟类孵卵方式的图片以及震旦鸦雀育雏的图片，请学生思考：刚破壳而出的震旦鸦雀可以自己觅食吗？认识早成鸟和晚成鸟的区别。

教师播放视频“难得一见的震旦鸦雀哺育杜鹃”，让学生思考以下问题：鸟类的生殖和发育过程中的几个阶段是鸟类必须经历的吗？学生通过比较震旦鸦雀和杜鹃鸟，可知筑巢、孵卵及育雏是大多数鸟类具有的生殖行为。

设计意图：学生通过视频、图片、诗词等，认识鸟类的繁殖行为，增强对家乡生态环境的自豪感，形成“保持生态良好，才能有效保护生物多样性”的意识；感受诗词中的生物之美、生命活动的律动之美，热爱并传承中华优秀传统文化；体会父母为抚育后代所付出的艰辛和努力，感恩父母、孝敬父母。

4.2.2 鸟卵的结构

鸟的生殖过程包括求偶、交配、筑巢、产卵、孵卵、育雏几个阶段，由卵到雏鸟诞生是发育过程。那么鸟卵具有什么样的结构可以发育成雏鸟呢？

这与鸟类适应陆地生活有何关系？虽然不同鸟卵的大小、颜色不一，但是它们都具有相同的结构，让我们以最常见的鸟卵——鸡卵为实验材料，探究其中的奥秘吧！

活动 1：观察鸡卵的结构

学生两两合作，完成以下任务：

看一看：观察鸡卵的外部形态，它是什么形状的？两端一样大吗？把鸡卵的轮廓画在导学案上，区分鸡卵的尖端和钝端，为画出鸡卵的内部结构以及解剖鸡卵、敲开钝端做准备。

握一握：将鸡卵放在手心，五根手指将鸡卵包裹住，稍用力握一握，感受卵壳的硬度，得出卵壳具有保护内部结构的作用。

摸一摸：用手摸一摸卵壳的表面，卵壳光滑吗？用放大镜看看卵壳表面是什么样的？通过放大镜，可以看到卵壳表面凹凸不平。

猜一猜：联系实际，放久了的鸡蛋会变臭，是因为鸡蛋内部有了细菌，细菌是通过卵壳上的什么结构进入的？猜出卵壳上有气孔，那怎么用科学的方法来验证有气孔呢？思考解决方案并实施。将鸡卵放入盛有 50℃温水的大烧杯中，气体受热膨胀，会发现在卵壳表面有气泡产生，说明卵壳表面存在气孔。总结气孔有为胚胎发育提供氧气的功能。

活动 2：解剖鸡卵的结构

教师播放解剖鸡卵的实验视频，明确实验目的、实验器材、实验方法、实验步骤以及注意事项。学生分组动手操作，教师指导学生用镊子轻轻敲击鸡卵的钝端，将卵壳剥离后（开口要大一点，方便倒出内容物），会观察到外壳膜，用镊子将外壳膜撕开，会看到气室，气室下面为透明的内壳膜，用剪子将内壳膜剪破，将内容物倒入大号培养皿中，结合鸡卵的结构模式图，找出鸡卵各个结构（有的胚盘可能在卵黄下面，不易观察，学生可以拿起培养皿从底部观察）。同桌相互指认各结构，并在导学案的鸡卵的轮廓中画出各结构。教师展示鸡卵发育过程的图片，帮助学生掌握鸟的各部分结构在鸟的生殖和发育中起的作用。

活动 3：鸡卵孵化小鸡

问题：①一个鸡卵就是一个卵细胞吗？②从超市买回来的鸡蛋都能孵出小鸡吗？③受精卵的哪一部分将来能发育成雏鸡？

提示：胚盘中有细胞核。教师播放 BBC 纪录片《How are eggs made》：鸟卵就像流水线上的产品一样，在鸟的体内一层一层组装完成，卵细胞成熟以后从卵泡排出，进入输卵管顶部（受精在该部分完成）停留 15—30 分钟，成为受精卵后，一路向下到达膨大部（分泌蛋白）。在这个过程中，卵黄外围会包裹上卵白。受精卵在膨大部停留2—3小时后，到达峡部，形成内外卵壳膜，然后到达子宫停留18—20小时（形成卵壳）。由此，可以得出卵细胞指的是卵黄、胚盘和卵黄膜，一个鸡卵不是一个卵细胞。

学生经过讨论，得出结论：只有受精的鸡卵才可以孵出小鸡。教师接着提问：受精卵和未受精卵有什么区别？教师提前为学生准备好受精的鸡卵和未受精的鸡卵，让学生观察二者胚盘的不同，明确受精卵和未受精卵的区别。

教师播放小鸡孵化的视频，引导学生观察胚盘的变化，让学生明确胚盘会发育成雏鸡，使学生主动发现自己不科学的认知“卵黄上的小白点（胚盘）会发育成小鸡的眼睛”。

通过以上活动，学生自主建构概念“鸟卵的复杂结构增强了鸟类对陆地环境的适应性”。

设计意图：展示图片，让学生明白鸟类的求偶方式和鸟巢的多样性；设计验证卵壳表面是否有小气孔的实验，充分发挥学生的想象力和创造力；通过实际操作观察鸡卵的实验，加深学生的感性认识，让学生学会由外向内、由整体到局部的观察方法，能够结合教材找到鸡卵的结构，并推测其功能，锻炼推理思维能力，深化理解生物的结构与生理功能相适应的特点，能主动发现脑海中存在的不科学的前概念，并建立科学概念。

4.2.3 环境对鸟类生殖和发育的影响

教师出示资料：徐立强是城阳区野生动植物保护协会会长，他先后参与了秋季护飞、拯救鸟中大熊猫“震旦鸦雀”等活动，发起了爱鸟护绿等行动，为岛城的环境保护做出了积极贡献。每当退潮时，白沙河下游的大片湿地就会露出水面。此时，丰富的鱼虾蟹贝给水鸟们提供了充足的食物，吸引了大批鸟类在此栖息觅食，而捕鱼者设的地笼网也给这些鸟类造成严重的威胁。17年来，徐立强解救放飞上千只被网鸟类，包括国家二级重点保护鸟类红角鸮、苍鹰，国家三级保护鸟类朱雀、绣眼鸟、丘鹬、斑鸠等，以及濒临灭绝的黄脚三趾鹑等。由此，倡导学生身体力行，养成保护生态和爱鸟护鸟的意识。

设计意图：教师合理选择本地自然资源，能有效拉近与学生的距离，提升学生的生物学核心素养。

4.3 课堂总结与评价

学生回顾本课所学内容，对照评价量表1，评价自己的学习情况。

表1　鸟的生殖和发育评价量表

评价标准	赋分	得分
能够描述鸟的生殖和发育过程	能描述完整得5分，能描述出求偶、交配、产卵得3分，不能描述得0分	
能够观察到鸡卵的结构	能全部观察到得5分，能在小组成员协助下完成得3分，不能完成得0分	
能够根据鸡卵的结构特点，推测其功能	能独立完成得3分，能对照教材完成得1分，不能完成得0分	
能够正确解剖鸡卵	能完成得1分，不能完成得0分	
能够理解并认同生物体的结构与功能相适应的生物学观点	能完成得1分，不能完成得0分	
总计	15分	

设计意图：学生通过对照评价量表进行自评，复盘学习过程。

4.4 作业超市（任选一项完成）

1. 进一步完善学案上的鸡卵结构模式图。

2. 白沙河流域还有哪些珍稀鸟类？课下查阅资料，选取一种鸟，了解其生活习性与特点，为组织“白沙河湿地鸟类图片展”做准备。

四、开发与合理利用家庭生活资源

（一）开发家庭生活实验与创新实践

家庭生活实验及创新实践是对课堂教学的促进和补充。与长辈一起发馒头、酿樱桃酒、发豆芽、栽地瓜、生蒜黄、腌鸭蛋等家庭生活实践，是国家课程校本化、家庭化、个性化的体现，许多课堂上无法完成的实验均可以借助家庭生活实践的形式进行。如“利用酵母菌制作酵素果酒”“探究苹果是否具有催熟作用”“麻袋种土豆”“白菜心变色记”等一系列家庭生活实验与创新实践，大大提升了学生的探究实践能力，使校外学习与校内学习相互促进。

（二）开发利用生活中潜在的课程资源

家庭生活物品创造性应用成为课程资源。用来晒水浇花的塑料瓶壁上的绿膜，就是高倍镜下才能看到的单细胞藻类的集合体；用橡皮泥制作的可拆分的子房模型，能帮助学生轻松掌握子房中的各个结构，并为学生学习传粉和受精等知识做好铺垫；将各色绒毛棒与绒毛球缠绕在一起，可模拟染色体的组成。这些生活物品的创造性使用化微观为宏观，在降低学习难度的同时，发展了学生的创新思维。

生活中的废弃物品创造性应用亦成为课程资源。用废针管来体验气体的体积与气压的关系、体验气体流动的原理；用废弃的护手霜封住实验组鱼的侧线，对比观察鱼对水流的感知情况。许多废弃物品的创造性应用可以化抽象为具体，有助于发展学生的科学思维。

家养宠物更是学生喜爱的学习资源。如宠物狗的诸多行为可作为学习反射、动物的运动与行为的素材来源；小金蛙——白化非洲爪蟾是观察动脉、静脉及毛细血管的好材料；备受学生喜爱的"荷兰猪"——豚鼠的不同品种是学习生物的性状、相对性状、基因、遗传和变异的好素材。将宠物开发为课程资源提高了学生的学习兴趣，有助于学生建构、迁移应用知识概念并形成生命观念。

[课例 1]

基于"实践探索"的"动物的运动"一节的教学设计

1. 课标、教材、学情分析及设计思路

1.1 课标分析

"动物的运动"是人教版生物学教材八年级上册第二章第一节的内容，对应课标中的重要概念 5.5"人体各系统在神经系统和内分泌系统的调节下，相互联系和协调，共同完成各项生命活动，以适应机体内外环境的变化"，是建构其下的次位概念 5.5.3"人体的运动是在神经系统支配下，由肌肉牵拉着骨围绕关节进行的"的重要载体，要求学生能够运用结构与功能相适应的观念，分析人体特定的结构受损可能会导致哪些功能障碍或异常，并提出相应的预防措施。

1.2 教材分析

教材重点介绍了运动系统的组成和各组成部分的基本结构，在此基础上阐述了运动发生的原理。在教学实践中，大部分教师会遵循教材的设计，通过观察图片、观看视频、解剖实物等，让学生认识骨、关节、骨骼肌等，然后通过制作模型，让学生更好地理解运动发生的原理。但这样的教学步骤让学生不断记忆一些抽象名词，会加重学生的记忆负担。学生虽然在课堂中动眼又动手，但缺乏动脑的思维环节，使科学实践中的知识生成被忽略了，不利于学生通过探究理解科学知识。

1.3 学情分析

学生对不同动物的运动方式比较熟悉，在生活经验的基础上能够说出运动系统的组成，但对运动产生的过程比较难理解。八年级学生具备一定的科学思维能力和探究兴趣。教师可以通过实验、活动等方式解决该难点。

1.4 教学设计

首先，通过人体骨骼标本，认识人体骨和关节的组成；然后，通过解剖动物关节、制作关节模型等过程，理解关节的结构，培养结构与功能观；接着，通过解剖鸡翅，认识骨骼肌的组成；再通过牵拉骨骼肌，认识并分析运动的产生过程；最后，建构运动的物理模型，理解运动的产生过程，认同“结构与功能相适应”的观点。

2. 教学目标

（1）学生通过观察、探究和体验等活动，理解动作的完成需要一定的结构基础，认同结构与功能相适应的生物学观念。

（2）学生利用生活中常见且易得的材料，自己动手制作物理模型，阐述屈肘和伸肘产生的原理，发展科学思维能力。

（3）学生通过联系生活实际，关注生命安全，追求健康的生活方式。

3. 教学过程

3.1 创设情境，导入新课

师生跟随音乐节拍共同完成一段手势舞后，教师提出问题：手势舞中的动作是由身体的哪些结构完成的？

设计意图：手势舞可以调整学生的状态，让学生变得轻松且积极，快速进入学习状态，开启探究之旅。

3.2 多感官参与，学习运动系统的组成

3.2.1 初步认识骨和关节

观察人体骨骼模型，了解上肢骨和下肢骨的构成，同桌互相指认其名称。教师顺势提出问题：如果骨与骨之间要形成一个整体且不散落，其主要连接方式是什么？通过骨骼模型和自身体验，学生认识了几种主要的关节，如肩关节、肘关节等。教师用图片展示骨连接的另外两种形式：不活动的连接——骨缝、半活动的连接——椎间盘。

设计意图：通过观察和体验，学生初步认识人体常见的骨和关节，为接下来深入了解关节的结构和功能、运动发生的原理等奠定基础。通过归纳—演绎等方式，学生认识到人体骨骼结构与绝大多数哺乳动物相似。

3.2.2 深度了解关节

学生观察、解剖鸡爪，思考：①如何快速找到鸡爪相关部位的关节？你会借助什么工具达到实验目的？②在操作中，你需要注意哪些安全事项并使现象清晰？③你在切割过程中是否遇到阻碍？这些结构有什么作用？④分离后的两块骨的表面分别是什么形状？这种形状对关节活动有什么好处？⑤关节头和关节窝是紧密相连的吗？这种连接方式对运动有什么意义？⑥运用桌子上的材料，如水管、太空泥、两边剪孔的气球等，组装关节模型。

设计意图：教师不直接呈现关节的内部结构示意图，通过解剖鸡爪关节的实验，让学生不断积累经验、产生认知冲突、积极思维，体验知识的生成过程，发展"结构与功能观"。

3.2.3 全面了解骨骼肌

学生观察、解剖去皮的鸡翅，找到一组骨骼肌。①看一看：如果从位置和颜色两个角度去观察骨骼肌，骨骼肌的组成具有什么特点？②切一切：用解剖刀从鸡翅上切下一块完整的骨骼肌，观察骨骼肌是附着在一块骨上还是不同的骨上。如果是附着在不同的骨上，其附着方式具有什么样的特点？③拉一拉：用左手握住另一只鸡翅中间段，右手拉动肌腹，使肌腹收缩，观察两侧的骨的运动情况，得出骨、关节和骨骼肌在结构上的关系。

设计意图：基于任务驱动，通过看一看、切一切、拉一拉等活动，学生直观地观察到骨骼肌的组成，充分理解骨、关节和肌肉三者的关系，为探究骨、关节、肌肉如何协调配合完成运动奠定结构基础。

3.3 探究运动发生的原理

3.3.1 实践探索，揭示运动原理

利用去皮鸡翅，提出问题：①两组肌肉连接在两块不同的骨上，拉动其中的一组肌肉，模拟肌腹的收缩，观察两块骨是如何运动的。②当一组骨骼肌收缩，骨的位置发生改变，这组肌肉能否将这块骨恢复到原来的位置？③让刚才的骨恢复到原来的位置，你会进行怎样的操作呢？④通过上面的实践探索，你能尝试概括运动发生的原理吗？

学生通过探究体验发现：①骨骼肌靠两端的肌腱绕过关节附着在不同的骨上；②当一组骨骼肌收缩时，它会牵动骨绕关节活动；③另一组骨骼肌收缩时，这块骨又会复位。教师提示：骨骼肌收缩的前提是受到神经传来的刺激。学生概括运动发生的原理。

设计意图：将运动产生的原理的解析贯穿于学生自主探究的过程，基于有效的问题引导，使学生更好地理解探究的实际意义，通过探究理解科学知识，初步认识"科学实践"的意义；同时，通过有效的问题引导和话语交流，让学生基于生物学事实和证据，发展概括与归纳等科学思维能力。

3.3.2 模型与建模

运用关节（水管、太空泥、两边剪孔的气球）和骨骼肌（带吸管的塑料袋）组装模型，建构运动过程的物理模型。各学习小组针对模型的科学性、实用性、美观性等相互评价，并提出改进的意见和建议。

设计意图：学生制作模型，发展建模能力，理解运动发生的原理；通过小组互评，发展批判性思维。带吸管的塑料袋可以通过吹气和放气来模拟骨骼肌的收缩和舒张，追求实验生活化，让学生意识到生物学知识来源于生活并走向生活。

3.4 利用模型，迁移应用

教师让学生的左手臂重复做屈肘和伸肘动作，右手感受肱二头肌和肱三头肌的变化，并记录肱二头肌与肱三头肌的状态变化。接下来，学生利用模型和运动原理，尝试分析屈肘和伸肘动作是如何发生的。然后，学生体验双手自然下垂和手提重物时两块骨骼肌的变化。探索总结：一组动作的完成需要不同的骨骼肌群协调配合。

设计意图：真实的现场动作不仅能验证运动原理，而且能帮助学生树立“利用实物论证结论”的意识。通过使用模型描述运动过程，学生提高了语言组织能力、知识迁移能力，加强了分析并解决问题的能力。

3.5 回归情境，建构体系

教师：回顾我们在课前做的手势舞，音乐一响，你做出反应，需要什么系统参与？手势舞有一段节奏很快，做完后我们有点气喘吁吁，微微出汗，说明还有什么系统参与了？如果我们没吃饱饭，做手势舞时就会没力气，这又说明运动需要什么系统参与？

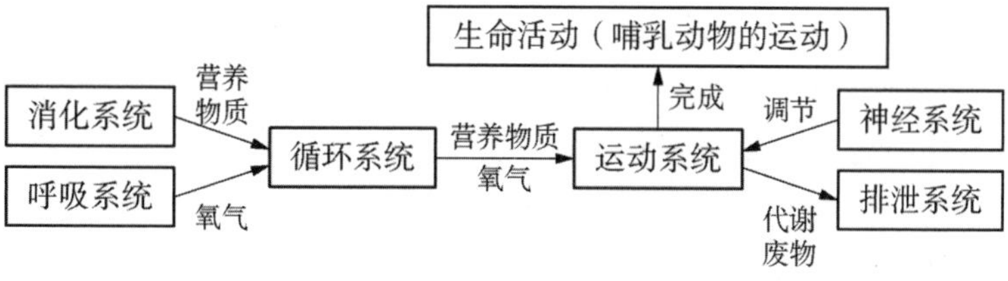

图 1　运动相关系统的知识网络图

设计意图：课堂导入中的情境蕴含了本节课的核心内容，在探究的过程中，学生已经接触了情境中涉及的问题，并积极思考。通过回归情境，聚焦情境中问题的解决，学生结合自主建构的知识网络图，将新的生物学知识点建构到自己已有的知识体系中。

4. 教学反思

本节课基于实践探索，让学生自主发现生物学知识，学习生物学基本原理和核心概念。实践探索的最终目的是以生物学知识为载体，发展学生的生物学核心素养。在整个教学过程中，教师要注重问题的引导和模型的建构，注重言语的交流表达和小组互评、师生互评，以此培养学生的创新精神和实践能力。

[课例 2]

家庭生活资源在初中生物学实验教学中的应用
——以"鱼"一节为例

1. 教学目标

（1）学生通过比较小篆体"鱼"字与鱼的外部形态，初步认识鱼的外部形态结构，再通过观察—触摸—推测等方式，了解鱼适于水中生活的外部形态特征，感受中华传统文化的博大精深，理解结构与功能相适应的生命观念。

（2）学生通过观察—推测—实验等方式，认识不同鱼鳍、侧线的作用及鱼的呼吸特征，进一步认识鱼适于水中生活的生理特点，发展探究实践能力。

（3）学生通过关注渔业资源，认识保护水域生态环境、合理利用渔业资源的重要性。

2. 教学过程

环节 1：探究鱼类适于水中生活的原因

活动 1：鱼适于水中生活的外部结构特点

每个学习小组在课前准备两条大小、生活状态基本相同的鲫鱼以及渔网等。通过观察、触摸等方式，小组合作完成以下探究任务：观察鱼的体色（俯视、从缸底仰视），推测这样的体色对鱼在水中生活有何益处；观察鱼的体形，推测这样的体形与水中游泳有什么关系；观察鱼的体表，用手摸一摸，说说你的感受，推测这些结构特点与鱼在水中生活有什么关系。认识鱼鳍的名称，数一数各种鳍的数量。

设计意图：学生通过观察—触摸—推测等活动，认识鱼的外部形态与生活环境的关系，理解结构与功能相适应的生命观念，培养团队合作能力。

活动 2：鱼的运动

陆地上的动物用四肢支撑身体，而在水中，由于水的浮力大，可以直接将动物托举起来，所以，生活在水中的动物一般是没有四肢的。那么，鱼在水中如何运动呢？请用手敲击鱼缸外壁，说说你看到的现象。学生完成观察后，教师追问：不同的鱼鳍在运动中的作用一样吗？通过你的观察，猜一猜不同的鱼鳍的作用分别是什么。学生对不同的鱼鳍的作用进行推测和交流后，教师提出挑战性问题：你能设计实验验证你的假设吗？小组进行激烈的讨论并展示探究方案，其他小组进行评价并完善方案：分别用硬塑料板和纱布捆绑鱼的背鳍、胸鳍、腹鳍和尾鳍，观察鱼的运动情况。实验后发现，鱼靠躯干部和尾部的摆动产生前进的动力；尾鳍控制前进的方向；背鳍、胸鳍、腹鳍维持身体平衡。

设计意图：学生通过猜想—设计—实验—论证等过程，认识不同的鱼鳍的作用，培养探究实践能力；通过鱼的不伤害性生物实验，形成爱护动物的观念。

活动 3：侧线的作用

请学生观察鱼身体两侧的侧线，猜测它的作用并设计实验验证。学生在讨论后形成以下实验方案：两条大小、生活状态基本相同的鲫鱼，其中一条用凡士林护手霜将两侧的侧线遮盖起来，另一条不做处理，用玻璃棒顺时针搅动水，观察两条鱼的游泳状态。实验现象：未封住侧线的鱼，逆时针游动；封住侧线的鱼，随水流运动。可以得出结论：鱼的侧线有感知水流方向和水压的作用。

设计意图：通过事实论证侧线的作用，培养学生的实证意识和严谨的求知态度，发展学生的科学思维和跨学科实践能力。

活动 4：鱼的呼吸

学生观察鱼的口和鳃盖后缘是同时张合还是交替张合。发现是交替张合。教师提问：这是鱼在呼吸、摄食还是喝水？分组实验：用渔网将鱼捞出，用纱布轻轻包裹住鱼的躯干部（露出口和鳃盖后缘），在鱼口前方滴一滴蔬菜汁，观察蔬菜汁从哪里流出。实验现象：蔬菜汁从口流进，从鳃盖后缘流出。教师展示提前实验的现象：将鱼生活了 4 个小时的水取出，滴入 BTB 溶液，发现溶液由蓝变绿再变黄，说明水中的二氧化碳浓度变高，证明鱼在进行呼吸时吸收了氧气，释放出二氧化碳。

接着，学生观察鱼鳃及鳃丝的图片，尝试自主回答以下问题：新鲜的鱼鳃是什么颜色？这说明鳃丝上分布着什么结构？鳃丝有什么特点？这些特点与鱼的呼吸有何关系？

最后，学生解释生活现象：为什么鱼离开水后不久就会死亡？学生认为，这是因为鱼只能获取溶解在水中的氧气，无法从空气中吸收氧气。教师追问：鱼为何无法从空气中源源不断获得氧气？在学生思维凝滞时，教师将一支毛笔的笔尖猛地向下插入水中，根根毫毛张开；再将毛笔从水中提出，所有的毫毛黏成一绺。学生将毛笔与鱼的鳃丝相类比，领悟了其中的原理。

设计意图：学生通过实验—比较—观察—类比等活动，认识鱼适于水中呼吸的特点，理解结构与功能相适应的生命观念，发展科学思维。

环节 2：总结鱼类适于水中生活的特点及鱼类的特征

学生根据本节课所学，总结鱼类的特征，并根据鱼类的特征，判断海马是不是鱼。

环节 3：作业超市

1. 调查黄海有哪些经济鱼类。
2. 调查为了保护渔业资源，青岛市政府采取了哪些措施。

五、挖掘传统文化中蕴含的生物学资源

(一) 许多诗词中蕴含着生物学知识

挖掘诗词中的生物学知识，解析其中蕴含的生物学原理，不仅能激发学生学习生物的兴趣，更能活跃学生的思维。例如，针对"落红不是无情物，化作春泥更护花"提出问题：落红为什么会化作春泥？落红真的化作春泥了吗？化作春泥为什么会更护花？这些问题引导学生明了落花在被细菌、真菌分解为二氧化碳和无机盐等后，又返回到自然界，被植物重新吸收利用，生态系统中不断地进行着物质循环。"春种一粒粟，秋收万颗子"蕴含着植物的有性繁殖、过度繁殖等现象；"一唱雄鸡天下白"，雄鸡打鸣是节律行为，是由遗传物质控制的先天性行为……诗词的运用使学生与诗人跨越时空"相遇"，从科学的角度审视诗词中蕴含的生物学原理，提升了学生的文学素养。

(二) 很多谚语蕴含着有趣的生物学知识

"蓬生麻中，不扶自直"体现了环境影响生物、生物能够适应环境的现象；"一荣俱荣，一损俱损"体现了生物的共生现象；"飞蛾扑火，自取灭亡"是因为生物具有趋光性，说明了先天性行为的局限性；"秋风起，雁南飞"蕴含着非生物因素对生物的影响以及生物的节律行为、先天性行为、社会行为等知识。教师在课堂上合理使用谚语资源，不但可以拉近生物学知识与生活的距离，激发学生的学习兴趣，更重要的是可以开拓学生的思维，让学生从全新的角度去思考生物学问题，由生活走入文本，达到"温谚知新"的效果。

(三) 有的诗词、成语、谚语中对生物现象的描述并不科学

由于古代的科学水平有限，人们对事物的认识往往停留在表面，因而形

成了一些错误的认识或概念。如在学习昆虫的生殖和发育时，出示“春蚕到死丝方尽”“腐草为萤”“蜉蝣朝生暮死，以尽其乐”“螟蛉有子，蜾蠃负之”等材料，提出问题或任务：春蚕“丝尽”是进入了其生命中的哪个发育时期？请你改动一个字，使诗句既具有科学性，又兼具艺术性；腐草不会变成萤火虫，那么草腐烂后飞出萤火虫的可能原因是什么？蜉蝣的一生包括卵、稚虫、亚成虫和成虫几个阶段，稚虫在水中生活 1—3 年，那么古人言之凿凿的“蜉蝣朝生暮死”是指哪个发育阶段？寄生蜂蜾蠃与螟蛉的幼虫是何种关系？寄生蜂的这一特性可用于生物防治，这对生态环境有何意义？这些“非科学”资源的合理应用，可以激发学生的学习兴趣，发展学生的批判性思维。学生在分析、判断、求解的同时，发展了高阶思维，走向了深度学习。

［课例］

基于深度学习特征的概念学习
——以“中华传统美食之发酵食品”为例

1. 教材分析及设计思路

“发酵”是人教版生物学教材八年级上册第五单元第四章第五节的内容，教材安排了发酵实验等。

但是，笔者在近几年的教学中发现，对于发酵实验，教材设计的实验装置很难将气体通到石灰水中，没有明确用哪一种糖、糖和酵母菌的比例、水温等。学生经过本节课的学习后，对于发酵的概念仍然不明确，对实际生产中的发酵过程仍然不了解。

最新的教学理念倡导学生深度学习。深度学习作为一种特定的学习概念，最初由美国学者马顿和萨尔乔提出。他们认为，与浅层学习相比，深度学习是以对复杂概念或知识的理解与运用为主要认知活动的持续性学习过程，是一种有效的学习方式和学习理念。① 深度学习具有联想与结构、活动与体验、本质与变式、迁移与应用、价值与评价等特征，是一种基于高阶思维发展的理解性学习方式，注重批判理解、知识建构、迁移应用，是实现有意义学习的有效途径。②

因此，笔者以活动—体验—实践—比较—理论等过程，对发酵进行深度教学。首先，设计品尝—实验活动，让学生观察发酵的过程、现象及结果，

---

①左小琴，刘松. 基于深度学习的生物学教学设计：以“认识生物多样性”为例［J］. 中学生物学，2020，36（6）：16-17.

②郭华. 深度学习的五个特征［J］. 人民教育，2019（6）：76-80.

从感性和理性上认识发酵过程中发生的变化；接着通过观看视频、查阅资料等方式，让学生探究生产生活中是如何利用微生物进行发酵的；再通过比较、归纳等方式，让学生总结发酵的本质；最后，布置家庭作业让学生完成。

2. 教学目标

笔者依据课程标准并围绕深度学习的特征，制定如下教学目标：

（1）学生通过品尝、体验等活动，初步认识发酵的过程及变化，了解影响发酵的因素，培养科学探究意识，学会基于事实和证据做出推测。

（2）学生通过学习生产中的发酵过程，总结发酵的本质，培养理性分析问题的意识和能力，学会归纳—总结的科学思维方法。

（3）学生能够成功制作一种发酵食品给家人品尝。

3. 教学过程

3.1 活动与体验——发酵是什么

生物是一门实验科学，如果单纯依靠文字向学生传递知识，学生在理解和认识生物学现象时就会有一定的困难。本节的主要教学内容是发酵，发酵食品对于学生并不陌生，但是发酵的过程及其发生的化学变化对学生而言则比较抽象。从理论上来说，有效的活动可以让学生产生内心体验，助推知识的形成过程。因此，笔者在本节课设计了两个活动——品尝发酵食品和改进酵母菌发酵实验的分组实验。

3.1.1 发酵初认识

教师提前准备好面包、苹果醋、酸奶、豆腐乳等，放在学生的桌洞里，给学生制造一个小惊喜，活跃课堂气氛。

教师请学生品尝这些食品并说一说它们在制作工艺上有什么共同特点，在口感、口味上与原材料相比有哪些变化，请学生推测为什么会发生这样的变化，可能的原因是什么。是因为加入了某些物质，还是发生了化学变化？是什么因素导致了这种变化？

设计意图：通过简单的活动，引发学生的内心体验，让学生把实际生活中的实例与本节课的知识建立起初步的联系，活跃课堂气氛。

3.1.2 发酵再认识

实验改进：笔者在2014年曾对发酵实验条件进行过正交实验，得出最优实验条件：蔗糖浓度5%，酵母菌浓度3%，温度50℃，液体量300mL。在4分30秒后，就可以观察到明显的现象。[①] 笔者与生物兴趣小组进行再实验时发现了如下问题：发酵液太多，很容易倒流到气球中，于是在通气体时，发

---

①李连梅."酵母菌发酵实验"改进［J］.生物学通报，2014，49（9）：45-47.

酵液便容易流到澄清的石灰水中，很难辨别是发酵液让石灰水变浑浊还是二氧化碳让石灰水变浑浊；发酵原理是将葡萄糖分解为酒精和二氧化碳，但八年级的学生还没有接触化学，如果用蔗糖进行实验，他们在理解时有一定的困难。所以，经过实验小组的反复实验，笔者将实验条件最终改进为：葡萄糖10g，酵母菌10g，温度50℃，液体量200mL。大约6分钟后，可以看到明显现象，且发酵液不会倒流到气球中，学生有充足的时间将气体通到石灰水中。

活动1：动手—分析

学生分别称取10g葡萄糖和酵母菌并用纸槽倒入瓶中，量筒量取200mL温开水倒入矿泉水瓶中，用玻璃棒搅拌均匀，盖上瓶盖，静置一段时间。教师提出问题：葡萄糖和温开水分别为酵母菌的生活提供了什么条件？为什么要静置一段时间？

活动2：推测—验证

教师追问：瓶中的液体有什么变化？产生的是什么气体？怎样验证你的推测？怎样将气体通到澄清的石灰水中？你观察到什么现象？可以得出什么结论？

活动3：体验—检测

打开瓶盖闻一闻，有什么气味？（提示闻气味的正确方法：瓶口距离鼻孔前下方约0.5米，用手在瓶口轻轻地扇动，使极少量的气体飘进鼻孔）怎样验证你的推测？（用手持酒精测试仪进行检测，在该实验条件下，可检测到1.4—1.9g/L的酒精）

设计意图：通过实验—分析—推测—验证等活动，学生观察发酵的过程及发酵产生的变化，并基于事实总结出葡萄糖被酵母菌分解为酒精和二氧化碳。

3.2 迁移与应用——发酵与生活

迁移与应用实质上要求学生具备举一反三的能力，能用所学的知识解决实际生活中的问题。这也对教师提出了更高的要求：如何让学生在已有经验的基础上，将知识进行有效内化，并在新的情境下产生新的认知？

3.2.1 实验与实践——酿酒

中国人在几千年前就发现了酿酒的秘密。学生观看视频“舌尖上的中国·转化的智慧·酿造米酒”部分，教师提出问题：学习了酿酒原理后，小熊想酿一壶米酒送给辛劳的爸爸，你能为他提供相关的技术支持吗？应提前对糯米、器具做怎样的处理？为什么？只用酵母菌可以吗？为什么？何时加入酒曲比较合适？酿酒的时间越长越好吗？

设计意图：让学生在知识—生产之间进行有效的衔接，并尝试根据已有的知识储备解决新遇到的问题，实现知识的迁移与应用。

3.2.2 可闻到的发酵——酿醋

学生容易形成误解，认为发酵只有酵母菌能够进行；只要原料足够，酵母菌就能一直产酒；发酵的时间越长越好，产物会越来越多。因此，教师要及时给学生传递两个关键点：酵母菌发酵产生酒精并不是发酵的终点，能够发酵的微生物不止酵母菌一种。

教师给学生提供资料：酿酒的时间过长，在有氧条件下，醋酸杆菌会将酒精转化为醋酸。教师展示果醋的图片，介绍在现代食品行业，人们巧妙地利用水果酿造果醋，生产出时下流行的健康饮品。

泡菜的酸味不同于醋，来自乳酸，是由乳酸菌分解葡萄糖而来。教师请学生根据酿酒的过程及发酵原理，以牛奶和醋酸菌为原料制作酸奶。

设计意图：通过举例验证、设计发酵过程等活动，让学生真正将所学知识应用到实践中，深度理解发酵的特点。

3.2.3 可看见的发酵——豆腐乳

酵母菌、醋酸菌、乳酸菌等的发酵过程都属于单细胞发酵，学生虽然可以看到和品尝到最终的产品，但是肉眼很难看到微生物在发酵过程中的变化。为了让学生完整地了解微生物发酵，教师需要介绍多细胞真菌的发酵过程。

请学生分享品尝豆腐乳的感受。豆腐乳的原料是什么？豆腐乳与豆腐相比，在口感和口味上有哪些不同？学生总结：豆腐乳与豆腐相比，更咸、鲜、细腻柔滑。教师指出，豆腐乳的这些特点都与它的制作工艺相关，并出示豆腐乳的制作工艺：让豆腐上长出毛霉→加盐腌制→加卤汤装瓶→密封腌制。学生根据本节课的所学知识，推测出真正的发酵发生在第一步——让豆腐上长出毛霉。

学生观看视频"毛豆腐的制作过程"，教师追问：豆腐主要含有哪种有机物？豆腐上的白毛和黑点是什么？发生了怎样的物质转化？请学生描述毛豆腐的制作过程。

设计意图：通过品尝—观看制作视频—追问等过程，让学生认识发酵过程中微生物及原材料的变化，并与酵母菌、乳酸菌的发酵过程进行比较，区分它们之间的不同，真正做到知识的融会贯通、学以致用。

3.3 本质与变式——发酵真面目

把握本质的过程，是去除非本质属性的干扰、分辨本质与非本质属性区别的过程，也是对学习内容进行深度加工的过程。① 活动会让学生对事件形成一定的认识，教师适时引导能够帮助学生产生本质认知。

3.3.1 发酵与微生物培养

请学生总结发酵过程与细菌、真菌培养的一般步骤有哪些相同点。学生可以说出将器具和原料消毒相当于配置培养基和高温灭菌，将菌种撒入相当于接种。因此，发酵可以理解为大规模培养微生物，让微生物分解有机物，从而获得能量并产生代谢产物的过程。

3.3.2 发酵与腐败

请学生讨论分析发酵与腐败的异同点。学生展示讨论结果：发酵和腐败都是细菌或真菌分解食物中有机物的过程，代谢产物对人类有利就是发酵，对人类有害就是腐败。

3.3.3 发酵与时长

酵母菌发酵的时间过长，会让酒变成醋酸。因此，发酵需要适时终止，发酵的时间需要人为控制，时间过长，食物中的有机物会被完全分解，也就不能获取微生物的代谢产物，失去了发酵的意义。

3.3.4 发酵的底物

通过分析酒、酸奶、醋、毛豆腐等的发酵过程，可以看出，发酵的底物除了糖类，还有蛋白质等。其实，糖类、脂肪、蛋白质都可以作为发酵的原料。

3.3.5 发酵的本质

在认识不同微生物发酵的基础上，请学生说一说有机物在这个过程中发生了什么变化；如果没有微生物的参与，有机物会发生这种变化吗。学生总结出发酵的实质是人类大规模培养微生物，让微生物在分解有机物的过程中除获得生存必需的能量外，还能生产对人类有利的代谢产物。

设计意图：通过实验—比较—归纳等方式，学生对发酵的本质进行总结，深层次认识发酵的过程及特征，培养理性思维和生命观念。

3.4 价值与评价

深度学习将教学的“价值与评价”自觉化、明晰化，自觉帮助学生形成正确的价值观，形成有助于学生自觉发展的核心素养。②

3.4.1 作业超市（每位同学任选一项）

搜集资料类：酱、酱油、甜面酱、豆瓣酱的生产工艺；金华火腿的制作

---

①郭华. 深度学习的五个特征［J］. 人民教育，2019（6）：76-80.

②李连梅.“酵母菌发酵实验”改进［J］. 生物学通报，2014，49（9）：45-47.

工艺；味精的制作工艺。

动手实践类：制作馒头、米酒或酸奶。

3.4.2 构建思维导图

设计意图：通过作业—思维导图等方式，让学生有效反馈本节课的学习效果。

4. 教学反思

本节课通过品尝—实验—观看视频—设计方案—比较—实际应用等多种方式，让学生认识了发酵的过程、产物、特点等；通过对知识做深层次理解与处理，总结出发酵的本质，使学生能够全面深入地掌握发酵的概念。教师从深度学习走向深度教学，通过对知识做深层次理解和处理，引导学生对知识进行完整理解和深刻学习，真正落实生命观念、科学思维、科学探究和社会责任相融合的生物学核心素养实质。①

六、开发和优选区域自然资源

（一）优选区域自然资源

在教学"人类活动对生态系统的影响"、"生物多样性的现状"以及"动物的行为"时，教师可以充分利用周边的自然资源。例如，城阳区女姑口大桥两侧滩涂中大量繁殖的大米草，其密集生长易导致泄洪入海口淤塞，其疯狂扩张会导致海洋生物窒息死亡、滩涂生态失衡。濒危鸟类黑嘴凤头燕鸥在红岛渔港飞翔、栖息；已消失几十年的国家一级保护动物、被称为鸟中大熊猫的震旦鸦雀重现白沙湾；白沙河的防洪橡胶坝上时常有多种水鸟"守坝待鱼"；河岸的树林里栖息着近千只白鹭；每年秋末冬初，白沙河入海口有数以百万计的候鸟或留鸟起飞降落。

（二）进行区域生态环境或生物多样性调查

学生在参与家庭户外活动的同时，进行区域生态环境或生物多样性调查。

①沈瑜，姚菲. 指向深度学习的中学生物学"三度教学"实践研究［J］. 中学生物学，2020，36（8）：17-18.

例如，在赶海时进行区域物种多样性调查；沿白沙河公园远足健步时，记录白沙河水污染治理现状；去湿地公园游玩时，进行城阳区湿地变迁调研。学生参与区域生态环境调查，有助于提升学生的生态意识及责任意识。

（三）选择区域生物资源成为替代实验材料

例如，在教学“植物导管和筛管的作用”时，教师可以借助随处可见的野蒿，将其掐断，让学生观察到野蒿下断口上流出水样的汁液，而上断口下流出乳白色黏稠的汁液。直观的学习资源能帮助学生轻松掌握相关知识。关于“光合作用产生氧气”的实验，教材中采用的金鱼藻在冬季的北方不易获取，用白沙河或世纪公园荷花池里捞取的黑藻代替，效果非常理想。解剖“软体动物”时，用本地产量丰富的蛤蜊替代缢蛏，效果毫不逊色，而且更易得、更经济。资源丰富且易得的替代性实验材料的使用，不但保证了实验效果，而且提高了学生的参与度，提升了学生的动手实践能力与探究能力。

［案例］

“红岛地域近30年动植物类群多样性变迁”调查报告

红岛是青岛市最大的海岛，被胶州湾环抱，陆地面积为28.7平方千米。海岛的北侧水域最浅。1897—1922年，德、日先后侵占浅水区的大片晒盐滩。为便于运输优质海盐，日军填海修建了一条连接红岛与上马的泥路（直线距离6千米）。基于此，在相当长的时间内，红岛地域的动植物类群的生物种类多样性相对稳定。

红岛海洋资源丰富，海鲜品质优良。20世纪80年代，红岛开始经济大开发，6万多亩的近海海滩全部用作海产养殖，在获得丰厚经济收入的同时，侵占了部分海洋生物的栖息地。高密度的海产养殖极大地破坏了胶州湾海水水质，再加之陆地工业污水、生活污水入海等因素，海洋生态系统受到不可逆的破坏。近30年来，一些笔者儿时常见的海洋动植物种类和数量急剧减少，甚至有一些种类已经绝迹；而有的生物却泛滥成灾，导致当地经济遭受巨大损失。2008年以来，随着青岛市大力发展蓝色海洋经济、环湾发展，红岛、河套及其周边的盐场和盐碱地被划入青岛高新区。近十年的陆地开发使红岛的陆生动植物类群发生了巨变——原生物种种类灭绝、濒危或者数量锐减，外来物种入侵，严重挤占了原生物种的生存空间，破坏了当地的陆地生态环境。

1. 动物类群的变化

1.1 海洋动物类群的变化

1.1.1 种类和数量锐减

20世纪80年代以来，环岛陆续修建了一圈虾池，每年春天用茶籽饼清池、杀灭鱼类（包括鱼卵），再将清池后的污水排到滩涂上，造成了宽身大眼蟹、中华沙蟹、招潮蟹、弹涂鱼、泥螺等生物数量锐减。此外，入海的污水也在一定程度上加剧了这一进程。如1990年夏季，大沽河入海的污水造成海岸上死鱼死蟹成堆、入海口两侧所有虾池绝产。

沙蚕在经受茶籽饼水的毒杀、栖息地的减少、因属于优质鱼饵而遭到过度捕捉三重劫难后数量骤减，目前售价已达到30元/50g，却依然供不应求。白磷虾也因大量盐池被填、卤水大量减少等原因，数量锐减。因栖息地极其狭窄，加上过度捕捞，过去不起眼的小海鲜耗艮如今已成为稀罕物。中国不等蛤（金蛤蜊）、蝼蛄虾、薄壳米、灰螺、扁玉螺、马粪海胆等因味道鲜美，遭过度捕捞而数量锐减。就连过去无人待见的柄海鞘（尾索动物的代表），也被端上了餐桌，且因海水污染等原因而大量减少。

1.1.2 当地濒危物种

受经济利益的驱使，渔民在近海滩涂布下网眼极密的床网，进行灭绝性的捕捞，导致海马、海龙等生物大量减少；海马喜欢悬挂在水草、海绵、珊瑚上，但水草等生物由于近海滩涂过度开发而大量减少，海马失去了栖息场所；海马对水质的要求很高，近海水质污染，使得海马彻底失去了栖息地。

几年前，曾有青岛市民因发现关公蟹而被《半岛都市报》报道。其实，关公蟹、菱蟹、豆形拳蟹的食用价值和经济价值不大，濒危原因与海水水质恶化有极大的关系。

1.1.3 当地灭绝物种

文昌鱼喜欢生活在水流缓和、水质和沙质较好的海湾，以浮游生物为食。说它是"鱼"其实并不对，文昌鱼属于珍稀的头索动物，是无脊椎动物向脊椎动物进化的过渡物种，对于生物进化的研究具有重要的意义，属于国家二级保护动物。文昌鱼对栖息地的底质及水质的要求较高，人为破坏所造成的栖息地环境改变有可能使文昌鱼种群消失。例如，厦门高集海堤的修建就直接导致曾经年产60吨文昌鱼的刘五店渔场消失。① 20世纪八九十年代，红岛海岸的大量采砂、修建码头等活动，使文昌鱼失去了栖息地，无法繁殖，数量进一步减少直至灭绝。

---

①黄宗国，顾德宇，陈泽夏. 厦门筑堤围海的回顾与思考［J］. 厦门科技，1996（6）：31-32.

渤海鸭嘴蛤壳质薄脆，白色，具云母光泽。[①] 捕捉渤海鸭嘴蛤时需要捏着它上端的出入水管，否则壳必定破碎，这可能是其灭绝的主要原因。另外，其生存在潮间带稀薄的软泥滩上。因 20 世纪 80 年代以来的大规模滩涂开发——修建虾池、人工养殖缢蛏等，渤海鸭嘴蛤的生存空间越来越狭小，进一步加剧了其在该地域的灭绝。

海仙人掌属腔肠动物门珊瑚纲海仙人掌科，群体棍棒形，浅黄色或淡肉色，下部有长柄，一般长 15cm 以上，栖息于波浪平静的泥沙质海底，以柄部插入泥沙中。入夜后，群体伸展于海底平面上，发出磷光，遇刺激时磷光增强，故渔民称其为“海蜡”。海仙人掌可入药，具有降火解毒、化痰止咳之功效，但不能直接食用。红岛从无利用海仙人掌的历史，故其灭绝原因可能是海水污染。

红狼牙虾虎鱼是紫红色、肉食、凶猛的穴栖鱼类。虾池清池后排到滩涂上的毒水极大地威胁到红狼牙虾虎鱼的生存；渔民直接在养殖缢蛏的滩涂上洒药，进一步导致其灭绝。目前码头上偶尔可见的极少量的红狼牙虾虎鱼是渔民远海捕捞带回的。

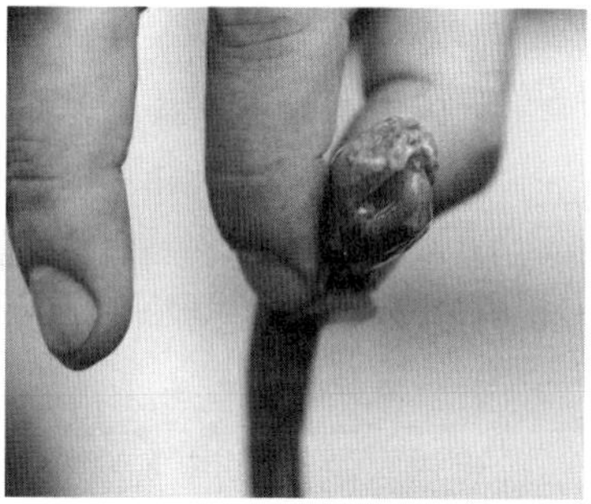
图 1 红狼牙虾虎鱼

帚虫属帚虫动物门，生活在海底泥沙中，管栖，身体呈长圆柱形，以触手取食，当受到刺激后，触手等全部缩入管中，故俗称“海搐”。

鸭嘴海豆芽有 4.5 亿年的生存繁衍史，是世界上已发现生物中历史最长的腕足类海洋生物，被称为活化石。它们以粗大的肉茎固着海底、营滤食生活。

海豆芽和帚虫这两个古老的物种均因滩涂开发导致的栖息地减少、海水污染等原因而在该地域灭绝。

棘刺锚参生活于沿岸浅海泥底，成体紫红色，曾经是底栖生物群落中的优势种。它与潜伏在低潮区泥沙中的正环沙鸡子均属于海参纲生物。[②] 这两种生物在该地域灭绝的原因与滩涂的过度开发及海水污染有极大的关系。

另外，竹蛏、蚶子（魁蚶）、白蚬、镜蛤、江瑶等动物也因生存空间狭小、过度捕捞等原因而在该地域灭绝。

---

①李新正. 胶州湾大型底栖生物鉴定图谱［M］. 北京：科学出版社，2016：198.

②肖宁. 黄渤海的棘皮动物［M］. 北京：科学出版社，2015：64-79.

1.1.4 泛滥

20世纪90年代以来，红岛近海滩涂大规模人工养殖蛤蜊、牡蛎、毛蚶等，海星因食物丰富而大量繁殖，使海洋生态环境失去平衡。

1.2 陆地动物类群的变化

1.2.1 当地数量骤减种类

蛇和野兔因生存空间极度压缩、过度捕杀等原因而大量减少；猫头鹰和蝙蝠在20世纪90年代至21世纪初还不时可见，现在因缺乏适宜的栖息环境已鲜见；目前红岛超过90%的淡水池塘、水湾被填埋，青蛙、蟾蜍等两栖动物因栖息地剧减及淡水污染而大量减少，此起彼伏的蛙鸣声一去不复返；农村城市化导致燕子很难找到筑巢场所；农药的频繁使用使蜈蚣、马陆、天牛、蝈蝈、螳螂等节肢动物数量剧减，有机农药通过食物链的富集又导致麻雀、燕子、壁虎等动物数量大减。

1.2.2 当地灭绝种类

笔者儿时常见的蜥蜴（俗称马蛇子）、鸣声嘹亮多变的小云雀（别称叫天子）在红岛已超过20年未见了。这两种动物均因喷洒农药导致的环境污染而在当地灭绝。

1.2.3 当地入侵物种

美国白蛾是我国首批外来入侵物种之一，繁殖速度快，在山东一年可以产生三代。美国白蛾趁引进树木时侵入，继而在红岛大规模繁殖，园林部门每年不得不大量喷洒农药，消灭其幼虫。

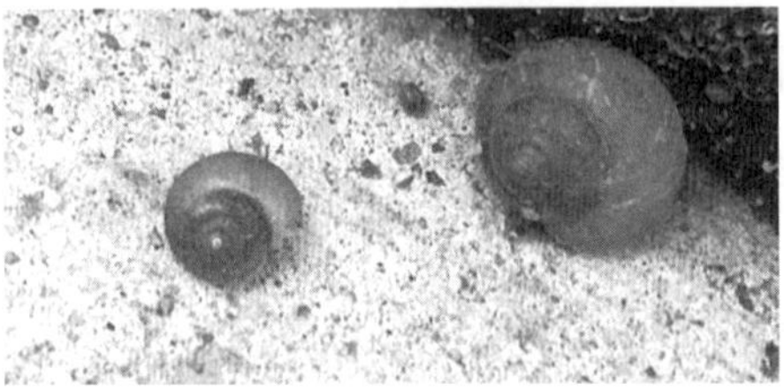

图2 圆壳蜗牛

图3 扁壳蜗牛

圆壳蜗牛（如图2所示）是红岛的原有物种。2010年前后，扁壳蜗牛（如图3所示）在红岛数量骤增，原因是青岛市大力提倡密植混交林，从南方大量引进绿化树种时将扁壳蜗牛带入红岛。蜗牛食性杂、繁殖能力强、几乎没有天敌，农民只能使用四聚乙醛颗粒诱杀。

2 植物类群的变化

2.1 海洋植物的变化

2.1.1 当地灭绝种类

鹿角菜、龙须菜因其栖息环境狭窄、过度开发，加之建虾池、海参池、码头等导致其生存环境破坏等原因，在红岛近海海域已经近 30 年未见了。

2.1.2 当地泛滥种类

2008 年至今，浒苔年年泛滥成灾，给整个青岛近海海域造成了极大的困扰。依据现场调查资料和卫星遥感数据，已查明黄海绿潮爆发的源头在苏北浅滩，浒苔顺着潮汐入侵，因温度适宜等原因而泛滥。2017 年，浒苔入侵的情况得到了有效的控制。

硅藻、甲藻等浮游藻类。近岸海域富营养化、近海生态环境退化、胶州湾人工开发建设影响了胶州湾的潮通量和流速等，使胶州湾及附近海域赤潮时有发生。近十年，通过严格控制污水和污染物的入海量，取得比较明显的改善效果。

2.2 陆地植物种类的变化

2.2.1 当地稀有或数量骤减物种

生态破坏、过度采挖及生存空间急剧减少等原因，导致益母草、桔梗、茜草、月见草、灯笼果、苘麻、垂盆草、瓦松、节节草在红岛已稀见；萱草、半夏、蟾蜍草、地榆、大叶蓼、萹蓄、野曼陀罗、地稍瓜、苍耳、田旋花、泽漆、反白、飞蓬、车前草、紫花地丁、鸦葱、石竹、鳢肠、旋覆花、紫菀、碱蓬、野菊、泥胡菜、龙葵等也大量减少。

2.2.2 当地濒危物种

砂引草、牻牛儿苗、蒺藜、白头翁、米口袋、百里香、水蓼等物种均因生态破坏而濒危。

2.2.3 当地灭绝物种

芒苞车前又名线叶车前，车前科车前属，一年生草本，根茎叶细、穗状花序、具芒。在红岛曾常见于海边沙滩、沟谷、草地、路旁，我国最早的记录是 1929 年采自青岛的标本。其灭绝原因与喷洒除草剂有极大关系。

2.2.4 当地人工种植用于园林美化的植物

天人菊原产于北美，植株能耐风、耐旱、抗潮，叶细长，花多为黄红双色，种子随风飘散，落地生长。20 世纪初，青岛为德占区，德国传教士在红岛的小教堂门前栽种一丛。由于繁殖力与生命力极强，天人菊便在红岛的田间地头、石渣子坡上落脚生根、蓬勃生长、热烈绽放，成为红岛的岛花。20 世纪 80 年代，笔者的姑妈为解思乡之情，曾试图将天人菊引种到天山脚下的新疆喀什地区，未成功，原因是天人菊耐热却不耐寒。2000 年之前，青岛市只有李村公园里引种了一片。如今，人工繁殖的天人菊被大量用于行道边绿化，其生存范围扩大了，但长势却远不如在红岛贫瘠的碱性土壤中旺盛。

2.2.5 当地入侵植物物种

葎草，桑科一年生蔓性杂草。20 世纪 80 年代以前，红岛没有葎草，后因从岛外运入土杂肥，趁机在红岛扎根、蔓延，如今已呈燎原之势，极大地危及当地物种的生存。

豚草，菊科豚草属，原产于北美，是我国首批公布的 16 种危害严重的外来入侵物种之一。它的生长速度快，而且再生能力极强，单株可结子 2000—6000 粒。其危害主要是花粉与人接触后能引起过敏性反应。红岛最早在 1996 年发现豚草，当地百姓不认识，往往将其当作艾蒿。如今豚草已在红岛的阴湿地带蔓延开来，入侵途径不明。

火炬树原产于欧美，常在开阔的沙土或砾质土上生长，具有超强的耐寒、耐旱、耐瘠薄、耐盐碱能力。火炬树萌蘖性极强，红岛引种已有十多年，如今在路边、田埂、坡地呈迅速蔓延之势（越砍挖，萌蘖越快），强力侵占了紫穗槐、黄花菜、月见草、野菊花等原生物种的生存空间，危及当地的自然生态系统。刘全儒等在 2002 年就将火炬树列为北京地区外来入侵植物之一。[①] 2013 年起，火炬树被北京绿化树种名录除名。

金鸡菊，菊科金鸡菊属，一年生草本植物，原产于美国南部。2005 年前后，岛上有人引种了一丛金鸡菊。后来，金鸡菊逸散到环境中呈野生状态，因其旺盛的繁殖力和强大的竞争力，在红岛迅速蔓延爆发开来，红岛原生疏林地被植物——小野菊等的生存空间被严重侵占。

图 4　金鸡菊

美洲商陆与商陆的明显区别是其果穗下垂，故又名垂序商陆。其全株有毒，根及果实毒性最强，可使心搏骤停。美洲商陆是由于原木进口而侵入红岛的，种子可以通过鸟类等传播，如今在路边、草丛、林地里到处可见。美洲商陆的根酷似人参，容易被人误食。

世界自然保护联盟公布的全球 100 种最具威胁的外来物种中，草决明、万寿菊、紫茉莉、大花波斯菊在红岛均见其踪影，但未成为强势物种。2017

①肖宁. 黄渤海的棘皮动物［M］. 北京：科学出版社，2015：64-79.

年，大米草在红岛海岸线开始呈迅速蔓延之势，入侵原因疑似湿地公园景观绿化引种。2018 年春，笔者在女姑口跨海大桥西端的海岸线发现零星的十几丛大米草。2018 年 9 月底，笔者再去看，发现大米草已经在滩涂上纵向蔓延达 500 余米。有趣的是，引发滇池灾害的水葫芦，红岛也曾引进，如今却只在花市才可见，原因是水葫芦在青岛地区无法越冬，气候寒冷导致水葫芦无法在北方地区肆虐。

2.2.6 当地新发现物种

在笔者儿时，野绿豆在田间地头随处可见，但未出现野大豆和野豌豆的身影。2005 年，笔者在红岛千佛山灌木丛中偶见几株野生大豆，缠绕茎，右旋。2012 年左右，笔者在红岛西大洋海岸发现一丛野豌豆，如今繁殖面积已达十几平方米。2013 年，笔者又发现 2 株长冬草，为毛茛科铁线莲属下的一个变种。2018 年春，笔者在红岛初次发现芦竹，是景观绿化人工引种。

七、挖掘利用学生的知识经验等隐形资源

通过抽样访谈、与学生聊天等形式，调研学生的已有知识经验或生活体验，如赶海时看到螃蟹蜕下的壳、海葵辐射对称的身体，以及礁石上挖到的石鳖、海螺、牡蛎等的外壳和柔软的身体；在菜市场看到完整的海带有着玉米根一样的固着器；爬山时看到石头上斑块状的地衣、阴湿处生长的蕨类植物；学农时看到花生与大豆根部的根瘤；夏日暴雨前看到蚁群搬家，暴雨后看到蚯蚓钻出地面……学生的这些生活经验或体验是无形的课程资源，教师在教学中适当利用学生的生活经验或体验，能降低学生的学习难度，提高学生对知识的理解和应用能力。

[课例 1]

基于生活经验或前概念的“流动的组织——血液”教学设计

1. 课标、教材、学情分析及设计思路

1.1 课标分析

“流动的组织——血液”是人教版生物学教材七年级下册第四单元第四章第一节的内容，与课标中的重要概念 5.2“人体通过循环系统进行体内的物质运输”相对应，是建构次位概念 5.2.2“血液循环包括体循环和肺循环，其功能是运输氧气、二氧化碳、营养物质、代谢废物和激素等物质”、5.3.3“肺泡与周围毛细血管内的血液、毛细血管内的血液与组织细胞进行气体交换”、

5.4.2"血液经过肾小球和肾小囊的滤过作用及肾小管的重吸收作用形成尿液"的重要基础。课标的学业要求是"学会根据血常规、尿常规等化验的主要结果初步判断身体的健康状况""描述消化、循环、呼吸、泌尿、神经、内分泌等系统的构成和功能，初步形成结构与功能相适应的观念"。

1.2 教材分析

本章内容安排在"人体的营养"和"人体的呼吸"之后。通过前面的学习，我们已经知道了人体通过消化系统从外界获取营养物质，通过呼吸系统从外界获得氧气。本章要学习的是血液循环系统，营养物质和氧气以及组织细胞产生的代谢废物的运输都与该系统密切相关。在本章中，"流动的组织——血液"是该系统的重要组成部分，和血管、心脏共同组成了血液循环系统。经过本节课的学习之后，学生能说出血液的成分和各部分的生理功能及主要特点，可以独立使用显微镜来观察人血的永久涂片，能够区分各种血细胞并掌握各种血细胞的结构特点，可以通过识读血常规化验单，初步判断身体的健康状况。

1.3 学情分析

在本节课之前，学生已经学习了消化系统和呼吸系统的相关知识，知道了食物会通过消化系统的消化和吸收，最后进入血液；知道了吸入的氧气最终会进入组织细胞进行呼吸作用，而组织细胞代谢产生的二氧化碳也会通过血液进行运输，最终通过呼吸系统排出。生活中，学生多数有过流血、抽血化验的体验，吃过血制品，比如猪血、鸭血等，对血液还是比较熟悉的。但是，他们并不清楚血液的组成成分及各成分的生理功能。因而本节的教学重点是血液的成分，让学生认识各种血细胞的结构特点及生理功能，并初步掌握通过血常规化验单判断相关疾病的方法。另外，对于显微镜的使用方法，学生可能会有所遗忘，教师需要引领学生回顾练习。

1.4 设计思路

首先，通过血液分层实验、解读血常规化验单，了解血液的组成；然后，通过血浆成分，尝试推断血浆的功能；最后，通过分组实验以及患者的血常规化验单，小组合作比较不同血细胞的形态、数量及功能，培养结构与功能相适应的观念。

2. 教学目标

（1）学生通过血液的分层实验，初步认识血液的组成成分，养成尊重事实证据的意识。

（2）学生通过分析血浆组成成分，推测血浆的功能，培养逻辑思维能力。

（3）学生通过分组实验——使用显微镜观察人血的永久涂片，结合血常规化验单和教材，了解血细胞的组成、形态特点及功能，培养结构与功能相适应的观念。

(4) 学生通过了解与血液相关的疾病，关注造血干细胞及其研究进展，培养珍爱生命、献身科学研究的意识。

3. 教学准备

工具和材料包括：柠檬酸钠抗凝剂、血常规化验单、新鲜的羊血、显微镜以及人血永久涂片。

4. 教学过程

4.1 认识血液的组成及功能

4.1.1 创设情境，导入新课

结合所学知识，教师提出问题，请学生思考：经消化、吸收后的营养物质进入小肠后，如何运往全身各处的组织细胞？由呼吸系统进入毛细血管中的氧气，如何被输送到全身各处的组织细胞？

4.1.2 初步了解血液的组成

结合学生的流血经历，教师提出问题：流出来的血一直是液体状态吗？学生指出，流出的血一会儿便凝固了。教师追问：如果需要观察血液的分层现象，应该如何防止血液凝固呢？教师可以提示学生柠檬酸钠能防止血液凝固。

教师提前在新鲜的羊血中加入柠檬酸钠，然后向学生展示，请学生描述血液分层现象，让学生尝试推测分层的原因。

4.1.3 了解血浆的功能

根据血浆成分示意图，了解血浆的成分包括水（占90%）、代谢废物、血浆蛋白等，引导学生推测血浆的作用。

4.1.4 认识血细胞

学生自主学习血细胞的组成及功能。

活动1：学生分组实验，同桌两人一组，使用显微镜观察人血的永久涂片，尝试区分红细胞和白细胞，并比较它们在形态结构和数量上的区别。

活动2：阅读教材第53—54页，完成表1。

表1 比较三种血细胞

名称	数量	大小	形态	有无细胞核	功能	异常疾病
红细胞						
白细胞						
血小板						

活动 3：思考问题：①红细胞为什么具有运输氧的功能？②运动员在比赛前为什么要到高原地区集训？③血液具有哪些功能？④血液属于哪个结构层次？

设计意图：结合生活经验，用柠檬酸钠处理血液，观察血液的分层现象，培养运用理论知识来解决生活中的实际问题的能力；通过分析血浆的成分，推测血浆的功能，培养演绎—推理能力；通过分组实验，尝试识别红细胞和白细胞，培养合作及探究实践能力。

4.2 迁移应用与拓展延伸

活动 1：教师提供一些血细胞数据异常的血常规化验单，让学生根据所学知识独立解读数据。

活动 2：学生以调查报告的形式，与同学交流分享造血干细胞及其研究进展，了解干细胞的功能及医用前景。

设计意图：锻炼学生的血常规解读能力，加深学生对血细胞异常与健康关系的了解，提高学生应用所学知识解决实际问题的能力，培养学生珍爱生命和关爱他人的情感。

4.3 课堂总结与评价

回顾本课所学内容，对照表 2，评价自己的学习情况。

表 2　“流动的组织—血液”学习评价量表

评价标准	赋分	得分
能掌握血液的组成，理解血液分层的原因	能独立完成得 5 分，不能完成得 0 分	
能准确说出血浆功能	能完成得 2 分，不能完成得 0 分	
使用显微镜成功观察并区分出红细胞和白细胞，能准确描述出红细胞和白细胞的结构特点及相对数量多少	能观察并区分开红细胞和白细胞得 4 分，能准确描述出它们各自的结构特点及相对数量得 2 分，不能完成得 0 分	
能准确说出各种血细胞的功能	能完成得 3 分，不能完成得 0 分	
能独立解读简单的血常规化验单	能独立完成得 3 分，不能完成得 0 分	
理解并认同生物体的结构与功能相适应的生物学思想	能完成得 1 分，不能完成得 0 分	
总计	20 分	

设计意图：学生通过对照评价量表开展自评，复盘学习过程。

4.4 作业超市（任选一项完成）

（1）以表格或思维导图的形式总结本节内容。

（2）实践作业：制作血细胞的模型。

［课例 2］

基于学生经验的“呼吸道对空气的处理”课例

1. 课标、教材、学情分析及设计思路

1.1 课标分析

“呼吸道对空气的处理”是人教版生物学教材七年级下册第四单元第三章第一节的内容，对应《义务教育生物学课程标准（2022 年版）》中的重要概念 5.3“人体通过呼吸系统与外界进行气体交换”，是学习人体呼吸这部分知识的起点和基础；涉及 6.2“生活习惯与行为选择能够影响人体健康”；既能引导学生建构结构与功能观，也能引导学生关注呼吸系统的健康，养成良好的生活习惯，关注空气质量，注意保护环境。

1.2 教材分析

本节课首先介绍了呼吸系统的组成和呼吸道的结构特点，通过实例分析呼吸道对气体的处理能力是有限的。在教学实践中，教师可以通过实验，让学生了解呼吸道由骨或软骨组成，但关于呼吸道对空气的处理需要通过实例或活动说明，因此，呼吸道对空气的处理是这节课的重点和难点。

1.3 学情分析

学生已经初步具备结构与功能相适应的生命观念，而且本节课的内容与学生的生活经验紧密联系，学生的学习兴趣较高，理解本节知识相对比较容易。

1.4 设计思路

首先，通过视频—图片等形式，认识呼吸系统的组成；接着，通过体验—实验—活动等方式，了解呼吸道的结构、呼吸道对空气的处理，形成结构与功能相适应的生命观念；最后，通过实例，理解呼吸道对空气的处理能力是有限的，关注呼吸系统健康，形成保护环境的意识。

2. 教学目标

（1）学生通过视频—图片—活动等，认识呼吸对人体的重要作用，掌握呼吸系统的组成相关知识。

（2）学生通过生活体验—活动等方式，了解呼吸道的结构、呼吸道对空气的处理，形成结构与功能相适应的生命观念。

(3) 学生通过呼吸系统中不同部位颗粒物沉积情况曲线图，认识呼吸道对空气的处理能力是有限的，关注呼吸系统健康，形成爱护环境、保护环境的意识，提升生态文明素养。

3. 教学过程

3.1 呼吸系统的组成

教师播放新生儿出生时哭泣的视频，提问：新生儿为什么会哭着来到人世？学生指出，是因为新生儿出生后开始用肺进行呼吸。教师追问：不能呼吸会造成什么后果？教师组织全班学生憋气 10 秒后呼出，然后提问：你感觉呼吸时气体经过了哪些器官？教师展示人体呼吸的简单动画，并把呼吸系统的各个器官模型和写有器官名称的标签分组发给学生。学生将模型与标签进行配对后，把各个器官按顺序排列好，指着自己的身体，按顺序说出呼吸系统的组成部分。

设计意图：以视频引导学生进入学习状态，通过憋气活动，让学生认识到呼吸的重要性；结合模型与名称的配对过程，让学生归纳并巩固呼吸系统的组成知识，多角度体验知识的获得过程，体验学习的乐趣。

3.2 呼吸道的作用

3.2.1 呼吸道能保证气体进出通畅

请学生捏一捏鼻梁，按一按鼻翼，说出感受；请学生戴上手套，捏一捏并区分鸡的气管和食道，说出判断依据。通过比较，学生指出食道软塌、气管不易变形。由以上实例归纳呼吸道由骨或软骨做支架，保证气体进出通畅。

设计意图：学生通过体验及实验的事实依据，认识由骨或软骨构成的呼吸道总是保持一定的形态，以保证气体进出畅通，进一步形成结构与功能观。

3.2.2 呼吸道对空气的处理——鼻腔

请学生结合鼻腔实物图，说说这些功能分别是通过鼻的哪些结构实现的：①有同学鼻子出血，会感到一股温热的液体流出，鼻腔血管内温热的血液对吸入的空气有什么作用？②将手放在口腔前呼气，说说你的感受；③雾霾天气忘记戴口罩，用纸巾擦拭鼻腔，有何发现？

设计意图：通过学生熟悉的生活体验，激发学生的学习兴趣，让学生归纳鼻腔对于空气的处理作用，进一步认同结构与功能相适应的生命观念。

3.2.3 呼吸道对空气的处理——气管

请学生观看痰形成过程的动画，结合气管及支气管的剖面图，描述痰的生成过程。接着，请学生将气管及支气管中的纤毛、腺细胞等结构与鼻的鼻毛、鼻黏膜进行类比，推测气管及支气管的功能。请学生依据以上实例，说明为什么不能随地吐痰。

设计意图：通过动画—图片，学生直观感受呼吸道的湿润和清洁功能，进一步形成结构与功能相适应的生命观念，养成良好的生活习惯。

3.2.4 呼吸道对空气的处理能力是有限的

既然呼吸道能够对吸入的空气进行处理，那我们是否就高枕无忧了呢？请学生分析呼吸系统中不同部位颗粒物沉积情况曲线图，并告诉学生提高空气质量的重要性。请学生说一说还有哪些方法有助于保持空气清洁。

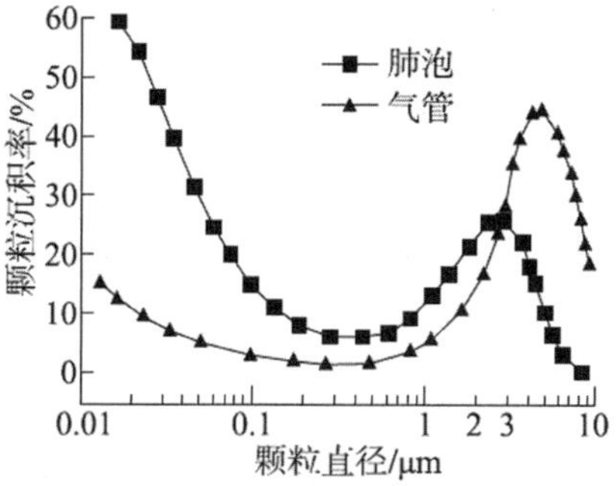

图 1 呼吸系统中不同部位颗粒物沉积情况曲线图

设计意图：通过曲线图，说明呼吸道对空气处理能力的局限性，让学生形成关注空气质量、爱护环境的意识。

3.3 作业超市（任选一项完成）

（1）绘制呼吸系统结构图。

（2）用家庭中常见的材料动手制作一个呼吸系统模型。

（3）写一篇介绍空气中的氧气在身体内的游历过程的文章。

第四章 "策源—引问" 源流式教学模式在各种课型中的应用

从学科特点来看，"策源—引问"源流式教学模式适用于生物学、物理学和化学等自然科学的教学。从课型来看，该教学模式适用于新授课、复习课、实验探究课等多种课型。经过 14 年持续不断的试验、探索、应用和推广，该教学法的有效性在大量的初中生物学课例中得到了广泛验证。

第一节 "策源—引问"源流式教学模式在普通新授课中的应用

新授课是以帮助学生理解知识，使其经历知识的探究过程，获得积极的情感体验为主要任务的课型。教师在新授课的教学过程中要重视学生已有的知识经验，引导学生积极思考，并最终形成解决问题的程序化的活动经验结构，发展学生的学科核心素养。

一、传统新授课教学中存在的问题和改革方向

在传统的初中生物学新授课中，教师往往直接或间接采用授—受式教学模式。部分教师力图摆脱这种模式，采用对话或合作学习的方式授课，但基本流于形式；缺乏真正的合作及探究式学习；学生的学习仅限于课堂，没有课下自主学习的习惯；课程资源单一，将教材或教参作为主要的课程资源；缺乏课程资源与时俱进的意识，课堂延续使用过时的资源。教师习惯按照预设授课，不关注学生的兴趣点及已有知识经验，不关注学生的课堂生成，不关注学生思维的过程和深度，更多关注预设的教学内容是否按时完成、预设的问题是否得到解答、学生的答案是否接近预设的标准答案。教师的课堂提问随意，常常是直线式的一问一答或群问群答，问题的思维含量不高、指向性不明、逻辑性不通等现象长期存在，阻碍了学生思维的发展。教师习惯性霸占课堂，学生处于被动学习的地位，教师和学生无法形成有效的学习共同体，课堂效率低下，严重阻碍了学生的发展。

针对生物学课堂中出现的问题，教学改革主要聚焦在以下几个层面：

1. 角色层面：生物学课堂要求教师由传统的知识传授者，转变为学生学习的促进者、学生创造性思维的培育者。

2. 目标层面：生物学课堂要求教师不仅要关注知识点的传授，还要注重培养学生的能力，关注学生的情感态度和价值观，从更高层面对学生体现出人文关怀。

3. 动机层面：生物学课堂要大胆地创设问题情境，将探究的新知识通过情境引入，引导学生质疑，激发学生的学习兴趣，形成对生物学科的热爱。

4. 探究层面：生物学课堂要重视实验探究，为培养学生的动手操作能力、合作能力、交流表达能力创造条件。

5. 技术层面：生物学课堂要从“单一媒介”转向“技术整合”，提高“数字”含量。

以上层面的改革，能够让生物教师转变教育观念，提升自身的素质，树立科学先进的教育观；一定程度上也促进了学生的全面发展。

二、新授课的教学要求

针对上述新授课中出现的问题，笔者对生物学新授课提出了几点教学要求。

关注生物学课堂教学中“情境”的多重教育价值——巧设情境主线，凸显思维提升。让一线初中生物教师认识到，如果教学活动是一堂课的血肉，那教学主线就是一堂课的骨架。通过巧设“生活情境”“古文情境”“故事情境”“角色情境”等主线，充分开展基于学生身心发展的教学活动，形成重要概念，发展学生的科学思维能力。

通过设置问题并引导学生思考，克服生物学课堂的“虚假繁荣”。问题要符合学生的认知体验，具有层次性、启发性；设问方式要有创造性，能够更好地引发学生深入思考，培养学生的科学思维，启迪学生思考生活、热爱生活。

深刻认识“科学探究”，摒除“动手操作等同实验探究”的错误理念。科学探究可以帮助学生理解科学概念，是科学实践的重要组成部分，有助于学生理解科学本质，让学生成为独立学习者、思考者。

注重“教育机智”，对课堂上的突发问题不再逃避和视而不见。教师教学机智是指教师在以生为本的理念下，能敏锐地察觉学生身上的细微变化，洞察到当前教学中的窘态，及时发现问题，适时调整教学方法与过程，采取灵活而有效的教育措施的能力。也就是说，教学机智是教师的敏锐性、深刻性、灵活性和果断性等在教育工作中有机结合的能力表现。

“润物细无声”，告别课堂上德育的“刻意”渗透。在教学中，教师要鼓励学生运用所学的生物学知识参与对个人和社会事物的讨论，尝试解决生活中的生物学问题，激发学生热爱自然、热爱生命、热爱生物科学、关心和维护地球生态环境的责任意识，让学生树立建设祖国和家乡的义务感和责任感。

深刻领会生物学核心素养，实现师生生命的全面成长。通过设计和制定基于发展学生生物学核心素养的教学目标，分析和整合基于发展学生生物学核心素养的教学内容，建构和使用基于发展学生生物学核心素养的教学评价体系，实现生物学课堂的全新飞跃和师生生命的全面成长。

三、新授课的基本流程

第一步：优选素材，情境导入。结合教学目标，创设真实的生物学情境，或结合学生的生活经验，激发学生的兴趣和求知欲，引导学生养成探究其中生物学原理的意识，进而提出问题；然后，学生尝试结合已有知识解决问题。

第二步：问题引导，思维碰撞。问题的提出为接下来的学习指明了方向，引导学生创造性地解决问题。教师针对不同的学习内容，为学生提供对应的学习材料，如科学史、医学案例、科学报道、实验材料等，让学生基于事实、证据做出推测，并进行表达交流。

第三步：引发思悟，探究论证。学生基于逻辑做出合理猜想，然后通过实验、探究证实猜想。质疑、猜想、验证等过程发展了学生的科学思维，训练了学生在复杂情境中运用知识解决问题的能力，提升了学生的生物学核心素养。

第四步：知识梳理，建构概念。学生通过以上活动，最终得出正确的结论，解决了情境中蕴含的问题。教师对问题解决过程中的思路设计、资料分析、实验操作、结果表达和交流、论证过程等进行总结，引导学生对本节课知识进行梳理，通过创建思维导图，初步建构概念体系。

第五步：迁移应用，拓展提升。学生再次创设与生产、生活联系密切的问题情境，用刚学到的生物学知识去思考、解答，举一反三、拓展延伸，增强自信心和成就感。

四、“策源—引问”源流式教学模式在新授课中的应用课例

[课例]

基于课程资源的“开花与结果”探究式教学设计

1. 教学目标

(1) 学生通过解剖活动及材料分析，认识花的基本结构，自主建构传粉

的概念，了解传粉的不同方式，理解结构和功能相适应的生命观念，提高动手探究实践及分析问题的能力。

（2）学生通过推测—解剖验证—微观视频、模型演示等方式，阐明受精的基本过程，概述果实和种子的形成过程，进一步理解结构和功能相适应的生命观念，提高归纳演绎、分析综合、抽象和概括的科学思维能力。

（3）学生通过自主学习及合作探究，主动获取知识，同时体验知识的形成过程，培养分析和综合、抽象和概括的思维能力。

2. 教学过程

环节 1：优选资源素材

学生以小组为单位，观察解剖盘中的百合花（或洋桔梗花、欧石竹花）和竹节海棠花；准备三种水果（雪桃、青枣、橘子），剖成两半，再把其中的一半分成四小份，四小份分享食用，品尝味道，另一半备用。

环节 2：问题引导思维

教师提出问题：①果实的形成与花有什么关系？②要结出果实，花需要具有什么样的结构？③从花到果实要经历什么样的过程？

设计意图：通过观察各种花的实物、品尝水果，调动学生的情绪，激发学生的探究欲望；留一半水果，为后续理解果实的各部分由子房内的什么结构发育做材料铺垫；在学生品尝完水果之后，出示与开花、结果相关的三个统领性问题，让学生带着问题开启本节课的探究之旅。

环节 3：思悟—探究—论证

活动 1：认识花的基本结构

首先，学生对照教材中桃花的结构示意图，指认百合花（或洋桔梗花、欧石竹花）的各部分结构。

接着，学生解剖百合花（或洋桔梗花、欧石竹花）：①小组分工合作解剖花（由下到上，由外到内），用镊子依次把花柄、花托、花瓣、雄蕊和雌蕊五个结构取下并摆放在实验报告单的相应位置。②观察并指认雄蕊和雌蕊的结构。③先用放大镜观察花粉粒外部的形态结构，再观察电镜下的花粉粒横切面解剖图，可以看到每个花粉粒中有 2 个细胞——精子。④触摸柱头，感知黏液的存在，推测其功能；纵切或横切子房，观察子房壁和胚珠；拆卸自制的桃花雌蕊的结构模型并指认各结构，认识卵细胞。

然后，教师出示竹节海棠雄花、雌花的实物，南瓜雄花、雌花与玉米雄花、雌花的图片，提出问题：所有花的基本结构都和桃花、百合花（或洋桔梗、欧石竹花）一样吗？引导学生总结被子植物花的基本结构。

设计意图：从一般到特殊，从感性到理性，让学生充分认识到虽然花的形态是各异的，但花的基本结构是一致的，这是生物适应环境的结果，渗透结构与功能相适应的生命观念。

活动2：了解传粉，概述受精过程

学生自主阅读教材文本，了解传粉的两种方式。然后，教师出示图片，让学生判断图片中的传粉方式。

教师提出问题：当花粉落在柱头上，花粉中的精子如何才能与卵细胞相遇？

学生设想：如果两者之间有一条类似通道的结构就完美了。

实验求证：学生纵向剖开百合花雌蕊的花柱，发现花柱中的确存在中空的管道——花柱道。

接着，教师播放受精过程的动画视频，进一步验证学生的猜想。

最后，学生以模型为道具概述花受精的过程。

设计意图：学生基于逻辑做出合理猜想，然后通过实验证实猜想，质疑—猜想—验证的过程有利于培养学生的科学思维；自制模型道具直观、形象，有助于学生厘清各结构间的关系，符合初中生的认知规律。

活动3：概述果实和种子的形成

教师提出问题，引导学生思考：

（1）根据果实的形态结构，请你预测受精完成后花的各部分发生了哪些变化。

（2）请你将三种水果的剩余一半的皮、肉、核、种子分离，推测它们分别是由子房中的哪个结构发育而来的。

设计意图：分离果实的相应结构，为学生进行合理的推测创造条件；通过猜测、微观视频验证，学生最终明确果实和种子的形成过程。在此过程中，学生体验基于证据做出合理推测的科学探究过程。

环节4：建构概念体系

思考：从果实与种子的形成来看，你认为一朵花中最重要的结构是什么？请以思维导图的形式说明你的理由。

设计意图：学生构思思维导图的过程，就是对零散知识进行抽象与概括、分析与综合并建构概念体系的过程。

环节5：迁移—应用—提升

教师出示杏的一粒特殊"种子"——只有干瘪的种皮，请学生推测其形成原因。

教师出示《西游记》中人参果的图片和现实中的人参果，请学生回答：若要结出人参果，需要在被子植物的哪个重要生理过程进行人工干预？

设计意图：训练学生在复杂情境中运用知识解决问题的能力，提升其生物学核心素养。

第二节 “策源—引问”源流式教学模式在实验课中的应用

一、传统实验课教学中存在的问题

生物学是一门以实验为基础的自然科学，实验是生物学科常用的研究手段。通过亲自动手实验，学生能对实验现象产生形象直观的认识，深刻理解实验相关知识，发展科学探究能力和科学思维，形成正确的生命观念。但是，笔者在实际的调查中发现，很多学校不开设实验课或开设的实验课不足，部分教师以讲实验或播放实验视频的方式应付实验课。这种现象在城市或发达地区比较少见，但在农村学校普遍存在。究其原因，主要有以下几点：学校没有配备实验员，生物教师所教班级过多，没有多余精力准备实验；学校的实验设施配备不足，无法进行实验；部分实验过于烦琐，实验现象不明显；实验材料难以获得；学校实验经费不足等。除此以外，还存在以下问题：

（一）学生仅是实验步骤的重复操作者

实验教学是实践生物知识的主要方式，为学生提供了动手操作机会。但是，在传统的生物实验课堂中，学生只利用教师准备的实验材料，按照教师给出的实验步骤，机械重复地操作。学生处于被动学习的地位，没有真正了解实验设计的原理、操作目的，对实验结果知其然而不知其所以然；或者教师通过“演示实验”的方式，直接把实验结论告知学生；甚至部分教师采取“讲实验”的方式，让学生记住实验步骤和实验结果，实验变成了“纸上谈兵”，学生的科学思维和探究实践能力均没有得到有效发展，影响了生物实验教学效果。

（二）忽视对学生问题意识的培养

在传统的实验课堂中，学生缺乏参与生物实验的自主性与积极性，不了解为什么要去做这个实验，不知道为什么要进行如此操作，只是按照相关要求机械性操作。教师没有进行有效的问题式引导，没有让学生带着问题去探究，致使学生在实验失败后不去思考为什么失败，为什么不能得出相关的结论，学生的主观能动性没有得到充分发挥，实验效率难以提升。

(三) 没有实现实验本土化

教材中的一些实验设计材料受限于季节、地域等，难以满足实际教学的需要，给实验课的开设带来困难。而且，教师没有充分利用本土的生物资源作为替代性实验材料，真正设计适合本地学生的生物实验。

二、实验课的教学要求

(一) 引导学生自主设计实验，培养学生的科学思维

生物实验是用实验原理设计实验、实验结果验证实验原理的过程，实验原理是生物实验的支柱。在实验课上，学生首先要明确实验原理，在实验原理的指导下自主设计实验，并能在同伴的评价下完善实验设计，教师进行指导和修订，最终形成科学、可行的实验方案，改变过去实验课直接出示实验步骤的方式。实验方案设计环节应该占实验课时长的1/3。在此过程中，学生能够明确实验的"源"，并在解决"问"的过程中发展科学思维。实验结束后，教师要引导学生对实验结果进行讨论，总结成功的经验，分析失败的原因，使学生在复盘中发展自己的科学思维和实验操作能力。

(二) 创设情境，激发学生的学习兴趣

在初中生物实验教学中，教师创设生活化情境，以真实情境激发学生的探究欲望，设置科学、有效的问题引导学生思考。教师扮演好课堂指导者和建设者的角色，激活学生的求知欲和探究欲，让学生真正成为实验的设计者和执行者，让学生成为学习的主体，调动学生的学习热情，切实让学生在实验课上提升创新能力和探究实践能力。

(三) 规范相关实验操作

规范操作一方面可以保障学生的人身安全，另一方面可以使实验结果更准确，让学生形成严谨的科学态度。因此，教师应根据新课程标准的要求，在实施实验教学之前准备好器材、材料等；预测学生在实验操作过程中可能会遇到的问题，预设问题解决过程；对实验操作进行规范演示，并在实验过程中进行巡视和指导，纠正学生的不规范操作，有效减少影响实验结果的客观因素。

（四）对实验进行创新

实验创新教学需要从学生的兴趣点入手，创设良好的教学情境和氛围，联系学生的生活实际，激发学生的探究兴趣，培养学生的实验创新意识。例如，教师可以在日常生活中多留心、多深入大自然，选出一些当地易得、实验效果好、经济实用的材料替代教材上的材料；改进实验条件；改进实验装置；将生活化的物品作为实验材料等。

（五）对学生进行多元评价

评价是指运用科学方法对学习活动进行价值判断，教师要运用评价的积极作用和优势，从实验理论的掌握、实验设计、实验操作、实验结果、实验创新、小组合作等多方面对学生进行综合评价。学生本人和小组成员填写评价表格，根据评价结果有效改善实验操作，切实提升自己的实验能力。

三、“策源—引问”源流式教学模式在实验课中的应用——以同课异构“植物细胞”为例

[课例 1]

基于探究实践的“植物细胞”实验教学设计

1. 课标、教材、学情分析及设计思路

1.1 课标分析

“植物细胞”是人教版生物学教材七年级上册第二单元第一章第二节的内容，对应课标中的重要概念 1.1“细胞是生物体的基本结构和功能单位”，是建构次位概念 1.1.2“动物细胞、植物细胞都具有细胞膜、细胞质、细胞核等结构”、1.1.3“植物细胞具有不同于动物细胞的结构，如叶绿体和细胞壁”、1.1.4“细胞不同结构的功能各不相同，共同完成细胞的各项生命活动”的重要载体。课标的学业要求是“正确、规范地制作临时装片，使用显微镜进行观察，能够针对观察结果中可能出现的成像不佳等情况，从材料制备、仪器设备、操作程序等方面初步分析原因”，“识别动植物细胞的结构并说出其异同点，说明细胞是生物体结构和功能的基本单位”。

1.2 教材分析

本节内容继“练习使用显微镜”之后，让学生制作并观察不同植物的临时装片，感知不同植物细胞的形态和结构，从而对细胞达到一定的认识，为

更好地理解细胞的分裂和生长、植物光合作用的细胞基础做铺垫。所以，让学生掌握“细胞的基本结构和功能”是本节课的首要目标，而“制作植物细胞临时装片”是本节课的重点和难点。

1.3 学情分析

通过“练习使用显微镜”的实践学习，学生基本掌握了显微镜的正确操作方法和步骤，利用显微镜进一步观察生物材料的愿望强烈。教材中虽然详细地列出了制作临时装片的具体步骤，但让七年级的学生按照教材的介绍独立操作，难度颇大。所以，教师在充分利用教材的同时，也要借助手机或数码显微镜的投屏功能辅助教学，针对学生的实践偏差精准地纠错归正。

1.4 设计思路

本节课以“学生品尝果实，发现同一果实的不同组织，其口感、味道截然不同”为情境，通过学习制作并观察不同组织的临时装片，让学生从微观角度探寻植物细胞的奥秘，解答真实情境中的问题。在探寻答案的过程中，教师践行“教学过程重实践”的课程理念，采用“试误—归正—再探—发现—归纳”的教学思路，最大限度地为学生提供探究实践的时间、空间、材料，在提高学生的探究实践能力的同时，使学生初步认同结构与功能相适应的生命观念。

2. 教学目标

(1) 学生参照洋葱鳞片叶内表皮细胞临时装片的制作过程，尝试制作植物细胞的临时装片，并互相评价观察到的物像，分析成像不佳的原因，初步掌握装片制作的一般步骤。

(2) 学生制作洋葱鳞片叶内表皮细胞临时装片，并观察到完整、清晰的细胞；能举一反三，制作出西红柿或黑藻的临时装片，熟练掌握制作临时装片的技巧。(重点)

(3) 学生通过观察不同的植物细胞，总结植物细胞都具备细胞壁、细胞膜、细胞质、细胞核等基本结构；通过比较构成同一植物器官的不同组织的细胞结构、排列方式等，初步认同生物体的形态结构与功能相适应的生物学观点。(难点)

3. 教学准备

材料和器具：数码显微镜、显微镜、载玻片、盖玻片、镊子、解剖针、纱布、清水、碘液、番茄、洋葱、黑藻等。

4. 教学过程

4.1 创设情境，提出问题

教师：生物学知识与我们的生活息息相关，老师为大家准备了小西红柿，请大家带着任务边思考边品尝。

教师要求学生分开品尝西红柿的果皮和果肉，并从口感、味道等方面说说两者的区别。学生品尝后，说出果皮、果肉在口感、味道上的差别。教师顺势引出问题：为什么同一个西红柿的果皮与果肉的口感、味道截然不同？这与构成它们的细胞结构有关。

设计意图：通过品尝—分享活动，激发学生的学习兴趣，打破学生的畏难情绪，调动学生动手实验的积极性；引导学生初步从宏观角度认识结构与功能的关系；开启学生从宏观到微观认识西红柿的科学探究之旅。

4.2 动手实验，学习制作植物细胞临时装片的一般步骤

4.2.1 初步观察西红柿

教师依次提出下列问题：每个实验桌子上都有西红柿，我们用肉眼能看到西红柿的细胞吗？把西红柿放到显微镜下直接观察，能看到西红柿的细胞吗？在显微镜下很难观察到西红柿的细胞，为什么呢？在问题的引导下，学生明确：需要让光线穿过样本；显微镜只能用来观察薄而透明的材料，所以，必须将样本制成薄而透明的装片、涂片或切片。在此基础上，学生了解装片、涂片、切片的区别。

设计意图：通过试误，学生明确被观察的材料要薄而透明这一操作要点的必要性；初步了解三种类型的玻片，为后续制作临时装片做铺垫。

4.2.2 初探——尝试制作并观察洋葱鳞片叶内表皮细胞临时装片

探究活动：两人小组合作，根据教材中洋葱鳞片叶内表皮细胞临时装片的制作方法，尝试制作临时玻片标本并观察，利用手机拍照上传 QQ 群展示成果，对照规范操作下观察到的洋葱鳞片叶内表皮细胞的物像，自评与互评，分析自己制作的装片存在哪些问题（如：玻片污垢，滴水过多和未滴水，撕取位置错误，材料重叠，出现气泡，颜色浅等），并思考如何规避这些问题。在此基础上，教师引导学生梳理洋葱鳞片叶内表皮细胞临时装片的制作步骤，每步归纳凝练成一个字，并整理在学案上。

设计意图：采用试误—归正方法，充分发挥学生在课堂教学活动中的主体作用，让学生尝试进行探究实践。学生在尝试练习中会遇到各种问题，他们也会主动寻求问题产生的原因并纠错归正。此时，学习成为学生自身的需要。同时，学生通过互相评价瑕疵作品的方式，反思操作过程中出现的问题，达到规范操作流程、培养严谨科学态度的目的。

4.2.3 再探——规范制作其他植物细胞的临时装片

在已经明确临时装片制作方法的基础上，学生正确规范地制作洋葱鳞片叶内表皮细胞临时装片并观察完整、清晰的物像；然后，举一反三，尝试制作其他植物细胞（如西红柿果皮和果肉、黑藻叶片）的临时装片并观察，拍照上传QQ群或用数码显微镜投屏展示成果；根据观察到的物像，绘制出洋葱鳞片叶内表皮细胞和其他植物细胞的结构。教师评价学生的图画作品，明确指出生物学绘图的注意事项。

设计意图：再次给学生实践操作的机会，为不同层次学生设计分层的探究任务：①修正首次尝试中出现的错误；②举一反三，制作多种植物细胞的临时装片，为观察和总结植物细胞的共同结构做铺垫；③绘图，培养学生尊重事实的科学态度。

4.3 发现——植物细胞共有的结构

4.3.1 植物细胞的基本结构及功能

学生观察并比较洋葱鳞片叶内表皮细胞、洋葱鳞片叶外表皮细胞、番茄果肉和果皮细胞，发现它们形态各异，但具有相同的基本结构，然后对照课本指认这些结构的名称（如细胞核、细胞壁、细胞质）；根据细胞壁的位置及厚度，推测其功能。教师出示洋葱鳞片叶外表皮细胞滴加5%蔗糖溶液后发生质壁分离的动态照片，学生观察到紧贴细胞壁的还有一层非常薄的膜，即细胞膜。

4.3.2 植物细胞的特殊结构及功能

学生再次观察洋葱鳞片叶外表皮细胞发生质壁分离后复原的电镜照片，发现紫色的区域是液泡，里面的细胞液储存着水分、色素、营养物质。教师播放数码显微镜下拍摄的黑藻叶片细胞内胞质环流的视频，提问：你观察到了什么现象？在细胞内流动的这些绿色的结构是什么？与小学科学学过的光合作用的场所相联系，学生归纳总结植物细胞结构并在学案上完成填图。

设计意图：学生通过对比不同植物细胞的结构，发现不同细胞虽有差异，但都具备核、质、膜、壁的基本结构，最终形成细胞统一性的思想；对照课本的细胞结构，认识细胞各结构的名称，演绎推理出细胞壁、液泡、叶绿体等结构的功能。

4.4 回归情境，升华知识

教师出示西红柿的果皮、果肉细胞的图片，回归情境问题：西红柿的果皮、果肉口感、味道的不同与其微观细胞结构之间有何关系？并从细胞的角度（提示：细胞形态、结构、排列、大小）想一想为什么会有这样的区别。学生发现：果皮细胞比较小，排列紧密，细胞壁厚，液泡很小，这与其保护内部结构的功能相适应；而果肉细胞较大，排列疏松，细胞壁薄，液泡大，这与其储存营养物质的功能相适应。

4.5 课堂总结与评价

学生回顾本课所学内容，对照表1，评价自己的学习情况。

表1 植物细胞评价量表

评价标准	赋分	得分
能够制作洋葱临时装片	能独立完成得5分，能对照课本完成得3分，能在小组成员协助下完成得1分，不能完成得0分	
成功观察到洋葱鳞片叶内表皮细胞	能观察到得4分，能观察到其他同学所做装片得2分，不能完成得0分	
能够制作西红柿果肉、黑藻等植物细胞的临时装片	能独立完成得3分，能对照学案完成得2分，能在小组成员协助下完成得1分，不能完成得0分	
能够再完成1—2种植物细胞的观察	能观察到得3分，能观察到其他同学所做装片得1分，不能完成得0分	
能够归纳出不同植物细胞的共同结构	能独立归纳得3分，能对照课本完成得2分，能在小组成员协助下完成得1分，不能完成得0分	
理解并认同生物体的结构与功能相适应的生命观念	能完成得1分，不能完成得0分	
遵守实验室纪律和规则，完成实验后，将物品摆放整齐	能完成得1分，不能完成得0分	
总计	20分	

设计意图：学生对照评价量表开展自评，复盘学习过程。

4.6 作业超市（任选一项完成）

（1）进一步完善学案上绘制的植物细胞结构简图。

（2）实践作业——使用生活化材料，如果冻盒、塑料薄膜、面团、豆类等，制作一个植物细胞模型。要求：结构合理，各细胞器的位置、大小、比例准确，形态科学美观。

[课例 2]

基于概念教学的"植物细胞"实验教学设计

1. 课标、教材、学情分析及设计思路

1.1 课标分析

"植物细胞"是人教版生物学教材七年级上册第二单元第一章第二节的内容，对应课标中的重要概念 1.1"细胞是生物体的基本结构和功能单位"，是建构次位概念 1.1.2"动物细胞、植物细胞都具有细胞膜、细胞质、细胞核等结构"、1.1.3"植物细胞具有不同于动物细胞的结构，如叶绿体和细胞壁"、1.1.4"细胞不同结构的功能各不相同，共同完成细胞的各项生命活动"的重要载体。其学业要求如下："正确、规范地制作临时装片，使用显微镜进行观察，能够针对观察结果中可能出现的成像不佳等情况，从材料制备、仪器设备、操作程序等方面初步分析原因"，"识别动植物细胞的结构并说出其异同点，说明细胞是生物体结构和功能的基本单位"。

1.2 教材分析

学生已经学习了显微镜的使用方法，能够在显微镜下观察到不同植物细胞的形态及结构，对植物细胞有了一定的认识，为后续学习"细胞的分裂和生长""光合作用"等概念做了铺垫。因此，让学生"掌握细胞的基本结构和功能"是本节课的首要目标，而本节课的重难点是"制作植物细胞临时装片"。

1.3 学情分析

经过上节课的学习，学生已经基本掌握了显微镜的使用方法和步骤，渴望利用显微镜来观察常见的生物材料。教材中虽然详细地列出了制作临时装片的步骤，但学生独立制作临时装片仍然有一定的难度。

1.4 设计思路

学生通过制作并观察洋葱鳞片叶内、外表皮细胞临时装片，黑藻叶片、番茄果肉等细胞的临时装片，总结出"细胞是植物体结构的基本单位"。教师借助质壁分离与复原实验、胞质环流过程示意图、细胞分裂过程示意图，引导学生总结出部分细胞器的功能，理解细胞是植物完成复杂生命活动的基本功能单位。在课堂中动眼、动手又动脑的思维环节，升华了概念"细胞是植物完成复杂生命活动的基本结构和功能单位"。

2. 教学目标

(1) 学生通过制作洋葱鳞片叶内、外表皮细胞临时装片，黑藻叶片、番

茄果肉等细胞的临时装片，归纳出制作植物细胞临时装片的步骤，培养动手操作能力和归纳概括能力。

（2）学生通过观察实验现象和各种生命现象，说明细胞结构与功能的相互关系，总结概括植物细胞中各个细胞器的作用，理解并认同植物细胞中结构与功能相适应的生命观念。

（3）学生通过体验微观世界的神奇，认识植物由细胞构成，感悟科学家探索微观世界的过程中求真务实的态度和勇于探究的科学精神。

3. 教学过程

3.1 创设情境，导入新课

提出问题：你想象中的植物细胞是什么样的？

设计意图：以学生的主观猜测导入，引起学生的好奇心，激发学生的兴趣，开启探究之旅。

3.2 认识细胞的基本结构

3.2.1 初步认识玻片标本

绝大多数细胞十分微小（肉眼不可见），需要借助显微镜才能看到，所以实验材料需要满足条件——薄而透明。教师出示玻片标本的三种主要类型：切片、涂片、装片，指出本节课要观察的洋葱鳞片叶表皮细胞、黑藻叶片细胞、番茄果肉细胞都需要制成装片。

设计意图：学生通过已有的知识经验，明白制作玻片标本的材料必须是薄而透明的，并认识三种主要的玻片标本类型，为玻片标本的制作奠定基础。

3.2.2 探究实验过程

制作洋葱鳞片叶内表皮细胞临时装片之前，教师提出问题：①制作临时装片的载玻片和盖玻片（教师展示）是循环使用的，在使用之前需要做什么准备工作？②如何撕取大小合适的洋葱鳞片叶内表皮？需用哪些实验器材？③新鲜蔬菜暴露在空气中几小时就会萎蔫，原因是什么？制作临时装片还需要什么实验器材？④为使观察到的叶内表皮细胞完整、没有重叠，应如何处理实验材料？教师通过一系列问题，引导学生明确实验过程中的重要步骤和实验材料，小组内讨论具体操作步骤。

设计意图：问题引导，让学生了解实验器材的用途、实验步骤，提高学生的探究能力。

3.2.3 观察细胞结构

学生制作洋葱鳞片叶内表皮细胞临时装片，统一观察其细胞结构。完成后，学生选择实验台上的一样材料制作临时装片，并在实验过程中根据评价量表开展自评、组评。学生上台展示制作的洋葱鳞片叶内表皮细胞临时装片，从排列、形状、颜色等方面描述细胞结构，指认细胞壁和细胞核，其他小组评价。接着，学生依次展示洋葱鳞片叶外表皮细胞临时装片、黑藻叶片细胞临时装片、西红柿果肉细胞临时装片，描述细胞形态，指认细胞壁、细胞核、细胞质（黑藻叶片细胞），其他小组评价。

表1 "观察植物细胞"过程性评价量表

评价项目	评价要点	分值	自评	组评	师评
情感态度	积极参与实验	10分			
	小组成员共同协商解决实验中的问题	10分			
	实验中锲而不舍、实事求是的科学精神	10分			
实验实施	按照实验步骤独立制作临时装片且过程无明显失误	20分			
	熟练使用显微镜并观察到细胞	20分			
交流评价	从排列、颜色、形状、结构等方面描述观察到的细胞	20分			
	画出看到的细胞结构图	10分			

教师展示制作滴加蔗糖溶液的洋葱鳞片叶外表皮细胞临时装片等过程中捕捉的画面，可清晰观察到细胞膜；学生认同细胞壁、细胞膜、细胞质、细胞核是植物细胞共有的基本结构。学生基于以上事实建构概念：不同形态的植物都由细胞构成，细胞又都由共同的基本结构构成，所以细胞是植物体的基本单位。

设计意图：通过动手操作实验—绘图，学生理解实验过程及目的，认识细胞的形态和结构，建构概念"细胞是植物体的基本单位"，培养探究实践能力。

3.3 植物细胞的功能

3.3.1 细胞壁的作用

在洋葱鳞片叶外表皮细胞临时装片中滴加5%的蔗糖溶液，学生观察细胞发生质壁分离以及质壁分离复原的显微视频；画面停留在质壁分离及复原过程典型瞬间，学生观察并辨别出细胞壁、细胞膜、液泡膜、细胞膜与液泡膜之间的紫红色液体细胞质，并根据液泡的颜色，推测液泡的功能——能够储存色素和营养物质。在细胞发生质壁分离及复原过程中，细胞壁始终保持在原来的位置和形态，学生据此推测细胞壁的作用。

设计意图：学生通过质壁分离和复原的实验，基于生物学事实和证据，认识细胞内的结构并推测它们的功能，发展演绎推理能力。

3.3.2 叶绿体、细胞质的作用

学生用数码显微镜再次观察黑藻叶片的临时装片，描述细胞内的胞质环流现象，推理这一生命活动过程是由细胞质和其他细胞器协调配合完成的；根据已有的知识经验，说出叶绿体的作用。

设计意图：学生通过观察黑藻叶片细胞内的胞质环流现象，理解概念“植物进行胞质环流这一生命活动主要与细胞质有关”。

3.4 细胞核的作用

教师出示学生观察的洋葱根尖玻片标本的放大图，引导学生观察根尖细胞分裂过程，找出哪个部位变化最明显，总结出：细胞分裂过程中主要是由细胞核发挥作用；植物的一系列生命活动主要是由细胞核发挥调控作用。

设计意图：通过观察洋葱根尖分生区细胞，学生明确细胞的生命活动是由细胞核调控，进一步理解细胞是植物体进行生命活动的基本功能单位，培养科学思维。

4. 跨学科实践

学生利用不同的材料制作植物细胞模型，并结合评价标准进行评价。

表 2 跨学科实践：制作植物细胞结构模型表现性评价量表

评价维度	标准	分值	自评	组评	师评
材料选择、技术设计	模型的各个组成部分能够灵活拆卸，且模型坚固耐用	30 分			
大小、数量和位置	模型各结构的大小、数量和位置关系合理，并说明依据	20 分			
色彩	能用多种颜色直观地展示不同的结构，并说明各结构选用不同色彩的原因	20 分			
表达交流	能利用模型展示植物细胞的内部结构，并说出其功能，认同结构与功能相适应的生命观念	30 分			

设计意图：让学生将学到的知识运用到实践中，不但能帮助学生将知识外化，而且能提高学生的动手操作能力，还能增加作业的趣味性。

第三节 “策源—引问”源流式教学模式在复习课中的应用

复习课是学生夯实基础知识、优化知识结构、建构知识网络、提升问题解决能力的有效环节。其特点是“温故而知新”，并不是简单记忆已学的旧知识，更重要的是践行再认识、再提高的过程，注重理论联系实际，注重学科之间的渗透，让学生掌握核心概念，建构知识体系，最终落实到培养与提升学生的生物学核心素养上来。

一、传统复习课教学中存在的问题

传统的生物复习课，教学方式单一，过于强调接受学习、死记硬背、机械训练等，学生处于被动学习状态，学生的学科能力得不到发展等问题普遍存在。

1. 复习内容简单重复，难以激起学生的兴趣。传统的复习课过分注重学生对知识的接受和掌握程度，很容易陷入知识重复的误区，忽略了学生的主观能动性，阻碍了学生的思维发展。而且，在以往的生物复习课上，学生系统复习基础知识后，就会进入大量练习的阶段。面对形式多样、内容繁多的练习题，学生疲惫感加剧、兴趣降低，很难有持续的学习动力，必然会导致复习效率降低。

2. 复习形式单调乏味，难以调动学生的学习积极性。在追求教学效率的大背景下，复习课时间紧、任务重，教师很难有精力去创新探索复习课的教学模式，致使复习课教学方法单一，没有因材施教、分层教学，无法兼顾所有学生，学优生和学困生两极分化严重。"灌输式"和"题海战术"为主的复习模式大多以教师为主导，学生被动学习，课堂活动较少，学生的参与度明显不足，并未将知识真正内化。虽然教学任务已完成，但学生对知识的吸收率不高，导致教师教得累、学生学得累，难以实现复习目标，且学生学科素养的培养也得不到真正落实。

二、复习课的教学要求

（一）注重知识体系的建构

在复习课上，教师要注重把握知识间的内在逻辑关系、知识点之间的比较与综合，进行知识体系的梳理和结构重建，使学生巩固、深化并拓展已建构的知识体系，不断地优化完善认知结构。

（二）聚焦科学思维的提升

在生物学复习课上，教师要创设真实、复杂、新颖的问题情境，引领学生基于已有知识进行问题的分析、信息的提取，或做出分析与判断，或设计、实施及评价实验方案，或进行推测与验证，发展学生的科学思维。

（三）关注学习动力的激发

在生物学复习课上，教师要通过匠心独具的教学设计，努力将简单的“温故”转变为生动有趣的“知新”，激发学生的学习兴趣和内驱力；设计各种类型的学习活动，把时间还给学生、把方法教给学生，让学生通过自主与合作学习，发展分析与解决问题的能力、建构概念体系的能力、语言表达的能力等，提高成就感、获得感，激发后续学习的原动力。

（四）聚焦高频错误的破解

在复习课上，教师不能平均用力，应重点分析学生的高频失分点，精准指向失分的根本原因，然后有针对性地进行对比区分、梳理分析或思维方法指导，并在此基础上进行变式训练与迁移应用。

三、“策源—引问”源流式教学模式在复习课中的应用课例

[课例 1]

发展创新思维的“光是绿色植物进行光合作用不可缺少的条件”一节的实验复习课教学设计

摘要：通过光合作用的一系列经典实验，运用具体的实验例证，引出自变量、检测指标与因变量的概念，引导学生掌握实验设计的方法，即借助检测指标，看自变量对因变量的影响，对“光是不是绿色植物进行光合作用不可缺少的条件”实验进行创新，培养学生在复杂的情境中综合运用知识，进行判断、分析、解释、推理和评价的能力，发展学生的科学思维。

关键词：初中生物学；实验创新；光合作用；检测指标；科学思维

1. 教材分析及设计思路

“光是绿色植物进行光合作用不可缺少的条件”是人教版初中生物学教材中的重要内容和考试评价内容之一。新授课时，学生通过教材中的多个经典实验，已经初步了解了光合作用的概念，并对实验设计思路进行了初步探索。在实验复习课中，笔者在引领学生回顾概念和经典实验的基础上，运用具体的实验例证，帮助学生进一步提炼实验设计的基本方法；基于新的问题情境，运用相关原理和实验设计原则，对该实验方案进行创新及实践，加深学生对

原有核心概念和实验设计方案的理解，发展学生的科学思维。①

2. 教学目标

依据课程标准并围绕培养学生核心素养的要求，笔者制定如下教学目标：

(1) 学生加深对绿色植物光合作用实质的理解，进一步提炼实验设计的基本方法。

(2) 学生以黑藻为实验材料，通过控制实验条件，获得可靠的实验数据（证据）作为检测指标，理解自变量和因变量的关系；借助光合作用的表达式和实验设计的方法，对实验进行创新设计并科学探究，发展科学思维。

(3) 学生在理解概念和创新实验设计的过程中，能够综合运用知识，进行判断、分析、解释、推理和评价；同时体验知识的形成过程，培养分析与综合、抽象与概括等科学思维。

3. 教学过程

3.1 课堂导入

教师出示黑藻和天竺葵，让学生猜一猜它们的所属类群；呈现黑藻的相关知识链接，使学生明确黑藻不属于藻类植物，和天竺葵一样属于被子植物，也是进行光合作用实验的常用材料。以此开启“光合作用复习课”的探究之旅。

设计意图：通过“猜一猜”，激发学生的学习兴趣和探究欲望；通过对黑藻的知识呈现，让学生了解黑藻的形态结构和所属类群。同时，黑藻作为“光是绿色植物进行光合作用不可缺少的条件”实验的创新实验材料，贯穿本节课的始终，也为后续实验的开展做了铺垫。

3.2 回顾重要概念

在卡片上标注光合作用的相关术语和连接符，包括淀粉、光能、二氧化碳、叶绿体、储存能量、条件、水、氧气、原料、场所、产物等，让学生基于对光合作用概念的理解，对卡片进行重组，建构光合作用的反应式。

设计意图：利用卡片重组的方式，建构光合作用的反应式。一方面，通过相关术语和连接符，让学生回忆起光合作用中的“物质变化”与“能量变化”，渗透物质与能量观，发展学生的生命观念，为后面寻找实验依据奠定基础；另一方面，激发学困生的学习积极性。

3.3 回顾“绿叶在光下制造有机物”的经典实验，提炼实验设计的方法

借助虚拟实验平台，通过使学生身临其境地点击、触摸、拖拉，回顾

①裘英，田树青，王薇．“光合作用”中考复习课的教学设计［J］．生物学通报，2018，53（10）：22-26．

“绿叶在光下制造有机物”实验的目的、步骤、现象和结论，让学生重温实验设计的方法。

表 1　利用淀粉是光合作用的产物，确定各变量之间的关系和检测指标

自变量	检测指标	因变量	实验原理
有光照、无光照	遇碘液变蓝、不变蓝	制造了淀粉、没有制造淀粉	光对植物制造淀粉的影响

设计意图：虚拟实验平台增强了学生的体验感，提高了复习效益。以学生熟知的实验为具体实例，结合数学、物理等知识，引出自变量、检测指标与因变量的概念，引导学生初步掌握实验设计的方法。探究实验的设计思路就是人为控制自变量，观察自变量引起的检测指标的变化；检测指标的变化反映因变量的变化，由因变量的变化看自变量对因变量的影响。

3.4 回顾“金鱼藻在光下释放氧气”的经典实验，聚焦氧气的检测指标

如果要对“光是绿色植物进行光合作用不可缺少的条件”这个实验进行创新，可以看光照对植物产生氧气的影响。

表 2　利用植物进行光合作用释放氧气，确定各变量之间的关系和检测指标

自变量	检测指标	因变量	实验原理
有光照、无光照	带火星的卫生香复燃、不复燃	产生了氧气、不产生氧气	光对植物产生氧气的影响

为学生提供黑藻、大试管、橡皮塞、一定浓度的碳酸氢钠溶液等，让学生以小组合作的形式完成实验设计。

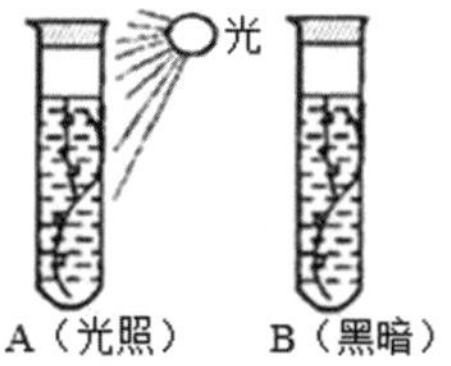

图 1　以黑藻为原料，探究光照对植物产生氧气的影响

设计意图：通过回顾“金鱼藻在光下释放氧气”的经典实验，引导学生从自变量、检测指标、因变量三个角度，探究“光是不是绿色植物进行光合作用不可缺少的条件”，充分发展学生的科学思维。然后，利用黑藻、大试管、一定浓度的碳酸氢钠溶液等完成实验设计，训练学生的动手操作能力，让学生在实验课中既动手又动脑，加深学生对科学探究的理解。

3.5 借助化学试剂 BTB，聚焦二氧化碳浓度变化的检测指标

学生发现化学试剂 BTB（溴麝香草酚蓝）水溶液的颜色变化可反映水中

二氧化碳的含量变化，并借此对"光是绿色植物进行光合作用不可缺少的条件"实验进行创新，看光照对植物吸收二氧化碳的影响。学生在进行实验设计时，往往只能设计出图2中第一组的实验。教师顺势提出驱动性问题：①第一组的实验设计有没有缺陷？若有缺陷，哪种因素会对BTB水溶液颜色的变化产生干扰？②你能尝试增加一组实验，使该实验达到实验目的吗？

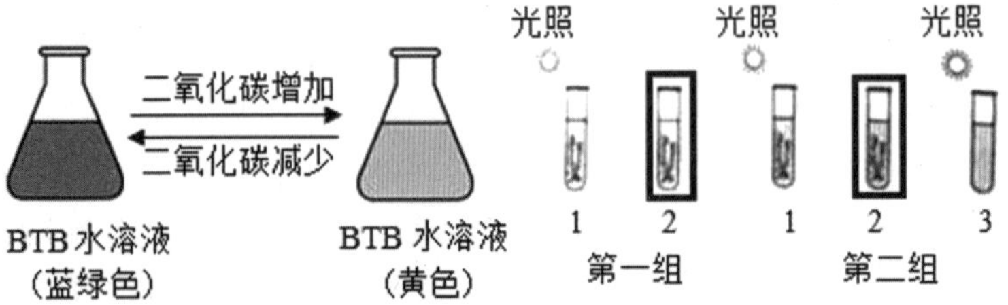

图2　以黑藻为原料，探究光照对植物吸收二氧化碳的影响

设计意图：通过创设新的问题情境，训练学生对知识的迁移能力，让学生在复杂的情境中综合运用知识，进行判断、分析、解释、推理和评价。另外，在创新实验的创设过程中，学生很难一步到位。教师要通过恰当的问题设置，引导学生不断地完善实验方案，使学生的思维水平得到发展，为培养其科学思维创造条件。

3.6 制作黑藻幼叶临时装片，聚焦新的检测指标——淀粉粒

学生思考：可否通过一种更直观的方法，证明叶绿体是光合作用的场所？然后动手制作黑藻幼叶临时装片，观察染色后的细胞叶绿体内有没有被碘液染上颜色的淀粉粒。完成该实验后，教师引导学生思考：如果要对"光是绿色植物进行光合作用不可缺少的条件"实验进行创新，是否可以看光照对叶绿体产生淀粉粒的影响？

表3　利用叶绿体是光合作用的场所，确定各变量之间的关系和检测指标

自变量	检测指标	因变量	实验原理
有光照、无光照	高倍显微镜下观察到叶绿体中会不会有染上颜色的淀粉颗粒	叶绿体中有淀粉粒、叶绿体中没淀粉粒	光对叶绿体中产生淀粉粒的影响

设计意图：继续引导学生掌握实验设计的方法，但更侧重让学生对曾经做过的实验进行总结和反思。另外，要求学生使用高倍物镜去观察染色后的叶绿体中的淀粉粒，对学生使用光学显微镜或数码生物显微镜提出了更高的要求。建议使用数码生物显微镜，因为用它可以快速观察到高倍物镜下的叶绿体中的淀粉粒是否染色，既节省时间，又便于学生借助电脑进行实验成果的展示交流。

3.7 建构思维导图

学生利用光合作用的表达式，借助实验设计的思路和方法，建构本节课的思维导图。

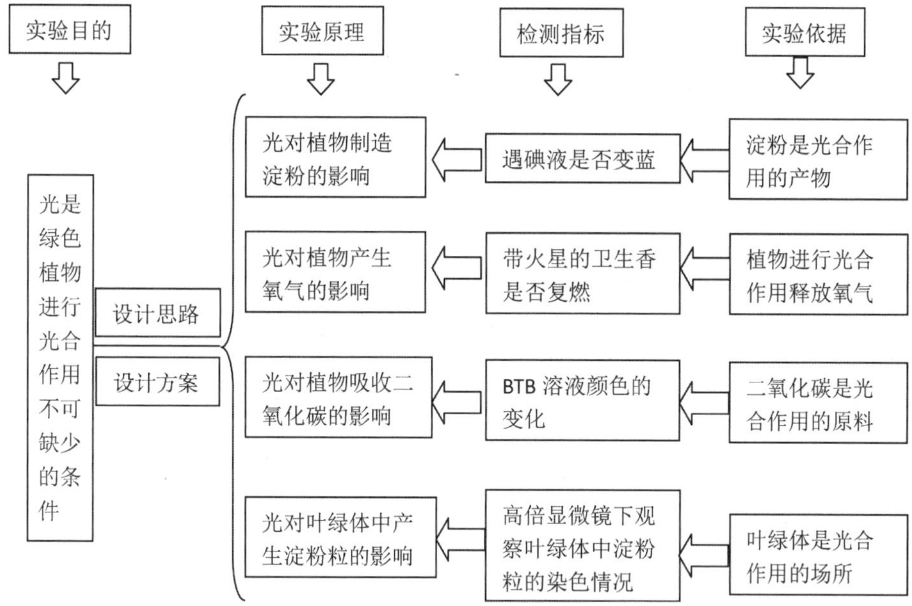

图 3　以黑藻为原料，探究“光是绿色植物进行光合作用不可缺少的条件”的创新实验体系

4. 教学反思

教师以黑藻为创新实验材料，重新创设问题情境，从情境中梳理信息，提出问题，然后提供一定的实验器材让学生自主设计实验、合作交流，最后解决问题。在实验教学中采用这样的教学模式既能激发学生深层次的学习兴趣，还能培养学生的动手能力、分析和解决问题的能力、合作交流的能力等，从而使学生的实验探究能力和生物学核心素养得到全面的发展。①

［课例 2］

基于探究实践的“人体生命活动的调节”项目式学习教学设计

1. 课标、教材、学情分析及设计思路

1.1 课标分析

“人体生命活动的调节”是人教版生物学教材七年级下册第四单元第六章

①邹传龙．“观察叶片的结构”一节的教学设计［J］．生物学教学，2019，44（7）：30-31.

的内容，对应课标中的重要概念5.5“人体各系统在神经系统和内分泌系统的调节下，相互联系和协调，共同完成各项生命活动，以适应机体内外环境的变化”，是建构次位概念5.5.1“神经系统由脑、脊髓及与它们相连的神经构成”、5.5.2“反射是神经调节的基本方式，反射弧是反射的结构基础”、5.5.4“人体通过眼、耳等感觉器官获取外界信息，科学用眼和用耳能够保护眼和耳的健康”的载体。课标的学业要求是“运用结构与功能相适应的观念，分析由于机体特定结构受损可能导致的机体功能障碍或异常行为表现，提出相应的预防措施”。

1.2 教材分析

本节内容是“人体生命活动的调节”的第一课时，让学生通过项目式学习，自主探究“人体对外界环境的感知和神经系统的组成”，并让学生通过制作模型，掌握简单反射和复杂反射，建构人体生命活动是建立在完整的反射弧的基础上的整体与部分观，使学生对神经系统形成一定的认识，养成健康的生活习惯和积极向上的生命观念。学生通过制作模型、项目产品迭代、撰写项目报告等形式，扎实掌握眼和耳这两大感觉器官的结构及各部分的功能，发展科学思维，为更好地理解本章内容做铺垫。让学生掌握简单反射和复杂反射是本节课的首要目标，而理解、掌握眼和耳的结构及各部分的功能，尤其是模拟抽象的眼球成像原理和近视眼的矫正是本节课的重点和难点。

1.3 学情分析

人教版七年级下册教材中对眼球和耳的结构描绘得很生动，但过于抽象，学生参照书本独立学习颇有难度，常常出现混淆概念、学得不够扎实的情况。八年级的学生已经初步建立结构与功能相适应的生命观念，结合八年级物理学科对凸透镜成像的学习，可以更好地理解凸透镜成像的原理和视觉的形成过程，有能力基于学科融合突破难点。

1.4 设计思路

本节课以“学生参加逃生演练。当警报突然响起，学生迅速离开教室，按照指示牌的指引找到安全出口。在奔跑的过程中，小明不小心摔倒，膝盖受伤出血。校医给他做了膝跳反射检查，发现其膝跳反射正常”为情境。通过情境分析，提取出三个项目“健步如飞”“逖听远闻”和“明眸善睐”；通过制作反射弧模型，掌握反射弧的结构，以及简单反射和复杂反射的区别；通过帮助听障人士重新听到声音的助听器调查项目，掌握耳的各部分结构和功能以及听觉的形成过程；通过制作眼球模型，掌握眼球各部分的结构和功能，以及眼球成像的原理和视觉形成的过程。学生从项目式探究过程中掌握学科知识，突破难点，解答真实情境中的问题，形成正确的生命观念并养成良好的生活习惯。教师引导学生在项目式学习中探寻答案并践行“教学过程重实践”的课程理念，采用“发现问题或提出任务—制定方案—实施方案—获得证据或形成初步产品—分析证据或改进设计—得出结论或物化成果—进行表达—交流或展示”的教学思路，最大限度地为学生提供探究实践的时间、空间、材料，在提高学生的探究实践能力的同时，使学生初步认同“结构与功能相适应”的生命观念。

2. 教学目标

(1) 学生基于生物学、工程学和化学等学科融合，制作反射弧的模型，掌握反射弧的结构，区分简单反射与复杂反射，形成整体观念。(重点)

(2) 学生基于生物学和物理学的学科融合，制作眼球成像的动态模型；通过眼球成像的动态模型，直观演示成像过程中晶状体曲度的变化，并模拟近视眼的成因及矫正，认同生物体的结构与功能相适应的生物学观点，形成正确用眼、保护眼睛的意识。(难点)

(3) 学生调查听障人士的生存现状，进行对气传导、骨传导助听器的调查和助听器原理的探究，掌握耳的结构及听觉的形成过程，养成保护耳朵的意识，增强关注社会、关爱老年人、关爱听障人士的社会责任感。

3. 教学准备

材料和器具：塑料瓶、塑料管、止水夹、酚酞、氢氧化钠、亚甲基蓝、传统眼球模型、光具座、水透镜、光栅、热熔胶枪、滤纸、橡皮泥、扭棒等。

4. 教学过程

4.1 创设情境，提出问题

生物学知识与我们的生活息息相关，教师以“学生参加逃生演练。当警报突然响起，学生迅速离开教室，按照指示牌的指引找到安全出口。在奔跑的过程中，小明不小心摔倒，膝盖受伤出血。校医给他做了膝跳反射检查，发现其膝跳反射正常”为情境，请学生以小组为单位选择情境中与“人体生命活动的调节”有关的内容，形成要探究的项目并展示。

设计意图：创设情境，激发学生的学习兴趣，调动学生发现生活中常见的反射，提高学生动手实验的积极性；引导学生初步学会从真实情境中发现生物学问题并利用生物学知识解决问题，开启学生的科学探究之旅。

4.2 项目探究，小组合作完成项目式学习

4.2.1 设计并制作模型探究反射的类型

小组依次展示在合作学习中完成的反射弧模型，如手绘模型图、采用太空泥与铜丝等制作的立体模型等。其他组学生评价其优点及不足，认为这两种模型能够说明反射弧的结构组成，但反射是一个动态的过程，如果能够反映出"感受器接受刺激产生兴奋""神经冲动沿着神经传导到神经中枢""神经中枢产生反应并发出指令""指令沿着传出神经传导""效应器接受指令做出反应"等动态过程，更有利于大家理解并掌握反射的发生原理。学生展示小组制作的反射弧模型 3.0 版——简单反射的反射弧动态模型。其他组学生再次评价指出，3.0 版模型很直观地呈现出简单反射的发生过程，但无法体现出高级神经中枢控制低级神经中枢的过程。学生展示小组制作的反射弧模型 4.0 版——复杂反射的反射弧动态模型，不仅直观呈现出"低级神经中枢接收到传入神经传来的神经冲动并做出反应"的过程，还呈现出"低级神经中枢接收到高级神经中枢传来的指令并做出反应"的过程。通过模型的迭代，全体学生不仅简单回顾了反射弧的组成、简单反射及复杂反射的概念，更对反射的发生机理有了更深层次的认识；制作 3.0 版及 4.0 版模型的学生更是提前学习了酚酞试剂、石蕊试剂及溶液的酸碱性等化学知识，对工程学及化学有了初步的认知。

设计意图：将生物学、工程学与化学进行学科融合，通过模型制作和产品迭代，突破学习难点，让学生对反射弧及两种反射类型有了更深入的理解，对两种反射的控制中枢的不同、高级神经中枢控制低级神经中枢等有了更加明确的认识。在此基础上，学生认识到科学探究不是一蹴而就的，而是不断探索、不断迭代的过程。

4.2.2 以"为听障人士选择合适的助听器"为目标，探究助听器的作用原理

调查活动：两人小组合作，复习"耳的结构"相关知识，尝试探究听力障碍产生的原因和解决办法。学生展示：利用手机、电脑、书籍、报刊等查阅资料，明确耳的结构和各部分的功能，区分传导性耳聋和神经性耳聋的发病原因及辅助治疗措施；现场测试每位同学及老师的听力，互相交流比较可以听到的分贝值，明确年龄增长、长时间佩戴耳机等会导致听力下降，甚至让人失聪，进而养成正确的用耳习惯，树立健康生活的意识。

设计意图：采用"调查—探寻—反思"的研究方法，充分发挥学生在课下的探索精神和在课堂教学活动中的主体作用，让学生尝试进行探究实践，发现生活中常见的问题并解决问题，最终形成正确的生命观念。现场听力测试体验使学生认识到长时间戴耳机的危害，从而摒弃不良的用耳习惯。

4.2.3 制作模型探究眼球的结构

学生小组依次展示并解说"手绘眼球模型示意图""用不同颜色、不同材质制作的眼球立体模型"，其他组学生评价认为，示意图和眼球模型能够说明

眼球的内部结构、各结构的前后及内外关系，但眼球的晶状体是成像的关键，示意图及眼球模型无法表现出通过晶状体曲度的变化，远近的物体都可以在视网膜上成像。学生展示小组制作的“眼球成像原理装置”4.0版，通过水透镜调节晶状体的曲度，使远近不同的物体都能在“视网膜”上形成清晰的倒立的像。其他组学生再次评价，如果“眼球成像原理装置”能表现出瞳孔对光线的调节、近视的成因等就更理想了。学生小组展示“眼球成像原理装置”5.0版，模拟“在明暗不同的环境中通过调节瞳孔的大小，控制进入眼球内的光线量”“视网膜脱落的后果”“晶状体曲度增大或眼球前后径变长，物体在视网膜上形成模糊的像”“摘下近视镜放在晶状体前方，物像重新变得清晰（即近视的矫正）”“晶状体曲度过小或眼球前后径过短，物体在视网膜上形成模糊的像”等过程。在此基础上，学生深刻地了解了眼球各结构的功能，了解了近视与远视的原理及矫正。

设计意图：通过模型制作和产品迭代，学生充分了解了眼球各结构的功能，明确了成像的原理、近视与远视的成因及其矫正，在进一步形成生命观念的同时，认识到爱护眼睛的重要性。在项目式学习过程中，学生的创新思维与实践能力得以发展。在课堂教学活动中，学生充分展示、交流与评价，促进了模型迭代的发生，实现了概念学习的进阶，颠覆了以“机械记忆”为主要学习方式的复习课模式。

4.3 生生互评、内化提升

全体学生作为“天使投资人”，对项目达成效果进行评价：“哪个项目让你眼前一亮？你会投资哪个项目进行市场化推广？请说明你的理由。”

设计意图：转变评价方式，不再由教师给出评价的标准，而是由学生化身“天使投资人”，从个人和市场的角度评价物化的产品。

4.4 综合体会与课下评价

学生回顾本课所学内容，对照表1，评价自己的学习情况；小组内成员和教师同步开展评价。

表 1　项目式学习评价量表

<table>
<tr><td colspan="2">基础知识</td><td colspan="5">通过项目式学习，明确神经系统各结构的功能及原理</td></tr>
<tr><td colspan="2">评分</td><td>每项 10 分，请逐项完成</td><td>自评</td><td>互评</td><td>师评</td><td>总分</td></tr>
<tr><td rowspan="10">项目式学习综合能力评价</td><td rowspan="3">设计能力</td><td>了解××的基本结构和各部分的功能</td><td></td><td></td><td></td><td rowspan="3"></td></tr>
<tr><td>选择合适的表达方式展示其结构和功能</td><td></td><td></td><td></td></tr>
<tr><td>在小组合作的探究实践中锻炼了设计能力</td><td></td><td></td><td></td></tr>
<tr><td rowspan="4">执行能力</td><td>积极参与项目探究小组合作</td><td></td><td></td><td></td><td rowspan="4"></td></tr>
<tr><td>得到真实产品，或形成调查报告</td><td></td><td></td><td></td></tr>
<tr><td>能解决 1—2 个实际问题</td><td></td><td></td><td></td></tr>
<tr><td>发展了基本实验技能和操作执行能力</td><td></td><td></td><td></td></tr>
<tr><td rowspan="3">反思能力</td><td>通过项目式学习，不断反思产品的优缺点，及时发现问题</td><td></td><td></td><td></td><td rowspan="3"></td></tr>
<tr><td>改进设计与操作</td><td></td><td></td><td></td></tr>
<tr><td>实现产品升级</td><td></td><td></td><td></td></tr>
<tr><td colspan="2">精神品质评价</td><td colspan="4">通过知识应用和问题解决，形成个体维度的问题意识、研究意识、创新意识及社会性维度的合作交往、责任担当等精神品质（附加分）</td><td></td></tr>
</table>

第四节　“策源—引问”源流式教学模式在讲评课中的应用

讲评课是提高学生生物学核心素养的重要途径。试卷（习题）讲评课应高度重视高频错题及错误归因、解题思路和方法训练、审题和答题规范训练等。

一、传统讲评课教学中存在的问题

（一）理念不更新，从“始”讲到“末”

部分教师讲评不分主次，从第一题讲到最后一题，既费时又低效。要实现高效讲评，就要重点讲评学生普遍存在的错误和典型的问题，做到点面结合，主次分明。[①]

（二）思维不突出，缺少“变”与“练”

在讲评课上，部分教师以为自己讲得很全面、很详细，学生也反映听得很明白，于是，教师不再设置变式练习。其实，学生所谓的“听明白”了，大部分情况下只是能跟着教师的思路走下来，并不具备独立解题的能力，再次遇到类似的题目，他们仍然难以独立分析，难以实现在新情境下的迁移应用。

（三）定位不准确，只见“题目”不见“人”

部分教师把目光放在题目上，放在对或错上，放在答题规范上，而对学生的测试情况与情感体验不做评价，忽视了学生的情感需求与价值体验，不能激发学生的可持续发展动力。[②]

二、讲评课的教学要求

（一）基于数据，精准锁定

教师在阅卷结束后，统计试卷中的各项数据，对试题进行深入分析，全面了解学生的答题情况，做到有的放矢。

（二）自主纠错，发现问题

学生通过课前准备和自我纠错的过程，通常能解决知识点遗忘、粗心或思维不全面导致的错误，认识到出错的原因。

（三）主动合作，追根溯源

在独立思考的基础上，小组成员互助合作，通过对典型错误的探讨、解题思路的分析、不同观点的讨论等，发展科学思维，同时培养主动合作、勇于发表自己见解的学习态度。

---

①于占春. 中学讲评课“五环节”教学模式构建［J］. 现代教育，2018（3）：63-64.

②杨春丽，邸薇. 基于STEAM教育的小学“创客”课程构建［J］. 现代教育，2018（6）：59-61.

三、讲评课的基本程序

第一步：聚焦共性，梳理归类。完成阅卷后，大数据导出每个选择题的得分情况，非选择题阅卷负责人写出本题的阅卷情况分析，整合形成完整、详细的试卷分析，共享给全体教师使用。教师锁定学生的共性问题并进行梳理归类，确定讲评的目标题例。

第二步：分工合作，整合共享。针对共性问题类别，教研组成员进行分工，每位教师就自己的任务进行备课，设计相关问题，准备图文或视频素材，设计或选择适量的变式题，并制作 PPT 和设计导学案。组长就所有成员的成果做组内整合与共享、优化与完善。

第三步：精准讲评，聚焦素养。"三不讲"，即班级得分率超过 65%的题目不讲、学生可以自主纠错的题目不讲、二人小组的"小先生"可以讲明白的题目不讲，这些在自主纠错和组内合作环节即可解决。"三聚焦"，即聚焦试卷整体分析，包括难易度、平均分、优秀率、学生掌握较好的内容、试题集中错误点、失分的主要原因等；聚焦学生中典型的、共性的错误或问题，对学生进行关键信息提取与信息转化、类比与对比、图文转换、回归知识原点、逆向思维等方面的训练与点拨，使学生学会方法、破解思维定势、拓展思维的广度；聚焦学生的表达，尽可能为学生提供机会进行口头的交流、展示、评价、补充、完善。通过表达，学生一方面可以分享个性化的思维路径或解题思路；另一方面，可以暴露思维的漏洞或知识的缺陷，也训练了组织语言解答问题的能力。

第四步：变式练习。每部分内容讲评完毕，即时进行变式练习，以达到及时强化和巩固学习的目的。

第五步：课堂小结。教师针对本次讲评课，归纳和强调相关解题思路、方法和技巧，从知识、能力、学科素养等方面做出具有画龙点睛、整体提升功效的总结。也可由学生进行这样的课堂小结。

四、"策源—引问"源流式教学模式在讲评课中的应用课例

"策源—引问"源流式教学模式在讲评课中的应用，自 2009 年开始先后经历了三个阶段：①按照知识板块归类，进行解题方法与思路讲评（参见课例 1）；②按照错误归因分类，集中呈现同因不同错的实例，让学生通过实例发现规律，从而破解一类问题（参见课例 2）；③按照学生答题中反映出的生命观念、科学思维、探究实践、态度责任这四个维度的发展需求进行讲评，

提升学生的生物学核心素养（参见课例 3）。

［课例 1］

基于大数据的试卷讲评

1. 收集考试数据，进行归因分析

通过大数据汇总分析，本次城阳区一摸高频失分点如表 1、表 2 所示。针对数据中学生得分普遍较低的题目，教师进行错误归因和解题方法指导。

表 1 客观题高频失分分布

题号	7	9	10	12	13	14	17	18
答案	B	A	B	C	D	B	C	B
得分率（%）	37.63	46.05	48.26	48.39	50.87	58.34	40.36	28.97
题号	21	23	24	28	29	32	33	
答案	A	C	C	D	D	D	B	
得分率（%）	44.06	42.47	51.65	31.51	40.09	39.71	50.9	

表 2 主观题高频失分分布

题号	36		37		38	40		
小题	一（3）	二（2）	（1）	（3）	（2）	（1）	（4）	（5）
得分率（%）	56.2	58.3	67	64.6	50	56.2	50	68.7

2. 错误归因

教师对考试中学生普遍出现的问题进行归因分析，情况如下：①知识点混淆；②缺乏认真审题的习惯；③图文转换能力欠缺；④非智力因素等。

3. 学生自主纠正、反思内化

（1）课前自改：要求学生独立自查、自主纠错，用红笔在题目旁改正；标注出仍然无法自主解决的问题。

（2）课上互改：组内交流自主纠错后依然有疑问的题目；针对大数据统计反映出的高频失分点，小组长带领组员进行讨论，分析解题思路，不能解决的问题反馈给老师（10 分钟左右）。

4. 典型错题分析

4.1 知识板块：生态系统

37.（3）图为草原生态系统中部分成分之间的关系和生物结构示意图，

其中甲、乙、丙为该生态系统中的三种组成成分，A、B、C、D是乙中存在吃与被吃关系的四种生物，请据图写出该草原生态系统中存在的食物链。

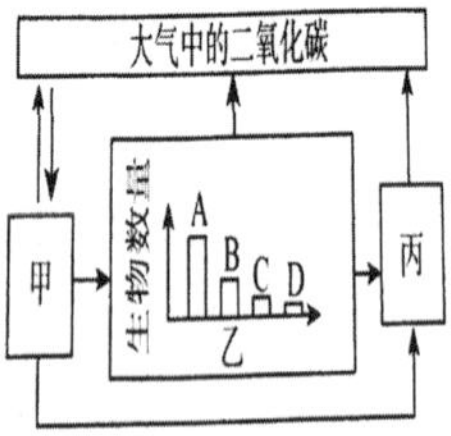

错误归因分析：本题中，学生易将食物链写成A→B→C→D，没有关注到食物链的起点应从植物（甲）开始，反映出学生缺乏图文转换的能力，不会通过图片分析题目中考查的知识点。教师指导学生在做图文题的时候注意标注关键字词（甲、乙、丙为该生态系统中的三种组成成分），针对问题，结合图片进行分析，再进行相关变式训练，巩固提升。

4.2 知识板块：光合作用与呼吸作用综合分析

36.（3）图中植物叶片有机物积累最多的点是曲线上的________；消耗叶肉细胞内积累的有机物的时间段是________。

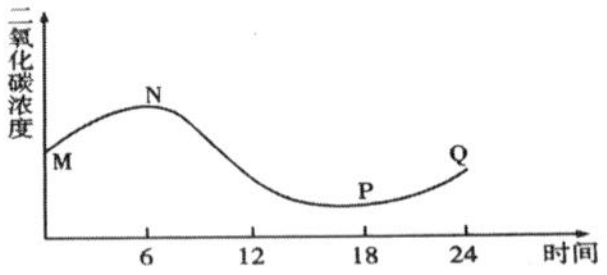

错误归因分析：学生做错题的原因还是缺乏图文转换的能力，在解答这类题目时要关注x、y轴，找特殊点，分析含义；标注问题中的关键字词，第一问是曲线上的点，第二问是时间段，学生易写成曲线上的段，这都是审题不清导致的错误。

4.3 知识板块：人体各系统综合

39. 如图为消化、呼吸、泌尿、循环系统的关系示意图，图中①②代表与肾脏相连的血管，a—d代表生理过程。

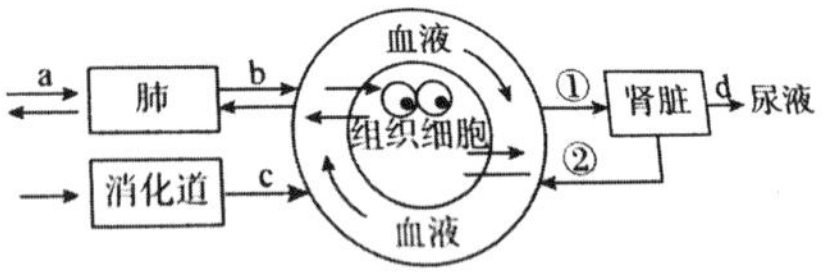

错误归因分析：根据各大系统的相关知识，结合问题，学生需要明确a—d代表的生理过程（a肺与外界的气体交换、b肺泡与血液的气体交换、c吸收、d排尿），以及①和②的名称（①肾动脉、②肾静脉），在分析完成后进行变式训练。

变式1：人体是一个协调配合、和谐统一的整体。图中①②代表相关气体，③—⑥代表生理过程。

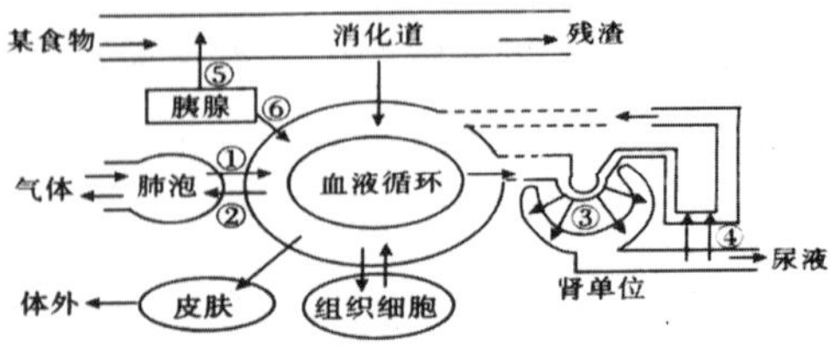

（1）图中，氧气进入肺是通过________实现的，氧气依次穿过________________（填结构）进入血液。

（2）循环系统中防止血液倒流的结构叫________________。

（3）肺泡中的氧气进入循环系统后，最先到达心脏中的________。

（4）某人患有肾炎，医生在其上肢静脉输液治疗，那药物经过的途径是________。

规律总结：由变式 1 总结吃药、静脉注射、肌肉注射治疗疾病，药物首先到达心脏的右心房，流经 4 个腔的先后顺序是右心房、右心室、左心房、左心室。

变式 2：右图是人体循环系统、呼吸系统、消化系统、泌尿系统相关图解。

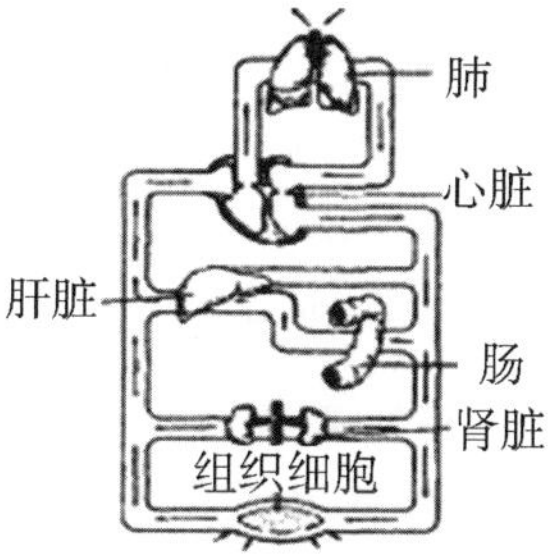

（1）血液流经小肠时________的含量增多，这是因为小肠是________________的主要场所。

（2）血液流经肾脏时________的含量减少，这是因为肾脏是________________的场所。

（3）血液流经组织细胞后，________的含量减少，这是因为它要参与分解有机物，为生命活动提供________。

规律总结：由变式 2 总结 3 条特殊的血管：肠静脉——营养物质最丰富的血管（流静脉血），肺静脉——氧气含量最丰富的血管（流动脉血），肾静脉——尿素最少的血管（流静脉血）。

28. 血液在循环过程中，其成分也在发生某些变化。下列叙述正确的是（　　）。

A. 动脉血中的尿素含量远比静脉血中的少

B. 静脉血中的营养物质一定比动脉血中的少

C. 动脉血中的氧气含量不一定比静脉血中的高

D. 血液流经肾小球后，每毫升血液中的红细胞含量增加

规律总结：由于水的减少，流经肾小球后，每毫升血液中红细胞含量增加，流经肾小管后，肾小管末端的尿素含量增加。

4.4 知识板块：动物的运动

38.（2）请选出最合理的模型并说明理由________。

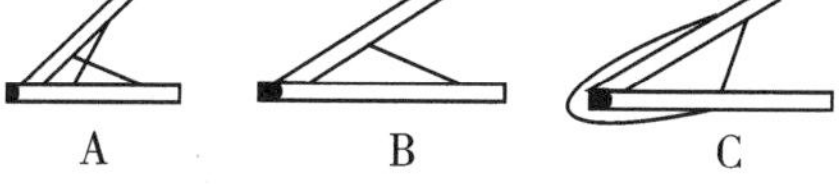

错误归因分析：本题需要进行图文转换，找到 3 个选项的差异，逐个分析，切忌思维定势，要灵活应用所学知识。

4.5 知识板块：传染病和免疫

7. 下列关于人体内抗原、抗体及免疫的说法，正确的是（　　）。

A. 抗体是在特定的抗原的刺激下由吞噬细胞产生的

B. 疫苗是用失活的或减毒的病原体制成的生物制品，因此疫苗属于抗原物质

C. 注射疫苗从预防传染病和免疫的角度分别属于特异性免疫、保护易感人群

D. 免疫对人体是有益的，人体的免疫力越强越好

错误归因分析：学生做错题的原因主要是审题不清，做题时应提取有效信息，找准答题方向，逐一分析，排除错误答案。

4.6 知识板块：自然选择学说

18. 右图所示是研究所利用某种新型抗生素对一种致病菌多次用药实验的效果曲线图。下列解释不符合达尔文自然选择学说的是（　　）。

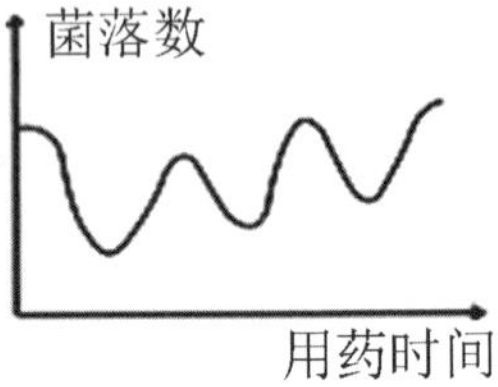

A. 由图中波动的曲线可知，该病菌一直存在抗药性变异

B. 该病菌产生抗药性变异是为了适应存在抗生素的环境

C. 抗生素淘汰了不具有抗药性的病菌个体

D. 具有抗药性变异的病菌个体能够大量繁殖

错误归因分析：通过分析图中用药时间与菌落数的关系，学生应理解"变异是不定向的，自然选择保留有利变异，淘汰不利变异"。学生在做自然选择题的时候，要明确"先有变异，后有选择"这一基本原则。

5. 非智力因素丢分集锦

学生在考试中由于非智力因素导致丢分，主要包括：

(1) 审题不清，如扫视式读题，走马观花；

(2) 没有提取到有效信息；

(3) 思维定势；

(4) 口语化答题，说一半留一半，抓不住重点；

(5) 书写不规范，有错别字。

6. 答题技巧总结

针对试题中学生常犯的错误，教师再次总结答题技巧。

(1) 客观题：保留做题痕迹。认真阅读题干，边读边标注关键词；调动已有知识经验逐项判断，对的画"√"、错的画"×"、有疑问的打"?"，同

时在题目序号上做出标记。

（2）主观题：充分提取信息。

①认真审题，从题干、图表、问题中寻找有效信息并做标注。

②提高图文转换能力，看 x、y 轴表示的涵义，找曲线的起点、交点、转折点等特殊点及曲线的变化趋势，分析含义。

③根据信息确定答题方向，用生物学术语作答，条理要清晰；切忌答非所问或用口语回答。

[课例 2]

基于错误归因分类的阶段性检测试卷讲评

1. 高频失分点聚焦

客观题：4、5、7、11、34、35。

主观题：36.（1）、（3）、（7）；37.（1）、（2）；40.（6）、（7）。

2. 失分原因分析

（1）基础知识掌握不牢、概念模糊不清；

（2）对知识的迁移运用不灵活；

（3）解答实验题的能力欠缺；

（4）缺乏认真审题的习惯；

（5）有错别字，书写不规范。

3. 自主合作，反思内化

（1）自改：独立自查，自行纠正（学生在课前完成）。

（2）互改：对于自主纠错后依然有疑问的题目进行组内讨论，将组内交流后没有达成共识的题目反馈给老师。

4. 典型错题分析——展示思路，质疑释难

4.1 知识混淆，概念不清

[原题再现] 7. 右图表示切开的桃子，下列有关叙述正确的是（　　）。

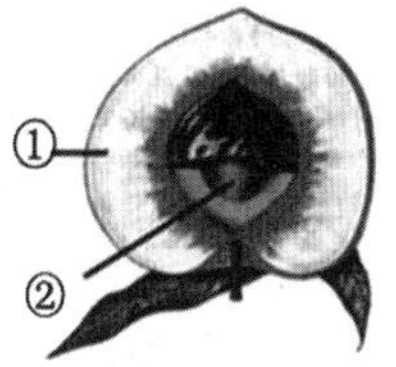

A. ①由雌蕊发育而来　B. ②由受精卵发育而来

C. ②内胚有两片子叶　D. ①为②的发育提供营养

[知识梳理与夯实] 种子的结构、子房的结构、果实和种子的形成（略）。

[变式训练 1] 大豆种子贮存养料的结构是由（　　）发育而来的?

A. 子房壁　　　B. 卵细胞　　　C. 受精卵　　　D. 子房

[原题再现] 36. (1) 这个小岛生态系统中的水、空气、阳光、土壤等构成了生态系统的非生物因素 ×。

[易混淆知识点梳理] 生态因素、生物部分、非生物部分。

生态因素：影响生物生活和分布的因素叫作生态因素，包括非生物因素和生物因素。

生态系统：包括生物部分（生产者、消费者、分解者）和非生物部分(如水、空气、阳光、土壤等)。

[变式训练 2] 对于一只生活在田野里的蝗虫来说，它的生态因素就是（　　）。

A. 田野中的植物和蛇、蛙等动物

B. 阳光、空气、温度、土壤等非生物因素

C. A 与 B 的总和

D. A 与 B 的总和，再加上田野里的其他蝗虫

4.2 迁移运用能力不足

[原题再现] 34. 小明从光下的一棵植物上摘下一片叶子，用酒精脱色，滴碘液，呈蓝色，他应该得到的结论是（　　）。

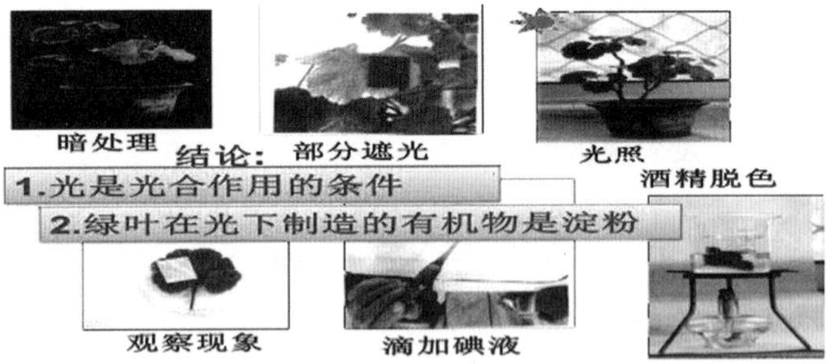

A. 光合作用必须在光下进行　　　B. 绿叶在光下制造淀粉

C. 叶中含有淀粉　　　D. 缺乏对照组，什么结论也得不出

[知识梳理与夯实] 光合作用经典实验回顾。

思考：

(1) 如何证明叶片中的淀粉是植物在光下新合成的而不是叶片中原有的?

(2) 要验证光是光合作用合成有机物的条件，应该如何操作?

[变式训练 3] 某同学先将一株绿色植物放在暗处一昼夜，再将植物置于光下一段时间，然后摘下一片叶子，用酒精脱去叶绿素，漂洗后滴加碘液，叶片呈蓝色。

(1) 该实验能得到的结论是________________________________。

(2) 将一株绿色植物放在暗处一昼夜的目的是________________。

4.3 方法点拨，规律提升

[原题再现] 4. 早春人们在播种后会用地膜覆盖，目的是（　　）。

A. 防止鸟类取食种子　　　　B. 防止水分的蒸发

C. 种子萌发需要避光　　　　D. 提高地表土壤温度

[方法点拨] 找关键词，关键词中往往隐含信息和条件。

[原题再现] 35. 关于下图所示的实验装置，说法正确的是（　　）。

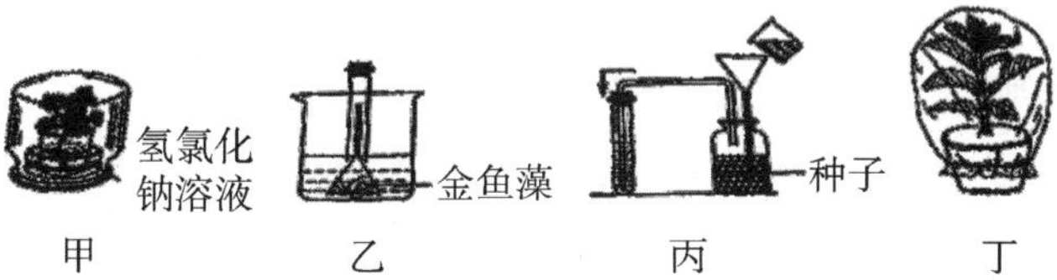

A. 甲装置可用来验证光合作用需要二氧化碳

B. 乙装置必须放在有光的环境中

C. 丙装置必须放在阴暗的环境中且种子是活的

D. 丁装置可用来验证植物的蒸腾作用

[方法点拨] 遇到实验题要回归课本，逐一判断。

[变式训练 4] 认真分析下图所示的实验装置，并回答下列问题。

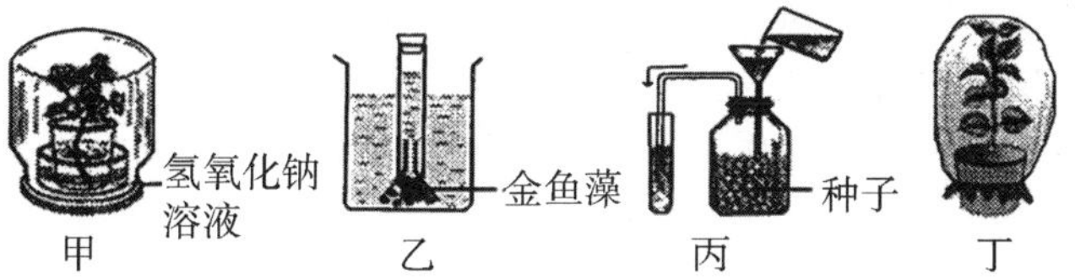

(1) 甲装置可以用来验证光合作用需要____________。若此装置需要一个对照实验，对照实验装置的水槽中应装有____________________。

(2) 乙装置可用来验证________________。此装置必须放在________的环境中。

(3) 丙装置可用来验证________________。丙装置中的试管内盛有____________。

(4) 若用丁装置来验证植物的蒸腾作用，则丁装置有一个错误，应该怎样改进？____________。用此装置来验证绿色植物的呼吸作用，装置应放在________。

4.4 非智力因素失分

[原题再现] 36. (1) 作为一个完整的生态系统，图中缺少的成分是分解

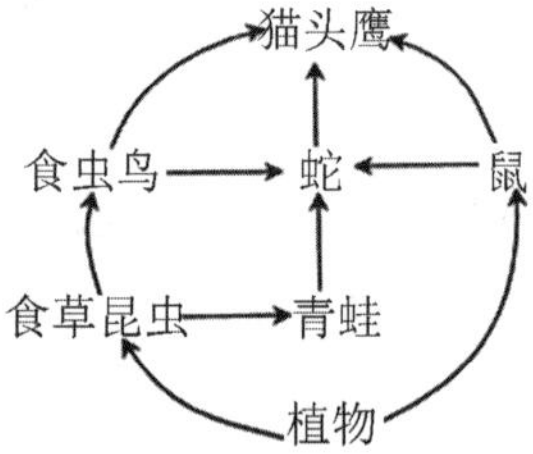

者×(思维定势)。

(3)蛇与猫头鹰的关系是捕食?(考虑问题不全面)。

(5)如果人们用农药消灭食草昆虫,食虫鸟?(考虑问题不全面)的数量就会减少。

(6)人们在农田中使用过农药DDT,从未使用过DDT的南极地区的企鹅体内却发现了DDT。从生态系统的角度分析,这说明有毒物质在生物体内难以分解、无法排出,随食物链流动×(审题不清)。

[变式训练5]

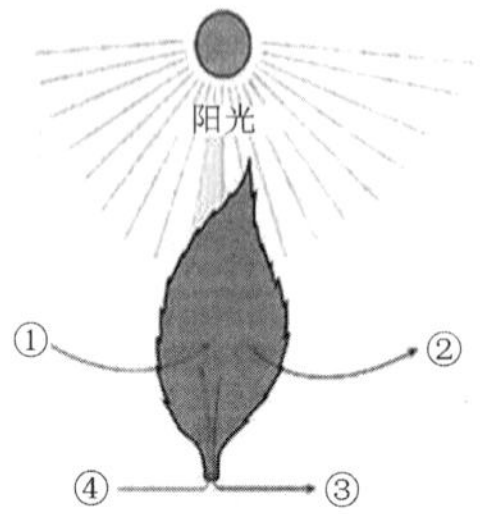

1. 若此图为光合作用示意图,箭头所指的物质分别是:

① 二氧化碳 ;

② 氧气 ;

③ 有机物 ;

④ 水和无机盐×(思维定势) 。

2. 生态瓶中的生产者进行光合作用能为鱼虾提供 氧气(考虑问题不全面)。

[方法点拨] 杜绝扫描式审题,实施笔尖扫雷式审题,突破思维定势,养成全面思考问题的习惯。

[收拾行囊] 通过本节课,你学到了哪些解题方法或技巧?应用这些方法技巧,进行二次过关吧。

[课例3]

基于核心素养提升的试卷讲评

1. 总体分析与评价

生命观念维度:对于生命观念缺乏深入的理解,不能应用生命观念分析和解决真实情境中的生物学问题,如客观题15,主观题31.(2)和32.(3)、(4)。

科学思维维度:不能精准地从题干和图表中提取信息,不能基于事实进行分析判断和推理,如客观题26,主观题32.(5)、33.(4)、36.(2)。

探究实践维度:科学探究能力有待进一步提高,不能根据探究实验的数据得出结论并指导生产生活实践,如主观题31.(1)、34.(3)。

态度责任维度：初步确立严谨求实的科学态度，树立健康意识和社会责任感。

2. 自主纠错，互助释疑

3. 探讨交流，素养提升

3.1 生命观念维度

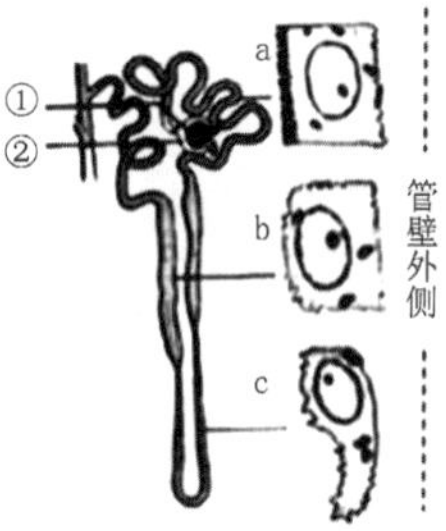

［原题再现］32.（3）从正常人的肾脏中抽取样液进行检测，测得样液成分及含量如下表。据此推测样液最可能取自图中的［　］______，葡萄糖暂时离开血液再回到血液的途径是：肾小球→肾小囊→__________。

样液所含成分	水	蛋白质	葡萄糖	无机盐	尿素
含量（单位：克/100mL）	95	0	0.1	0.8	0.03

（4）用显微镜观察发现：肾小管不同区段的上皮细胞形态结构存在差异，如图 a、b、c 所示。依据细胞游离面的微绒毛，可推测________（填 a、b、c）细胞所在区段是重吸收的主要部位；人体中的__________（结构）细胞也具有类似结构与功能。

［问题引导］你从表格中提取了哪些信息帮助你做出判断？葡萄糖经肾单位的何种作用离开了血液，又在肾单位的哪个部位重新回到了血液中？请在图中标注出路径。动物体器官中的绒毛或微绒毛的存在有何意义？这体现了怎样的生命观念？

［原题再现］15. 生物体结构与功能相适应的现象是在长期进化过程中形成的。下列有关人体结构与功能相适应的叙述，不正确的是（　　）。

A. 关节头和关节窝表面覆盖着一层关节软骨，有利于关节的灵活运动

B. 小肠绒毛内分布着丰富的毛细血管，有利于肠道内营养物质的消化

C. 肺泡外有丰富的弹性纤维，有利于呼吸时肺泡与外界的气体交换

D. 心脏左心室的壁最厚，有利于将血液泵向全身各处的组织器官

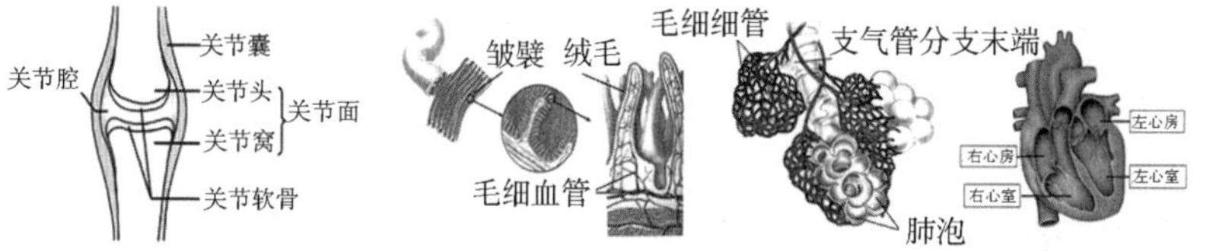

［梳理与列举］①分别说出上述器官的功能相适应的结构特点；②生物体的结构总是与功能相适应的，请你再列举 1 例，然后与同桌交流。

［变式训练 1］墨水河入海口湿地长有成片的芦苇植物，芦苇的地上茎和

地下茎都是中空的，将其根横切（如图），发现根的内部有许多________，这些与其生活环境相适应。

芦苇根横切及芦苇飞虱图示

思考：这体现了怎样的生命观念？你还知道哪些“生物体的结构与生活环境相适应”的例子？

3.2 科学思维维度

[原题再现] 26. 科学推测是根据已有证据通过逻辑思维对未知事物的真相提出的看法。在科学研究过程中，科学家需要运用证据和逻辑做出推测，下列证据与推测之间逻辑关系不成立的是（　　）。

	证据	推测
A	巴斯德鹅颈瓶实验	肉汤中的微生物不是自发产生的，而是来自瓶外
B	米勒原始大气模拟实验	原始海洋中的无机物可以产生有机物
C	露西骨骼化石的特征	从森林古猿到人是向着直立行走的方向发展的
D	郑氏始孔子鸟化石的特征	地球上现存的脊椎动物来自共同的祖先

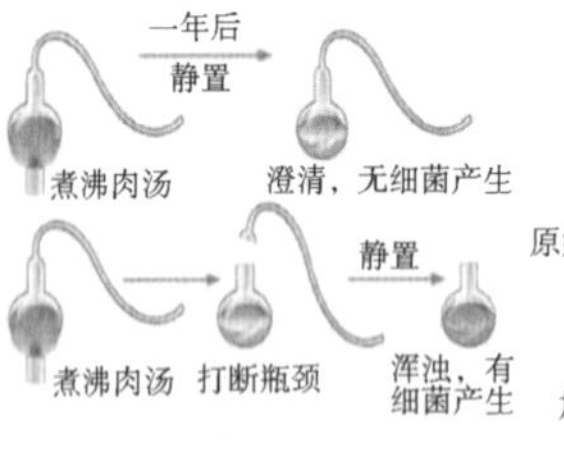

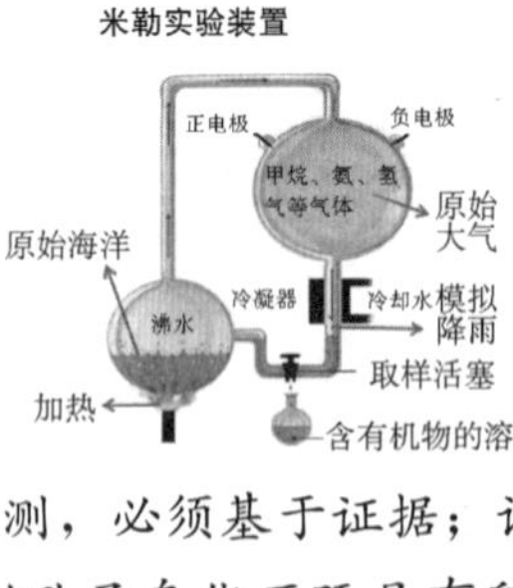

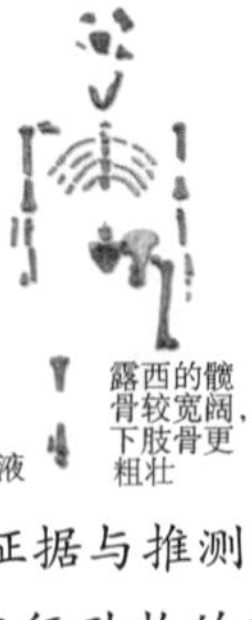

[方法点拨] 做出推测，必须基于证据；证据与推测（结论）之间，必须符合逻辑关系。如郑氏始孔子鸟化石既具有爬行动物的特征（如有牙齿、前爪），又具有鸟类的特征（如有两翼、羽毛，能够飞行）。基于这些证据，你能做出怎样的推测？（郑氏始孔子鸟与爬行类和鸟类均有亲缘关系；郑氏始孔子鸟是古代爬行动物向鸟类进化过程中出现的过渡类型等）

[原题再现] 32. (5) 中长跑运动员在比赛前要到高原地区训练一段时间，高原训练能够使运动员血液中红细胞的数量明显增加，其意义是 在氧含量

高的地方与氧结合，在氧含量低的地方与氧分离×__；剧烈运动容易造成肌细胞缺氧，产生乳酸，引起肌肉酸痛。右图是专业长跑运动员和业余选手产生乳酸的曲线，其中曲线__A__代表非专业选手。

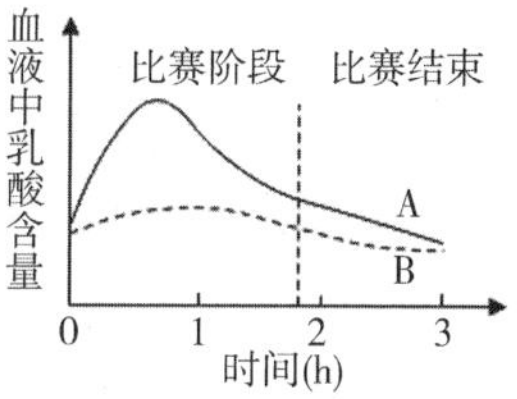

［评价与交流］①生生评价，指出错误原因：未认真审题，没能提取到有效信息，导致思维定势、答非所问；②“曲线A代表业余选手”，你从问题叙述和曲线图中提取了哪些信息，从而做出这样的判断？请组织语言，描述你的逻辑思维过程。

［原题再现］33.（4）组培变异有好有坏，绝大多数是有害变异，只有极少数才是有利变异，由此可见，变异是__不定向__的；科研人员从红色草莓组织培养幼苗的变异体中选择出一株结白草莓的有利变异植株进行培育：这株草莓在开花时进行______（自花传粉/杂交），可筛选出能够稳定遗传的白草莓植株，将白色的性状保存下来；可见，任何一种育种方式都要伴随着__人工选择__育种。

［问题引导］①“筛选出能够稳定遗传的白草莓植株，将白色的性状保存下来”，请你用遗传学术语来表述这句话。②想要获得具有白草莓纯合体基因的子代植株，需要这株结白果草莓的变异植株进行自花传粉还是与红果草莓进行异花传粉？请通过遗传图解来解释。

［变式训练2］2023年春，主要由H1N1病毒引发的甲流席卷全国，让人们再次认识到病毒性传染病对人类健康的影响。甲流主要通过飞沫传播，也可通过接触传播。奥司他韦是治疗甲流的有效药物，通过抑制甲型流感病毒的神经氨酸酶的活性，抑制病毒从寄主被感染的细胞中释放，起到缓解症状、缩短病程的目的。

奥司他韦是治疗甲流的有效药物，但应在感染后的48小时内尽早用药，否则药效不佳，原因是______________________________

______。

［方法总结］从题干中提取有效信息作为证据，基于证据做出合理推测；组织语言，用生物学术语进行有条理的表达。

3.3 探究实践维度及态度责任维度

［原题再现］31.（1）资料一显示：必须禁止工业污水和家庭污水随意排放到河中。为何洗过碗筷（衣服）、含有洗洁精（洗衣液）的生活污水也不能随意排放？为此，生物学探究实践小组做了如下模拟实验：

A. 取2个培养皿，贴好标签1号、2号。

B. 1号培养皿中注入30mL洗洁精稀释液，2号培养皿中注入30mL

清水。

C. 在2个培养皿中各放入20只大小、活力相近的水蚤。

D. 每5分钟观察1次，记录存活的水蚤数目；实验重复3次，求平均值。

2个水样中水蚤的存活情况如下表所示：

水蚤存活数（平均） 时间（分） 水样	5	10	15	20	25
1号	20	16	12	10	6
2号	20	20	19	19	19

①实验重复3次并求平均值的目的是________________________________。

②分析表中实验数据，你能得出的结论是________________________；“保护环境，人人能为”，你在日常生活中保护环境的具体做法是________________________。

[迁移应用] 某生物探究小组认为，含洗洁精、洗手液等洗涤用品的生活污水可能对湿地水质产生不良影响。通过查阅资料发现，许多沉水植物对水质有净化作用，如菹草。为了探究洗洁精是否会对水质造成不良影响，以及菹草是否对水质有净化作用，小组成员选取了以下实验材料：水蚤、洗洁精稀释液、菹草。

[任务] 请你设计实验方案，以简图+文字的形式简要表示。组内、组间评价并完善方案。

[提示] 该实验的变量是什么？检测指标是什么？每组是否可以只用一只水蚤？

4. 二次过关，素养提升

(1) 乳铁蛋白具有广谱抗菌、抗癌、调节免疫系统功能等作用。研究人员通过实验探究乳铁蛋白对幽门螺杆菌生长繁殖的影响，并进行多次重复实验，实验流程和结果如下：

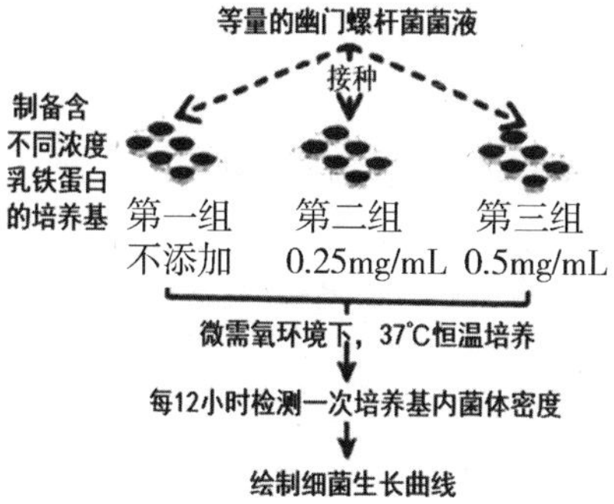

图 1

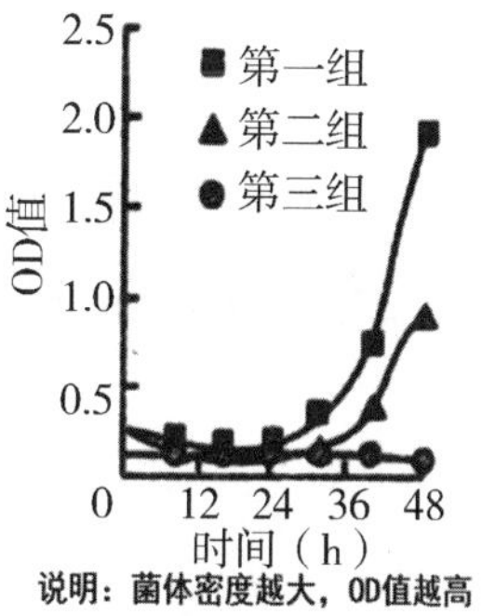

图 2

①分析图 2 可知，乳铁蛋白的最低浓度为________mg/mL 时，对幽门螺杆菌的抑菌效果最好，判断依据是当乳铁蛋白在该浓度时，__________________。

②为保证本实验更严谨，请结合培养细菌的一般方法，提出一条改进实验的建议：______________________。

（2）植物对不同颜色的光有自己的“喜好”，应该给草莓大棚补充哪种颜色的光呢？农科院的一系列实验及数据给出了答案。

容器	植物	光的颜色	氧气的增加量
1	天竺葵	红	120mL
2	天竺葵	绿	15mL
3	紫罗兰	红	80mL
4	紫罗兰	绿	10mL
5	月季	红	106mL
6	月季	绿	12mL

将等量的天竺葵、紫罗兰和月季的新鲜叶放在无色透明的封闭容器中，并将它们置于不同颜色的光照条件下（其他条件均适宜并相同）。经过 8 小时后，测量容器中氧气的增加量，得到如上表所示的实验数据。

①该实验通过测定__________________，来判断光合作用的反应速率。

②我们应该给草莓大棚补充______光，理由是______________________。

第五章 "策源—引问"教学模式背景下的多元化评价

第一节 教学评价概述

一、教学评价的概念

狭义地说，教学评价是指对学生所掌握的知识和能力情况进行评估、考试和测验。

广义地说，教学评价是指为了实现既定的教学目标，科学规范地评价一定的教学活动，以某种方式，获得适当结论，对教育教学现状进行反馈，并对后续教学方向进行规范的全过程。

二、国内外关于教学评价的研究

教学评价在教学领域中是个新课题。17 世纪 30 年代，"教育学之父"夸美纽斯最早在《大教学论》一书中提出班级授课制和课堂教学评价。19 世纪初，德国教育家赫尔巴特提出了著名的"四阶段教学理论"。之后，其学生席勒以此为基础，将教学过程分为五个部分，增加了教学评价的理论基础。

20 世纪初期，西方国家掀起了一场著名的教育测量运动，有"教育测量之父"称号的美国教育学家桑代克说："所有的存在物都可以用数量来表达，而所有的物的数量都可以被测量。"① 但这一教育测量结果的有效性却因量表自身内容研究不足而遭到全盘否定。俄国教育家凯洛夫在 20 世纪 30 年代提出了课堂教学及其课堂结构教学的基本阶段。美国教育家布鲁姆在 20 世纪 50 年代提出教育目标分类，把教学划分为三个主要方面：认知、情感和动作技能，并认为应把形成性评价作为一种教学手段来使用。②

①孙孝花. 从技术、价值到实践：课堂教学评价的一种分析框架［J］. 当代教育科学，2012（8）：39-42.

②夏惠贤. 多元智力理论与个性化教学［M］. 上海：上海科技教育出版社，2003：56.

20 世纪 60 代后，世界著名学者如布鲁姆、苏霍姆林斯基、罗杰斯、巴班斯基、沃尔伯格和斯克里芬等分别从教育学、教育管理学和心理学的角度，对教育政策、教育方法、教育活动和教学成果等做出评价，并发表若干见解。虽然他们的观点不统一，但这些观点至少让世人重新认识了教育的意义、教学评价的功能，并进一步审视了教学评价的方式。20 世纪 80 年代，有许多新评价理论问世。其中，美国评价专家古巴、林肯等人出版的《第四代教育评价》一书对以后的教育评价方法有很大影响。遗憾的是，这种教育评价模式存在很多局限性，并不能完全取代其他教学评价。① 可见，各国学者一直在积极探索新型评价模式。

“应试教育”对我国教育行业的影响根深蒂固，把学习成绩作为检验学生发展的唯一标准，依据分数的高低，对学生进行“一锤定音”的评价。这种评价方式很容易让学生在答题时重结论而轻过程，对学生的发展十分不利。教师只有在教学过程中注重对学生的学习过程开展评价，才能准确了解学生成长过程中存在的问题、付出的努力和取得的进展，从而有效地引导学生持续发展，真正实现教学评价促进发展的功能。这种评价功能的发挥，同样是时代发展的需要。我国基础教育从 1980 年开始对教学评价进行改革，比如有些地区增加了口试和面试，虽然这些尝试取得了很多收获，但并没有让我国的基础教育评价发生根本变革。

显然，开发出适合我国实际情况的教育教学评价体系势在必行，这对生物学科而言更是迫在眉睫的事。生物学科多年来一直是“被遗忘了的一角”，在有些学校连基本教学都得不到保障。通过对国内相关文献进行检索，笔者发现，关于生物学科教学评价方面的研究论文少之又少，可供参考且易于操作的实践成果更是少见。关于评价的多元化、综合性的看法，通览教育学与生物学期刊，大多是理论上的探讨与论证，并没有可操作性的解决方案。当前各个国家都在研究教学改革，教学评价的改革也在进行之中，但就目前而言，尚无一套成功的评价模式。从当代国际教育评价的特点和时代发展需求看，我国对教育教学评价的研究起步较晚，教育评价的发展滞后。因此，为了学生的全面发展，教育工作者应肩负起历史重任，为我国的教育评价研究做出应有的贡献。

三、我国教学评价的现状分析

为了提高教学的质量，促进学生健康快乐地成长，现阶段教学评价的指

①梁惠燕，高凌飚. 课堂教学评价的反思和框架重构 [J]. 教育科学研究，2011 (6)：20-23.

标包括三个要素，即评价者、评价目标和评价依据。现阶段大量文献研究表明：老式的封闭式教学评价由于“应试教育”以及升学压力的影响，仍然广泛存在于全国各地的学校中。我国教学评价中普遍存在以下几个问题。

（一）对于《义务教育生物学课程标准（2022 年版）》中的评价内容，教师的理解深度不够

为了让每一位生物学教师都能理解并融入课堂教学之中，课程改革的过程中形成了包含教育理念、教学评价方式、教学评价目标、教学评价范畴的《义务教育生物学课程标准（2022 年版）》（以下简称《新课标》）。但是，对四川、湖南、山东、河北等地的近一百名一线高中生物学教师进行问卷调查，结果显示：比较了解《新课标》的教师人数仅占总人数的三分之一。这体现出部分生物学教师不重视《新课标》，在课堂上随意性较高，没有达到应有的评价目标。这对于教师本身的教学水平提升以及学生成长都很难产生推动作用。

（二）教学评价体系在生物课堂教学中构成单一

教师在生物课堂上一般采用“终结性”评价方式，即重结果、轻过程，对不同类型的学生用相同的量化尺度来进行性格评价。为了在学校的总结性评价中取得较好成绩，教师将目光更多地投向了考试成绩，忽视了课堂教学评价的重要性，使素质教育无法在广大学生中得到很好的施展。再加上人们的思维定势，终结性评价方式没有充分考虑学生之间的个体差异以及个性发展，没有充分发挥学生的潜能，增加了生物学科素养人才培养的难度。

（三）对于生物实验课堂评价的重视程度较低

作为一门建立在教学实验基础上的特殊学科，生物学科中的实验可以激发学生的探究兴趣，塑造学生的科学思维，提高学生的动手能力，最终发展学生的创新精神。然而由于升学压力以及课时、实验资源、教师资源的缺乏，许多学校多采用纸质考试方式对学生的实验能力进行考核，这种方式阻碍了学生创新能力的发展。

（四）忽视了情感方面的评价在课堂教学中的重要程度

《新课标》规定，要从不同的角度评价学生的学习态度等。学生的人文精神较难在单一的、传统的生物课堂教学中得到真实有效的评价，所以，在教学过程中，教师难以充分发挥学生的创造性，抑制了学生综合素质的充分发展。

（五）学生表现的各方面能力在教学中关注度较低

分数是当前绝大多数教学评价模式衡量学生好坏的重要标准，这种评价模式忽视了学生全面发展能力的重要性，无论是对于教师的教还是对于学生的学都存在误区。为了紧跟时代发展脚步，我国教育评价模式应综合考虑得分高与得分低两种情况，对学生的表达能力、创新能力和自学能力进行综合考察。

四、改革教学评价的目的和意义

（一）时代的迫切要求

随着我国社会的进步和经济全球化进程的加快，以知识为基础的生产力在当今社会中所占比重越来越大。为了完成现阶段教育的历史使命，全面推进素质教育，必须培养出具有创造能力的高文化素养建设者。21 世纪创新人才的培养势必以实施素质教育为着力点，而在实施素质教育的过程中，教学评价则显得十分重要。如何在实施素质教育的过程中发挥生物学教学的评价功能呢？这就需要建立一套适合生物学科的科学评价体系，对教学活动起到正确的指导意义。

（二）学生终身发展的迫切要求

学生的发展涉及对学生持续学习能力、适应能力、接受挑战和改造环境能力的培养，既包括学生当下的发展，也包括学生今后以及终身的发展。获取知识对于学生来讲是一种较好的发展手段，但这并不是唯一的目标和最终目标。21 世纪是知识经济时代，学生在学校学到的内容远远无法适应科学技术的突飞猛进以及信息的爆炸式膨胀，因此，掌握学习的方式方法比学会有限的知识更加重要。埃德富尔是著名的未来学家，他曾说：“未来的文盲不再是不识字的人，而是没有学会怎样学习的人。”

对于学生来讲，个性发展比全面发展更重要。传统的“应试教育”使得考试成绩成为评价学生好坏的唯一标准，忽视了学生之间的个性差异，没有做到因材施教，难以充分发挥每一个学生的个性。相比之下，素质教育着力于学生智力的开发和创造能力的培养，面向学生全面发展，能够多角度、多层次、多方位地对学生进行评价。

综上所述，现阶段需要改变“应试教育”的评价模式，采取多元化的教学评价模式来培养适应时代需要的英才。

第二节 "策源—引问"教学模式背景下的多元化评价

一、"策源-引问"教学模式背景下多元化评价的理论基础

(一) 建构主义理论

在教学过程中，建构主义理论（Constructivism）已被广泛应用并指导着教学实践，我国新课程改革三大理论就包括建构主义理论。建构主义包括让·皮亚杰（Jean Piaget）为代表的个人建构主义和维果茨基（Lev Vygotsky）为代表的社会建构主义。我们熟知的认知发展阶段理论由皮亚杰提出，皮亚杰在该理论中把儿童和青少年认知发展分为四个阶段：感知运动阶段、前运算阶段、具体运算阶段和形式运算阶段。而著名的最近发展区理论是由维果茨基提出的，为后来的支架式教学提供了理论基础。建构主义理论的支持者认为，尽管世界是客观存在的，但是每一个人都有属于自己的思想，人们之间的差别很大，每一个人都可以根据自己对世界的亲身体验去建构自己的知识体系。建构主义理论强调要充分发挥学生个体的主观能动性，认为教师要以学生为主体，在教学过程中充分尊重学生对知识的原有体验，鼓励学生主动建构新知。

建构主义理论知识观认为知识是动态的，并不是对客观事实的唯一体现。在现实生活中，人们接触到的知识不是问题的固定答案，而是人们对客观世界的理解。在社会发展过程中，随着人们认知水平的提升，必然会有很多知识跟不上社会发展的步伐，也势必会出现新的知识。[①] 在解题过程中，我们应根据自身经验，对具体问题进行具体分析，而不是一味地以为现成知识就是正确的，要根据已有的知识经验去不断地建构新知。在建构主义理论学生观视野中，每位学生都是独立的个体，他们的头脑中并非一无所有；每位学生都在现实生活中有不同的知识体验和生活积累，对问题的解决有独到的见解。因此，教师不应忽视教学过程中学生的上述体验，而要尊重并相信学生，倾听学生的想法和意见。教学应该既包含教师的教，也包括学生的学——教学相长。教师应该激励学生以积极的态度主动地参与教学过程，在教与学的相互作用中，完成学习共同体的建构。学生依据自身已具有的知识或经验，对

①王景英. 教育评价理论与实践［M］. 长春：东北师范大学出版社，2002：98.

新的知识进行积极主动的选择，进而不断地丰富自己原有的知识体系，取得进步与发展。

建构主义要求教学评价具备多元性，教学评价不仅要包含教师的教以及学生的学，还应该对教学内容、教学方式等进行综合而全面的评价。同时，教师要鼓励学生积极主动地参与评价活动。教师在进行教学评价时，要综合考虑各方面因素，尽量选择发展性、过程性评价，避免使用或少用终结性评价。

（二）多元智能理论

多元智能理论（The Theory of Multiple Intelligences）的提出者是美国心理学家霍华德·加德纳（Howard Gardner）。霍华德·加德纳认为，每个人都是一个独立的个体，每个人也都各自具有优势智力，学习得分仅仅体现了能力之一，不能简单地将智力与能力画等号，智力的组成因素有很多，不能以偏概全或一叶障目地否定其他智力价值。

加德纳的多元智能理论认为人类的智力大致可分为7种，该理论有悖于当时的传统理论，从而引发了激烈的争论。但该理论更具说服力，被更多的学者认同并接受。该理论在今天仍占据着重要的地位。加德纳认为，智力应该包括言语智力、逻辑—数学智力、人际交往智力、视觉—空间智力、内省智力、音乐智力和运动智力等。后来，加德纳又提出了存在智力、自然观察者智力，进一步充实了该理论。

加德纳的多元智能理论对中国的教育改革有着重要的指导意义，是我国新课程改革的三大理论之一。该理论认为，学生的智力结构是多种多样的，有的人在写作方面天赋异禀；有的人天生语感强，适合学习语言；有的人四肢灵活、协调性强，各种动作一学就会。所以，在教学过程中，我们要学会观察，发掘学生的智力特点，发展他们多方面的才能，激发并开发每一个学生的潜力。教师只有善于发掘和培养学生的优势智力，才能做到因材施教，使每一个学生都能获得最佳发展。

教师在制定评价量表或选择评价方法时，应多方面考虑，评价的主体、评价的指标和评价的方式等不要单一化，要尽可能地对学生每一方面的智力都给予足够的尊重。学校也应重视对不同个体不同智力的开发，设置个人成长档案来记录其成长情况，根据学生的成长特点，积极有效地运用教学评价，促进学生核心素养的全面发展。

（三）人本主义理论

人本主义理论（Anthropologismus）的代表人物是罗杰斯（C. R. Rogers)。该理论重在关注学生，重视对学生潜能的开发，反对将人与动物等同起来，反对行为主义对情感、态度和价值观的忽视。人类与动物的主要区别是人具有丰富的情感和自我能动意识。学生对学习过程中的问题都有自己的看法与评判，我们应该给予学生发表不同看法的机会和权利，不应该一刀切。罗杰斯提出非指导性教学，主张教学要"以人为本"，要让学生充分地发挥主观能动性，教师不要过多地参与。

教师在教学过程中应该充分尊重学生的主体地位，重视学生创造性思维的发展，挖掘学生的创造性潜能。所以，教学评价不应该只是评价学生在学习活动中获得的知识和技能，更重要的是关注学生的潜能及个性发展情况，而评价的形式宜采用发展性评价而非终结性评价。与此同时，教师应尽量为学生创造轻松愉悦的课堂氛围，让他们在轻松的氛围中充分施展才华、挖掘潜力、释放光芒。所以，在进行教学评价时，教师要积极鼓励和肯定学生，激励他们主动地学习，尊重他们的意见，构建良好的师生关系等。

（四）后现代主义

1980年后，后现代主义日益流行于欧美。后现代主义认为其与现代主义不同的重要特点之一是开放性。① 其认为教学评价是教学过程中运动性与变化性相结合的评价。传统的教学是由教师操纵学生，按照预先制定的教学目标和学习计划来实施，对教师的评价陈旧单一、缺乏灵活性。学生提出的有创造性的质疑会被视为一种干扰教学的行为，或是不被允许，或是直接加以纠正。后现代主义教学则是一种较为开放的教学，要求学生具有创造性和创新性，通过学生独创性的思维反馈，激发教师教学上的再创新，从而带动教师的教学水平与教学能力稳步提升。②

在后现代主义条件下，教学评价不再是验证学生是否获得知识的工具，而成了师生之间平等对话的起点。教师评价学生既是对学生求知过程的检验，也是师生教学互动中求知与观念变化的渠道，还是教师进行教学反思的重要依据，最终学生得到了发展，教师也提升了专业能力。这是一个教学相长、互利共赢的过程。在教学评价中，教师应该是善于听取和容纳学生各种观点的交往者，而不只是讲解者。学生是具有独立思维的人，他们的答案具有多元性，教师不应该做一个纠正错误的人，而应该求同存异，理解并鼓励多元思维的产生，这样才能更好地保护学生的好奇心，激发学生的学习兴趣和求

①于泽元. 后现代主义课程理论研究［D］. 重庆：西南师范大学，2002.

②司雯萍. 后现代主义课程观对乡村小学英语课堂教学评价的启示［D］. 苏州：苏州大学，2010.

知欲。

后现代主义评价是一种多元性的评价方法，能够从多个视角给教师提供教学反馈信息，便于教师更加清晰准确地把握教学过程中的长处与不足，及时进行有效的教学反思，全面提升个人能力。①

后现代主义认为，每个学生都是独一无二的，因此要使用不同的尺量出每个学生在不同学习方面的能力与潜力。在教学过程中，学生既不是单纯的知识接受者，也不是盲目的知识探寻者。课堂教学要过程和结果两手抓，两手都要硬。而课堂教学评价更应如此。良好的课堂教学评价应该既可以帮助学生挖掘潜力、促进自身发展，又有助于教学活动的进一步开展。②

（五）《义务教育生物学课程标准（2022 年版）》

《义务教育生物学课程标准（2022 年版）》对生物学课程的性质做了明确规定，强调将生物学科开发成一门真正意义上的自然科学教育课程。这就要求学生在生物课堂上绝不能被动地接受知识，而要作为学习的主体，主动参与科学探究活动，去建构自己的生物知识体系，并从中感悟生物学观点，总结生物学习的方法，从而增强科学探究与终身学习的能力。

《义务教育生物学课程标准（2022 年版）》对生物课程理念提出了全新的认识，更加注重对学生探究意识的培养。这就要求教师重视科学探究活动的设计，给学生提供思维创新和科学探究的机会和平台，培养学生的生物学核心素养，开发锻炼学生的科学探究能力。与此同时，教师应该尽力营造一个有利于不同层次的学生学习的环境，让全体学生都能参与探究活动。这样才能做到面向全体学生因材施教，使每个学生都能获得平等的成长机会。在这期间，教师的主要任务是尽量让所有学生都参与其中，各司其职，从而充分培养学生的合作意识和创新意识，提高他们的探究能力和实践能力。③

《义务教育生物学课程标准（2022 年版）》确认了课程评价体系的多元化，认为教学评价主要是为了充分把握学生学习生物课程的全过程及学习效果。教师要以学生的自我反馈来引导自己进行下一阶段的教学，改进教学方法，提高教学水平。即教学评价已不仅仅是评价学生的学习结果，而应更多地重视评价学生的学习过程，并通过评价来激发学生学习与探究的兴趣，让学生逐渐形成积极向上的学习态度以及不放弃、不懈怠的学习精神。教师要通过多样化的评价方式，多角度地收集反馈信息，全面了解学生在生物学习

---

①邬红. 高中数学课堂教学评价研究［D］. 呼和浩特：内蒙古师范大学，2009.

②何海燕. 新课标下语文课堂教学评价的研究［D］. 长沙：湖南师范大学，2006.

③安桂清，李树培. 课堂教学评价：描述取向［J］. 教育发展研究，2011（2）：48-52.

中出现的问题并及时加以解决，多措并举，多管齐下，共促学生成长。

二、"策源一引问"教学模式背景下进行多元化评价的必要性

在"策源一引问"教学模式背景下实施多元化评价，从单一地关注学生的成绩转向考查学生的综合素质，对学生进行多角度、多层次、多方面的评价，个性化差异是评价过程中的关注点。[①] 文化课成绩不再作为教师评价学生的唯一标准。教师要建立更为完善的评价体系，以促进学生全面发展。运用发展的眼光对学生进行评价，一方面，关注学生的现实水平，同时着眼于他们的发展趋势；另一方面，进行横向比较，并关注纵向提高。通过评价，教师能正视学生间的差异，针对不同的学生，采用不同的教学方式，真正实施个性化的教育，改变传统的"一刀切"的教育方式。[②] 尊重每一个学生的个性化发展，激发学生的潜能，发展学生的智能，健全学生的品格，提升学生全方面的能力，这是每一位现代教师必须完成的任务。此外，对学生进行评价，教师不仅要兼顾学生已有的知识经验，还要重视学生知识生成的过程，最终着眼于学生核心素养的达成。反观我国传统的教学评价方式，其存在种种弊端和不足，首先体现在评价内容方面：过多关注对学科知识的评价，特别是书本上的知识，从而忽视对学生实践能力、创新精神、探究思维等综合素质的考查；[③] 其次体现在评价标准方面：采用统一的评价尺度，而忽视学生个性化的差异；然后体现在评价方法方面：以传统的纸笔测试为主，过分关注学生量化的结果，对于体现质性的评价手段与方法采用较少；接着体现在评价着力点方面：过于关注成绩的量化结果，忽视学生在学习过程中的努力程度；最后体现在评价主体方面：主要采用教师评价学生的单一模式，学生处于消极的被评价地位。评价过程中的这些问题与当前教育评价发展的总趋势相冲突。教学评价对教育教学活动的开展和学生学情的掌握具有很强的指导作用。[④] 我们要用辩证的眼光来看待教学评价，它既可能对学生创新能力的培养具有积极的促进作用，也可能对其具有消极的阻碍作用。多元化的教学评价能有效地关注学生的个性化发展、创新思维能力发展；而单一的、共性的、一刀切的教学评价不仅会抑制学生学习兴趣和个性化的发展，还会在教学活动的组织中阻碍学生的智力和创新能力的发展。传统的"应试教育"还存在

---

①刘丽新．多元化教学评价在初中生物教学中的应用研究［D］．长春：东北师范大学，2005.
②刘丽新．多元化教学评价在初中生物教学中的应用研究［D］．长春：东北师范大学，2005.
③刘丽新．多元化教学评价在初中生物教学中的应用研究［D］．长春：东北师范大学，2005.
④刘丽新．多元化教学评价在初中生物教学中的应用研究［D］．长春：东北师范大学，2005.

种种弊端，其主要目的是选拔，导致学生过度追求书本知识，加重了学生的学业负担和厌学情绪。陈至立在全国基础教育工作会议上指出：推进素质教育步履艰难，基础教育还没有摆脱“应试教育”的惯性和影响，在一些地方就像有的同志形容的“素质教育喊得震天动地，应试教育抓得扎扎实实”。传统教育是对学生进行灌输型教学，学生被动接受知识，死记硬背、重复训练。这种传统的教育方式不利于培养学生的学习能力和创新能力。现代社会需要的是创新型人才，创新型人才不是“灌输”出来的，而是靠创新教育培养出来的。曾有人说：“中国的学生是带着一脑子知识点进入大学的，而美国的学生是带着创造发明的能力进入大学的。”这种说法虽然有夸张之处，但也说明了中国学生眼高手低，虽然理论知识丰富，却缺乏理论联系实践的能力，创新能力更是微乎其微。知识经济时代需要大批科技型人才，这就需要教师在实施基础教育的过程中有意识地培养学生的创新能力。基于此，就要改革现有的生物教育教学中的评价方式和标准，使教学评价真正服务于教学。教学过程中采用多元化的教学评价有利于学生进行探究性、合作性学习。生物学科侧重于探究性学习，而多数探究性学习内容必须依靠小组合作实践才能完成，多元化的评价方式可以有效提升学生的合作沟通能力，帮助学生掌握完整的知识和概念。生物学是实验性科学，学生需要通过探究实验建构知识体系，而多元化的教学评价既能发展学生解决问题的能力和创新能力，也能增进学生对学习过程的参与度。

三、“策源一引问”教学模式背景下多元化评价的分类

教学评价依据不同的分类标准，可以划分成不同的种类：按评价基准的不同，可以划分为相对评价和绝对评价；按评价功能的不同，可以划分为形成性评价、诊断性评价和总结性评价等；按评价方法的不同，可以划分为定性评价与定量评价两大类。①

（一）相对评价

相对评价是在被评价对象的群体中建立基准（通常以该群体的平均水平作为这一基准），把该群体中各个对象逐一与基准进行比较，从而判断该群体中各个成员的相对优劣。针对相对评价而进行的测验一般称作“常模参照测验”，测验成绩主要表明学生学业成绩或能力的相对等级。由于“常模”近似学生群体的平均水平，所以这种测验的成绩往往呈正态分布。教师利用相对

①刘丽新．多元化教学评价在初中生物教学中的应用研究［D］．长春：东北师范大学，2005.

评价，可以了解学生之间的差异，比较学生学习成绩的优劣，这是它的优势；但基准会随群体的不同而发生变化，评价标准无法反映教学目标的要求，因而不能为提升和完善教学方法提供依据，这是它的不足。①

（二）绝对评价

绝对评价是将教学评价的基准建立在被评价对象的群体之外（通常是以教学大纲规定的教学目标为依据来制定这一基准），把该群体中每一成员某方面的知识或能力与基准进行比较，从而判定其优劣。针对绝对评价而进行的测验一般称作"标准参照测验"。它的试题取样范围就是大纲规定的教学目标所要求的内容，测验成绩则直接表现出教学目标的达成程度。绝对评价的优点是可以直接鉴别各项教学目标的完成情况，使学生清楚地了解自身的学习情况，因此可以为指导和完善教学方法指出明确方向；缺点是无法掌握学生之间在学习方面的差异。②

（三）诊断性评价

诊断性评价也称"教学前评价"，一般是指在某项教学活动开始之前对学生的知识、技能以及情感等状况进行预测。教师通过这种预测，能了解学生已有的知识经验和学习能力，判断他们的知识和能力储备是否能完成当前教学目标的学习，为实现因材施教提供现实依据。③

（四）形成性评价

在某项教学活动过程中，为了更好地达到教学目标的要求、取得更佳的效果而不断进行的评价称为形成性评价。形成性评价是在教学过程中应用最广泛的评价形式，一节课或一个知识点之后的知识小测都可以看作形成性评价。在课堂教学和课件素材创作的过程中选用的评价形式主要是形成性评价。从形成性评价采用的基准来看，形成性评价属于绝对评价的范畴，即用于判断前一段教学工作是否达到了教学目标的要求。④ 连续进行形成性评价，能帮助教师及时了解阶段教学的结果和学生学习的进展情况、存在问题，教师可据此及时调整和改进教学工作。因此，从提高教学质量的角度来说，重视形

①刘丽新. 多元化教学评价在初中生物教学中的应用研究 [D]. 长春：东北师范大学，2005.
②张利民. 新课程标准下初中物理教学评价的初步研究 [D]. 武汉：华中师范大学，2005.
③刘丽新. 多元化教学评价在初中生物教学中的应用研究 [D]. 长春：东北师范大学，2005.
④刘丽新. 多元化教学评价在初中生物教学中的应用研究 [D]. 长春：东北师范大学，2005.

成性评价比重视总结性评价更具有实践意义。①

（五）总结性评价

为了解教学活动的最终效果，在某一项教学活动结束后开展的评价一般称为总结性评价，总结性评价又称“事后评价”。② 例如，学期末或学年末进行的各科考试、考核都属于总结性评价，其目的是检验学生的知识能力是否达到了各科教学目标的要求。总结性评价重视的是最终的结果，以此对学生做出全面鉴定，将其划分成不同的等级，并对整个教学活动的效果给出评定。③

（六）定性评价

定性评价是指运用比较分析、综合、归纳、分类、演绎等逻辑分析方法，对评价材料做“质”的分析。定性评价的分析结果是一种没有量化的描述性资料。④

（七）定量评价

定量评价是指运用数理统计、多元分析等统计学手段，从纷繁复杂的评价数据中提取出规律性的结论，对评价材料做“量”的分析。由于定量评价的方向、范围是在定性评价的基础上确定的，所以定性评价与定量评价需要有效结合，互相补充，不可偏废，才能达到应有的目的。⑤ 此外，《义务教育生物学课程标准（2022 年版）》在教学评价中提到，通过多种评价，判断教学目标的达成情况，反思教学行为，及时调整教学思路或方式，确保教学活动不偏离课程目标；加强对学生学习的指导，引导学生在实践中学习和应用知识，促进学生核心素养的发展。具体体现在：

1. 课堂评价

教师在课堂教学中要随时关注学生在回答问题、小组活动、讨论发言、实验操作等方面的表现，及时对学生的学习态度、知识理解和掌握情况、探究和实验技能等进行评价；要针对不同水平学生的课堂表现，选用激励性、针对性强的语言进行即时评价。

---

①刘丽新. 多元化教学评价在初中生物教学中的应用研究 [D]. 长春：东北师范大学，2005.
②刘丽新. 多元化教学评价在初中生物教学中的应用研究 [D]. 长春：东北师范大学，2005.
③刘丽新. 多元化教学评价在初中生物教学中的应用研究 [D]. 长春：东北师范大学，2005.
④肖帮启. 基于 STSE 的初中物理教学设计 [D]. 武汉：华中师范大学，2005.
⑤肖帮启. 基于 STSE 的初中物理教学设计 [D]. 武汉：华中师范大学，2005.

2. 作业评价

依据新课标，教师要精心设计大单元的作业与各个课时的作业，以确保发挥不同层级作业的诊断性评价功能。在设计过程中，教师应遵循作业类型多样化的原则，既要设计知识过关的书面作业，也要设计合理的实践活动类作业，如制作模型、调查、栽培、养殖，以及社会性科学议题讨论或辩论等。作业内容不仅要体现出对基础知识、基本技能的考查，还要有应用知识技能开展的相关实践活动设计。

3. 单元评价

单元评价是大概念背景下设计的评价方法。教师要将单元内相关重要概念分解转化为单元评价要素，并制定评价标准和评价办法。单元评价应重视评价的过程性、连续性特点，充分体现其阶段性特点，进而从各方面提升评价的针对性和有效性。因此，单元评价应结合本单元与课程整体的关系，明确本单元在课程中的地位和作用；根据单元学习内容和学业要求，明确本单元核心素养侧重点；突出理论联系实际，强调以真实的任务情境为背景，针对单元内的具体概念，精选与学生后续学习和终身发展关系密切的评价内容，考查学生单元学习任务的完成情况。

4. 跨学科实践活动评价

在教学过程中，教师应重视开展跨学科实践活动，评价分析学生的核心素养发展状况，通过跨学科实验活动，了解学生的数学建模思维能力、批判性思维能力、创新意识及综合运用多学科的知识与技能解决实际问题的能力。跨学科实践活动评价应当坚持以过程性评价为主，一方面，在活动过程中注重对选题价值、方案设计、动手操作、反思改进等进行评价；另一方面，在活动结束后注重依据项目报告和物化成果，综合评价项目完成质量。

5. 期末评价

期末评价是对学生一个学期的学习情况进行评价，评价过程中还应结合学生在作业评价、单元评价和期末考试中的表现进行综合评定，要求学生掌握本学期课程的重要概念，提升生物学核心素养。期末考试应充分体现本学期的教学目标和教学内容；试题既要注意覆盖面，又要突出重点内容；命题的形式和内容要符合课程标准要求，符合教学实际情况，符合学生的认知水平；试卷的难易度要恰当；试题素材应有利于问题融入真实情境和思维过程，尽量贴近学生生活。试题应重视考查学生对基础知识的理解情况以及运用知识解决问题的能力。试题应具有开放性，有利于学生潜能的自主发挥，以便全面考查学生核心素养的发展情况。

四、“策源—引问”教学模式背景下多元化评价的原则

人们开展课堂教学评价应遵循的基本要求，即课堂教学评价的原则。过去，在课堂教学评价的过程中，我们关注课堂评价的客观性、科学性、公正性原则，使课堂教学评价初步走上了规范化的道路，对课堂教学质量的提高、教学的规范起到了一定的促进作用。在新课程实施的今天，原有的教学评价原则难以实现新课程改革的发展目标，为体现新课程的教学理念，课堂教学评价应以新课程的课堂教学评价观为指导，遵循以下原则：

（一）科学性原则

科学性原则要求教师在进行教学评价时，以科学理论作为评价依据，评价过程遵循一定的程序。因此，教师在进行教学评价时，要以新课程的教学理念作为最高宗旨，以教学目标的要求作为最终依据；评价过程秉承客观、公正、真实的原则；评价内容既要激发学生的学习兴趣，又要符合学生现阶段的身心发展规律。评价中选取的每项评价内容都应当有一定的科学指标作为依据。在评价方式的选择上，既要有量化评价，也要有质性分析，做到质与量的有效结合。①

（二）客观性原则

客观性原则要求教师的教学评价是公平、公正且不带个人偏见的，对学生的评价不能带有感情色彩。如评价不能客观公正地进行，而是带有主观色彩，评价就失去了价值，甚至会对学生的身心健康造成不良影响。教师客观公正地评价学生，有利于引导学生形成良好的价值观，熏陶学生的情感价值，更好地培养学生的理性思维。

（三）真实性原则

真实性原则要求教师对学生的评价是真实诚挚的，不弄虚作假，要让学生感受到教师的用心良苦，让学生认识到肯定性评价来之不易且珍贵，而想要得到教师给出的肯定性评价，自己需要加倍努力。② 教学评价的最终目的是服务于学生的全面发展，而在全新的视角和思维下，真实性评价可以更加有效地激发学生在课堂学习和生活实践过程中的内在潜力，真正为学生的全面

①杨再峰．高中生物教学评价现状研究［D］．西安：陕西师范大学，2013．
②杨再峰．高中生物教学评价现状研究［D］．西安：陕西师范大学，2013．

发展服务。[1]

（四）情境性原则

生物学科适合开展情境教学，教学评价一般需要考虑评价时的主题情境，脱离了教学情境的评价结果会与实际情况存在一定的偏差。情境性原则要求教师基于真实的情境，对学生进行评价。

（五）开放性原则

教学评价是为了激发学生的潜能，让其更加深刻地了解自己并在此基础上建立自信心。相对于之前的封闭性评价，开放性评价的整个系统不是为某个或某些特定的人设置的，而要让更多的人员参与其中，包括学生、家长、社区成员等，以获得更加全面的信息，丰富评价过程和结果。这也是今后的一种评价发展趋势。

（六）过程性原则

评价是教学环节中不可或缺的部分，贯穿于整个教学始终。在学生的学习成长过程中，过程性评价是教师对学生日常的生活学习变化给予的评价，主张评价的动态过程，比终结性评价更为重要。在整个学习过程中，教师要对学生取得的成绩给予正面肯定，让学生看到自己在成长中的积极变化。

（七）发展性原则

教学评价不是为了甄别学生好坏或把学生分为几种不同类别，而是要面向全体学生，使所有学生获得更好的可持续发展。在此过程中，发展性原则起到了指导和统领作用，使教学评价更注重学生的发展，并让教师的教学方式得到改善。

（八）主体性原则

在教学评价中，让学生积极踊跃参与并成为评价的主体，从自评中了解到自身的成长变化，这种主体性评价才更加有意义。

（九）针对性原则

教学评价对每个学生来说不能千篇一律。因此，在实际教学操作中，评

---

①杨再峰. 高中生物教学评价现状研究［D］. 西安：陕西师范大学，2013.

价要根据每个学生的特点进行。教师要根据学生的发展状况做出针对性评价，因人而异，激发学生的内在动力，让每个学生都获得更好的发展。

（十）目标性原则

教学是为了培养社会需要的全面人才而进行的，教学评价也带有目的性。有明确目标的教学评价才能真正促进学生全面发展。

五、“策源—引问”教学模式背景下多元化评价的功能

教学评价的功能主要表现在以下几个方面：发展与激励、诊断与导向、调整与反思。

（一）发展、激励功能

教师需要对教学过程进行有效且及时的诊断和反馈，以此激励学生或改进教学措施，保证教学活动顺利开展。这体现了教学评价的发展、激励功能。

1. 促进学生发展

想要通过激发学生的潜能来促进学生全面发展，就需要关注学生的每一个阶段。不可否认的是，实际操作存在一定困难。而且，学生之间存在个体差异，其生活经历和教育水平也千差万别。因此，我们要有针对性地利用学生的发展优势，科学运用诊断性评价、形成性评价与终结性评价，全面地、动态性地、综合地对学生的学习过程进行评价，形成一套完整、高效的评价机制，既可以关注学生对知识与技能是否获取成功，也可以关注其获取的过程和方法，帮助学生建立情感态度与价值观。

2. 促进教师发展

新课程课堂教学评价机制对教师有了更高标准的要求。教师作为教学评价的主体，自身的发展除了在教育理念、教学能力等方面努力之外，也应该涉及课程开发能力、教学管理能力等。多元评价包括学生、家长、社会、同事、学校对教师做的评价，教师如果能够在其中发现自身的不足，并有针对性地学习和改进，就能全面增强教育教学能力，职业发展方向也会更加清晰明了。

3. 促进教学实践

诊断性评价、形成性评价、终结性评价贯穿于教学实践的各个阶段，这些评价方式既能够及时反馈学生已有的认知水平、对新知识的掌握情况，还能够反映学生的自主学习能力水平等，可以及时地为教师的“教”和学生的“学”提供信息，为师生采取有针对性的解决措施提供依据。通过各种评价结

果以及自身的实际情况，在教师的适当指导下，学生可以反思自己的学习目标是否适宜，学习方法是否科学，并及时调整。这个过程有利于民主和谐的师生关系的建立，为教学活动的有序进行奠定了稳固的基础。教师与学生间的良性互动，能够激发更好的教学效果。

4. 激发学生潜能

多元化教学评价不再拘泥于既定的条条框框，能为学生提供更有松弛感的学习环境，让学生能够自由表达想法并充分展示才华，培养学生思维的广阔性。教师要尽可能地挖掘出每一个学生的优势及特长，发现其闪光点，让学生更加自信，让学生的优势在各个方面得到最大程度的发挥，从而激发学生学习的内驱力。

（二）诊断、导向功能

教和学是既相对又统一的关系，诊断功能是对教和学的整体进行评判。即通过先复习后测试的方式对教学过程进行检测，通过分析采集的有效信息，根据一定的评价标准，对学生是否达到预期目标进行评价，从而得出科学合理的结论。需要特别强调的是诊断功能是对整体的教学系统进行评价，而不是仅仅诊断学生学习结果的好坏。

正如斯塔弗尔比姆所说："评价最重要的意图不是证明，而是改进。"教学评价的宗旨是促进教师和学生成长和发展。所以，教学诊断只是一种手段，我们应该想办法解决掉诊断出来的问题，从而达到课程目标的要求。通过教学诊断，可以及时有效地发现教学过程中存在的漏洞或者不足，因材施教，教师亦可调整方法策略，让学生高效学习。

导向功能是指教学评价在实际的教学活动中起着定向引导的作用。教学评价的总体目标、评价标准、指标体系及其占比等都相当于教学活动中的"指挥棒"，它们都会直接影响学生的学习方向。教学内容设置应满足社会发展的需要，满足学科发展的需要，满足学生自我提升的需要，进而提高学生的学科核心素养，让学生成为课堂的主人。

（三）调整、反思功能

教师和学生根据评价过程获得反馈和诊断信息，及时做出调整，设置出短期内更好达成的合理目标。在一定程度上，教学活动的过程其实也是师生之间相互不断调整的过程。基于此，评价主体可以更好地理解评价标准，也可以更清晰地认识到自己的优点和不足，进而明确自己努力进取的方向并采取更加科学合理的措施，通过自我调节达到事半功倍的效果。教学评价的调整功能不仅体现在教学活动中，更会对被评价对象以后的学习和生活产生深远的影响。

六、“策源—引问”教学模式背景下多元化评价的有效性策略

（一）课堂教学评价理论

新课程改革不断深入，对教师提出了更高的要求。教师在实施教学活动的每一环节都应以相应教学理论为支撑，包括课堂教学评价环节。但在实际教学中，很大一部分教师及相关教育人员被“唯分数论”束缚，并没有将新的教学理论应用在实际教学中。

1. 教师要转变教学评价理念

（1）研读新课标，教师加强对评价理论的学习

社会在不断进步，教学评价理论也应与时俱进。教师应有终身学习的意识，将理论学习融入自己的日常工作中，先进的评价理论既能帮助教师对生物课堂做出有效教学评价，又能体现教学评价的价值。教师之间应经常进行学习交流，成立合作学习小组，除了能互相监督理论学习外，还能收获对于同一理论的多角度认识和理解，实现共赢。教师要积极转变课堂教学评价理念，通过不断学习理论知识，促进自身发展。

（2）学校为教师搭建理论学习的平台

学校肩负着提升教师教学能力和培养国家栋梁之材的重要责任，学校对教师评价理论学习的重视程度，会推动教师对评价理论的学习深度。学校可以通过不同类型的活动，如“生物学科评价理论考试”“生物学科评价理论竞赛”等，以赛促学；可以每周在生物组内召开一次理论学习分享会，通过分享活动，带动教师参与；可以对优秀教师给予表彰，用榜样的力量激发其他教师的学习潜力，让新的评价理论深植教师心中。

（3）邀请课程专家进校园

在教学评价方面，专家具有权威性且有丰富的理论经验。专家应在转变教师教学评价理念上起到引领作用，引导青年教师主动学习新的评价理论并将其运用到平时的教学评价中。学校要经常邀请课程专家进校园，定期在学校做相关报告，给予教师与专家面对面交流的机会，加强一线教师对评价理论的学习，引导教师深入了解最新的教学评价理论，点状辐射，让教师转变教学评价理念。

2. 学校要重视规范课堂教学评价过程

教学评价是教学工作中的重要环节，教学问题的全面诊断、教学方向的

整体调控、教学效果的及时检验、教学信息的有效反馈等都需要教学评价的参与。一套规范且严谨的评价实施方案是教学管理、课堂教学评价工作顺利实施的保障。规范的评价方案可以明显提升教师教学评价的效率和效果。除此以外，被评价者需要密切关注评价的实施过程。

第一，评价活动的落地离不开学校相关领导的积极部署和落实。第二，评价者必须重视评价工作，认真并按时完成评价任务，在评价过程中履行自己的职责。① 评价者不仅要真实填写课堂教学评价表，还要汇总和分析评价结果，找到被评价者的问题，并分析问题产生的根本原因。第三，学生作为评价者的一部分，要尽可能利用好自己的评价机会，这需要教师在日常教学活动中引导学生参与。第四，教师和学生也是被评价者，都需要端正态度，及时发现自身问题并留心改正。第五，现代教育评价理论提倡发展性评价，因此，在向被评价者反馈评价结果时，要具体并尽可能全面地表述存在的问题，提出有效的建议与改进措施。提高课堂教学效率需要科学的生物课堂评价，只有这样，才能充分调动教师教学的积极性和学生的课堂参与度。②

（二）课堂教学评价方式

1. 评价方式要多元化

新课程标准指出，课堂评价方式必须多元化。教师要根据不同教学评价的目的，选择相应的教学策略与方式，更好地发挥教学评价的作用，实现教学评价的目的。比如终结性评价与过程性评价相结合，定性评价与定量评价相结合，等等。多元化的评价方式能保证教学评价的科学性，有利于教师发现课堂教学中的问题，检验教师的教学效果和学生的学习水平。

2. 实施学生成长档案袋式评价

新课程改革倡导实施学生成长档案袋式评价。档案袋是指由学生在教师的指导下搜集起来的，可以反映学生学习状态、进步情况等的一系列作品汇集。教师要无条件地相信学生，让学生自己搜集档案袋内容，而教师仅进行监督和引导。教师可以定期召开班会，组织学生就各自表现进行自我评价和小组互评。教师要充分尊重学生的意见，引导学生进行反思与交流。虽然档案袋式评价法有其明显优势，但教师在使用档案袋进行评价时要客观、全面，要从教学评价的目的出发，结合教学评价的具体内容。例如，生物学科的档案袋可以由教师在全班范围内建立，档案袋中可装入学生的小测验成绩、课上作业和拓展作业，实验报告单，学生搜集的资料等。通过小组交流展示，

①高咏. 高中生物课堂教学评价存在的问题及对策研究［D］. 曲阜：曲阜师范大学，2018.
②高咏. 高中生物课堂教学评价存在的问题及对策研究［D］. 曲阜：曲阜师范大学，2018.

尽可能发动每一位学生参与生物学科的评价。

3. 重视过程性教学评价

在现代教育评价理论中，过程性评价是重要内容之一。作为一种新型评价理论，过程性评价更关注个体差异和过程，评价的主体呈现多元化。过程性评价旨在全面发展被评价者的素质。基于此，初中生物课堂的教学评价有了新的要求，目的是促进学生和教师共同发展。生物课堂的探究活动具有鲜明的学科特点，如果使用以往的评价方法则有诸多局限，但是过程性评价能与生物课堂中的探究活动完美结合，为生物探究活动的开展提供更多的选择。因此，我们必须大力推广和实行发展性生物课堂教学评价，发挥教学评价在生物课堂教学中的作用。例如，在“植株的生长”一节的学习过程中，学生需要掌握植株幼根和茎的生长发育过程、植物生长需要的无机盐有哪些，并解决现实生活问题。因此，教师作为评价者，要明确这节课的教学目标、课程类型，特别关注学生能否将所学知识应用于实际生活，并根据评价理念选择适合的评价方法。教师可以布置“链接生活”这样的课后作业，组织学生观察一株植物的生长状况，有无叶片发黄、枯萎、叶尖变黑等现象，根据所学的知识判断它是否缺乏某种无机盐，并设计实验验证，再观察植株的生长发育变化，记录的方式可以是文字、图表。教师设计评价量表，与学生一起评价教学过程。

4. 课堂观察融入课堂教学评价

将课堂观察融入课堂教学评价，是部分教师已经在开展的工作。课堂观察是指研究者或观察者带着明确的目的，通过直接或间接地参与课堂，凭借自身感官或者借助有关的辅助工具收集资料，并进行分析与研究的一种方法。课堂观察应是随机的，是在师生不知情的情况下进行的，对正常课堂教学没有影响。[①] 第一，要确定观察的目的，在课堂观察前做好准备和计划；第二，要对课堂观察的过程与具体内容做好记录；第三，要对课堂观察的资料要进行系统分析并呈现结果。作为一种研究活动，课堂观察能架起教学理论和教学实践之间的桥梁。教师借助课堂观察这一活动，在自我反省、实践性知识应用、教学方式的调整与改进等方面都会有大的提升，并整体提高教学质量。课堂观察在一定程度上会引发教师心理、课堂行为等一系列变化，使课堂变得更加民主。[②] 课堂观察促进了教师的专业发展，改善了学生的课堂学习方式。

---

①高咏. 高中生物课堂教学评价存在的问题及对策研究［D］. 曲阜：曲阜师范大学，2018.

②高咏. 高中生物课堂教学评价存在的问题及对策研究［D］. 曲阜：曲阜师范大学，2018.

（三）课堂教学评价主体

教学评价作为教学过程的重要环节，对培养人才具有导向作用。评价主体多元化既有利于对教师进行多角度的评价，又能对教学活动起到监督作用。①

1. 教育决策者——校领导评价

校领导高度重视教师的课堂教学是学校教学提质增效的关键。学校通过组织“一人一课”、校级名师开放课等活动，收集教师的教学信息，了解每位教师的教学情况；校领导与组内教师通过及时评价，帮助教师实现专业成长。通过教学评价，校领导能发现人才，发掘优秀教师，搭建发展的平台，使他们向更高层次进阶发展；同时，以点带面，为学校培养骨干教师队伍。②

2. 教育教学活动的实施者——组内教师评价

组内教师从学科教学的角度评价教师的课堂表现和课程设计。教师互评能够发现评价对象的优点与问题，引导教师探讨改进的方法。学校可经常组织开展专题研讨、名师开放课堂、优质课比赛等活动，调动教师的学习积极性。

3. 教育的对象——学生评价

邀请家长参与教学评价，使他们深入了解教师的工作。在教学中，学校、家长、教师的配合至关重要。作为孩子的父母，家长参与教学评价，可以更好地了解孩子的学习环境和学习现状，为更好地与孩子进行沟通和交流做保障；学生参与教学评价，会在体验的过程中，他们更重视对生物课程的学习，学习的兴趣与内驱力被大大激发，学习的自主能力和主动探究能力得到了提升。③ 学生对教师的评价不带功利目的，能客观公正地指出教师在课堂上的问题，还有利于减少师生间的隔阂。为了提升家长对生物课堂教学评价的参与度，学校可以根据实际情况安排“家长开放日”，邀请家长参与教师的课堂教学，与孩子一起体验学习的过程。通过这种活动，家长可以观察教师的教学情况并进行评价，利用家长会或线上形式交流想法、提出建议。

4. 教学活动的组织者——教师自评

教师本人应将自身视为评价主体之一，在教学中依据特定的评价标准来评价自己的课堂，针对不足之处，采取相应措施，提高课堂教学质量。教师要了解自己的专业水平，通过评价来认识自身的优势和不足。在具体实施评

---

①高咏．高中生物课堂教学评价存在的问题及对策研究［D］．曲阜：曲阜师范大学，2018.
②高咏．高中生物课堂教学评价存在的问题及对策研究［D］．曲阜：曲阜师范大学，2018.
③高咏．高中生物课堂教学评价存在的问题及对策研究［D］．曲阜：曲阜师范大学，2018.

价之前，教师可根据自身的具体情况，有针对性地确定评价目标和评价方式。对于教师自我评价信息的收集，学校应该选择合适的方式，同时给教师创造自由的环境，鼓励教师完成自我评价。此外，家长也可以参与教师评价活动，评价教师在课上的表现，分享自己对课堂的感受和想法。同时，学生作为学习者，可以评价教师的语言、语调，以及知识点是否讲透等。

（四）课堂教学评价内容

综合考虑多方面的因素对教师或学生进行评价，评价内容应多元化。多元化的评价内容，才能真正体现出课堂教学评价的价值。评价内容在课堂教学评价中占有重要地位，教师必须重视课堂教学内容的评价，并完善评价机制，促使学生全面发展。

1. 重视教师整体素质的评价

教师在课堂教学中发挥主导作用，应担任学生课堂学习的指导者，教学过程的管理者、组织者、实施者。教师专业素质是指教师从事教育教学活动所需的基本品质和基本素质，是国家对教师职业的特殊要求，由教师职业理想、教师职业责任、教师职业纪律、教师职业态度、教师职业技能、教师职业良心、教师职业作风和教师职业荣誉八个因素构成。① 所以，对生物教师整体素质的评价，必须经过长期的观察，重视过程性评价。学校制定的评价量表不能只评价教师一节课的表现，而应综合考虑教师的方方面面。

2. 注重学生多方面能力的评价

素质教育培养的是全面发展的人，这就对学校的教育教学工作提出了要求，学生的发展不能仅仅局限在学业成绩上，而要包括德智体美劳等多个方面。同样，教师应该从多个角度挖掘学生的潜能，对学生进行多元评价，而不是仅仅关注他们的智力发展情况。教学评价应全面考虑学生的知识、能力、情感态度和价值观等方面。教师需要对学生进行全面评价，在关注教学目标是否达成的同时，注重培养学生的创造性思维，丰富其情感态度和价值观，提高学生的综合素质和能力，培养能满足新时代需要的人才。生物教师要努力在课堂教学中传授知识，将生物学科的核心素养渗透在教学过程中，使学生具备走入社会的关键能力与必备品格。

3. 加强生物实验教学的评价

根据新课改的要求，中学阶段应大力开展生物实验课，培养学生的实践操作能力。通过亲自动手操作来理解和掌握知识，学生真切体验到生物学的

①高咏. 高中生物课堂教学评价存在的问题及对策研究［D］. 曲阜：曲阜师范大学，2018.

学科魅力。因此，我们要重视加强对生物学科实验室的建设，并确保实验课顺利进行。尤其对于偏远地区的学校，政府更应该加大投资的力度，支持其开展生物实验教学。与普通授课课堂相比，生物实验教学课有显著的区别，学生只有亲手操作了，方能真正理解和掌握其中要义。所以，我们要增加生物实验课的学时，并加强对实验课成效的评价。

在实验课中评价学生的表现时，教师采用以分数为主要抓手、操作与观察相结合的评价方式，不仅要参照学生完成的实验报告来考查其对理论知识的掌握程度，还要安排合适的时间来考查他们的实际操作能力。这样既能避免学生重复做同一个实验，又能更全面地评估他们的动手操作能力。

鼓励学生积极进行创造性思考，在评价学生动手操作能力时，教师结合教科书中的实验进行变式操作。这样可以避免学生机械地照搬已有的实验步骤而缺乏创新思维。这种方式能更好地培养学生的实践能力，并激发他们对生物学的兴趣。

（五）教师方面

在课堂教学中，教师起主导作用，是课堂教学评价的桥梁和纽带。当把教师看作教学评价的核心时，评价者才能更好地理解评价的重要程度，调整评价的态度，积极踊跃地参与课堂教学评价。

1. 教师要成为课堂教学评价的研究者

国家对教育越来越重视，国内针对课堂教学评价的研究也日益增多，课堂教学评价已成为教学研究的主要内容。教育专家可以从事课堂教学评价研究工作，因为他们已经掌握了许多和教育相关的理论知识，并积累了大量的教学经验，继而使教育研究顺利进行。专家的研究成果有利于完善我国的课堂教学评价研究体系，有利于我国教育事业的进步和发展。作为教师的我们，应该积极参与课堂教学评价体系的研究，为教育事业的发展积极贡献出自己的力量。虽然教师的首要职责是教书育人，但这并不意味着教师只需专注于教学，毕竟课堂教学评价系统的审查不只是针对教育专家。教师也是研究人员，尤其是一线教师，因为他们长期从事课堂教学工作，与学生长时间交流，能更及时全面地发现课堂教学中存在的问题。与其他研究人员相比，教师更了解学生对知识的需求，更懂得采用何种评价方式来提高教学效率，激发学生对于学科的学习兴趣。

因此，应该激励教师继续在课堂教学评价领域进行深度研究。教师可以在完成日常教学后，有意识地对课堂教学评价进行研究，参考相关的理论知识，结合自己的教学经验，提出意见和看法，以完善课堂教学评价体系。教师应积极参与评价课堂的教学，进而提高学生评价课堂教学的能力，并通过反复研究自己的教学案例和其他优秀的教学案例来反思教学评价。但是，目前只有少数学校鼓励教师积极参与教学评价研究，绝大多数学校还未意识到教学评价的重要性。因此，学校领导要重视教学评价，并大力支持教师积极参与教学评价研究。课堂教学评价研究既要尊重专家意见和已有的研究成果，还要鼓励更多的教师参与，充分发挥教师的关键作用，关注教师在研究中的核心地位。教师只有从多种、多样和多元角度学习研究课堂教学评价，才能更好地促进课堂教学评价的有效实施。

2. 教师要规范课堂教学评价语言

教师要通过丰富的教学评价语言，彰显个人魅力，促进师生关系，激发学生的学习兴趣。在进行评价时，教师应当谨慎选择评价语言，根据学生的个性和表现采用不同的评价方式，以免伤害学生的自尊心。教师应当认识到语言评价在教学中的重要作用，努力增强自身的语言评价能力。

例如，在教学“生物大分子”时，教师会提问：“生物大分子有哪些?”学生的答案可能与教师预想的不同。针对这种情况，教师不要过早地评价学生给出的答案，而要多角度赞扬学生思维的灵活性和独特性，鼓励学生提升创造力，让答案不局限于课本，并继续引导：“我们思考这个问题能从不同的角度来进行吗?”

3. 教师要加强课堂教学评价反思

美国心理学家波斯纳提出了教师专业成长的公式——成长＝经验＋反思。这表明，反思对教师的自我成长非常重要，教学后多反思有利于加快教师的专业成长步伐。因此，教师应将教学反思作为日常工作的一部分去完成。对于教师而言，获得更多的经验不等同于具有强大的教学能力。当教师能够反思自己的教学经验并不断改进教学方法时，这些经验才会使教师成长的速度倍增。

布鲁巴奇（Brubacher）还提出，教师的反思应该包括反思日记、详细描述、职业发展和行动研究方法。[①] 与同事多沟通对教师的发展非常重要：同事可以帮助解决备课和课堂上的复杂问题，同时督促工作进度。此外，与学生交流也可以帮助教师反思。通过教学评价和思考，教师可以在促进学生发展的同时提高教学水平。教育的高速发展使其对教师的要求越来越高，要求教师在进入劳动力市场后也必须不断提高自己，就业后参与培训尤为重要。职后进行的教师培训是当今社会和教育发展需要的重要体现，目的是提高教师

①汤小平. 淡议形成性教学评价在高中生物新教材中的应用［J］. 中小学教师培训，2002（6）：47-49.

团队的素质。

因此，学校应提升在职教师培训的认识程度，使教师在未来得到更好的专业发展。学校可以鼓励教师继续在高校进修；也可以定期召开研讨会，邀请经验丰富的教师和专家分享教学经验，指导新教师成长和发展；还可以给教师提供在线学习的机会。

第三节 "策源—引问"教学模式背景下的多元化评价案例

——指向学生发展的初中生物学"三力"学习评价探索

《义务教育生物学课程标准（2022 年版）》提倡在评价中关注学生的个体差异和发展需求，帮助学生认识自我、建立自信，改进学习方式，促进其核心素养的形成。关注学生的发展，促进学生核心素养的形成与完善是教学评价的最终追求。基于这一立场，笔者在初中生物学课堂进行了"三力"学习评价的实践探索。"三力"学习评价指向学生的个性发展，评价内容聚焦认知、思维、意志和情感等，评价目的是以生物学知识为依托，促进学生核心素养的形成与完善。

一、"三力"学习评价概述

"三力"是学习动力、学习能力、学习毅力的总称。"三力"学习评价主要评价学生在学习过程中的学习态度、学习兴趣、学习方法、克服困难的意志力、批判性和创造性思维习惯及团队合作等，以期全面地评价学生，促进学生实现全面发展。"三力"学习评价把学习过程与学生发展联系在一起，与学生形成"互动"，这种"互动"不再局限于学习知识，在其他方面也产生了相互联系，如学生在学习过程中的努力和坚持，在活动中的参与和体验，在社会实践中的反思和表现，在团队合作中的互助和创新等。

二、初中生物学"三力"学习评价的实践探索

如何实施初中生物学"三力"学习评价？结合生物学学科的特点，笔者通过"发掘生命的潜能—探究生命的实践—促进生命的成长"的系统框架，建构初中生物学的"三力"学习评价体系，最终指向学生的发展。

（一）发掘生命的潜能：学习动力评价

学习动力是指引发与维持学生的学习行为，并使之指向一定学业目标的行为倾向。在生物学课堂上，学习动力是激发学生进行生物学学习的前提，浓厚的兴趣、主动参与会激励学生自主学习，让学生对周围环境中的生物学现象产生积极的思考，继而形成生物学问题，再去探究、寻求解决问题的答案，萌发创新意识。因此，在进行学习动力评价时，应注重激发学生对生物学现象的好奇心和求知欲，进而用科学的观点、知识、思路和方法，探讨并解决现实生活中的问题；① 要关注学生的学习兴趣和参与意识，并用一定的评价指标记录下来，实现从兴趣、参与到主动学习、探究的升华。

例如，在学习人教版生物学教材七年级上册第三单元第二章“被子植物的一生”之前，布置任务：拍摄蚕豆种子从萌发到形成幼苗的照片，并制作成 PPT 进行课前展示，要求能说出蚕豆幼苗每天的生长变化。这样的任务安排，实际上更加关注学生的参与意识，任务难度不大，所有学生都可以有效开展。学生通过主动参与、展示和交流，会发现很多有趣的现象，如根尖有根毛，根的向下生长与根尖有关，形成幼苗后子叶会慢慢退化等。此评价在于通过一定的情境任务，鼓励学生积极参与，挖掘学生在参与过程中的问题意识，激发学生的探究兴趣。评价指标如表 5-1 所示。

表 5-1　“被子植物的一生”的学习动力评价表

评价维度	评价指标
主动参与	动手进行实验，制作了 PPT，记录了实验结果
积极发现	发现实验中的有趣现象，产生认知冲突，提出科学性问题
展示交流	阐述研究的问题，展示解释和评价问题的证据，解释和评价

（二）探究生命的实践：学习能力评价

学习能力就是学习的方法与技巧，是指通过观察和体验，把新知识融入已有的知识，从而改变已有知识结构的能力。在生物学课堂上，它是学生获得生物学知识，逐步形成正确的价值观念、必备品格和关键能力不可或缺的能力。首先，要重视探究实践，因为它是落实生物学核心素养的重要途径。其次，要聚焦大概念学习，因为围绕大概念进行教学设计并开展教学活动，

①郎玉韦．生物学教学中指向学生高阶思维发展的教学评价［J］．中学生物教学，2021（22）：33-35.

能使学生对知识的理解更加深入，也有助于培养学生的生命观念。因此，在探究生命的实践过程中，重视探究实践和建构大概念的学习能力评价，不仅关系学生对知识的深入理解和迁移应用，也有助于培养学生的创新精神和实践能力。

1. 探究实践能力的评价

学生探究实践的能力除包括对周围现象的观察能力、发现和提出问题的能力、制定实验方案并实施探究的能力、基于证据进行论证的能力以及对实验结果的分析、表达和交流能力外，还应包括综合运用生物学和其他学科的知识和方法，通过一定的工程技术手段，解决真实情境中问题或完成实践项目的能力。在教学过程中，教师要创造真实的情境，让学生从情境中发现并提出问题，然后围绕问题进行思考、设计、分析、论证、表达与交流，然后将学生在探究实践过程中的表现及时记录下来。

例如，在人教版生物学教材七年级上册第三单元第二章第二节"植株的生长"新授课中，出示蚕豆幼苗根不断向下生长的视频，鼓励学生提出与根生长有关的问题，设计实验并实施。此时，学生结合自己的生活经验，会提出问题：根是依靠哪个部位向下生长的？是靠近茎的部位还是靠近根的尖端处向下生长？教师及时肯定学生提出的问题，并追问：如果要验证自己的假设，你会怎么做？让学生设计切去根尖和不切去根尖的幼苗对比生长的实验，然后根据假设预期实验结果，最后通过数据测量、分析，得出结论并交流。学生搞清楚了根的向下生长与根尖有关后，势必对根尖的内部结构产生浓厚的兴趣。此时，教师继续追问：如果想观察到根尖的内部结构，你会怎么办？引导学生制作并观察根尖的临时装片。当学生观察到根尖的四部分结构时，教师引导学生选择恰当的材料，设计并制作根尖的模型。

这样的设计和引导，更加关注学生在科学探究中各种能力的培养和形成，但是要让其在授课中可见、可测、可量，我们就需要将学生学习评价贯穿于探究实践的始终。评价指标如表 5-2 所示。

表 5-2　探究"根的向下生长"的探究实践能力评价表

评价内容	评价指标
提出问题（问题）	提出的问题有意义；有继续探究的价值
实验设计（设计）	联系已有知识；遵循实验设计的原理；实验材料易得、环保；实验操作简单
结果分析（推理）	实验结果分析符合逻辑、有理有据；正确得出结论；能解释现象的成因
表达交流（解释）	表达清晰、完整；实验报告填写正确

续表

评价内容	评价指标
装片制作（操作）	操作规范；步骤完整；仪器使用后整理归位
显微镜观察（观察）	操作规范；图像清晰；绘图符合客观事实
模型制作（工程）	材料选择恰当；各部分的大小、数量、位置等正确；加工、组装合理

2. 大概念学习的评价

大概念是处于学科中心位置、对学生学习具有引领作用的基础知识。在生物学课程中，大概念包括对原理、理论等的理解和解释，是生物学科知识的主干部分。《普通高中生物学课程标准（2017 年版）》要求评价应关注学生对生物学大概念的理解和融会贯通。因此，此环节的评价要注重概念之间的关联和新情境下对概念的应用，尽可能地关注深度学习下学生的高阶思维；将学生头脑中的知识结构外显出来，帮助学生及教师对其及时监控、诊断。

例如，在人教版生物学教材七年级上册第三单元第三章“绿色植物与生物圈中的水循环”中，出现了一个非常重要的概念——蒸腾作用。它是学生有效理解大概念——绿色植物参与生物圈的水循环，进一步了解植物的生活的基础。教科书上直接呈现了“蒸腾作用”的概念，即水分从活的植物体表面以水蒸气的状态散失到体外的过程，以及“观察叶片的结构”实验。如果教师在教学实践中只评价学生对这个概念的掌握程度，以及对制作叶片横切面装片的熟练程度和观察能力，不仅不利于学生对概念的理解和建构，继而影响学生对大概念的融会贯通，也不利于学生培养生命观念和探究实践能力。因此，要做到教、学、评一致，并关注学生在理解重要概念过程中的高阶思维发展，有效记录学生在掌握概念和探究实践过程中表现出的思维结构。评价指标如下：①联想与建构——能将所学内容与已有生活经验建立起结构性关联；能从丰富的、有代表性的事实中初步了解蒸腾作用的概念。②活动与体验——能通过实验设计、分析和推理，探究和分析生命现象；能通过事实的抽象和概括，形成对蒸腾作用重要概念的建立和理解，并建立合理的知识框架。③本质与变式——能把握知识的内在联系，并在理解蒸腾作用概念内涵的基础上，了解概念的外延。④迁移与应用——解释现象，并能够在新情境下解决相关问题；能掌握蒸腾作用的概念，建立起科学的生命观。

（三）促进生命的成长：学习毅力评价

学习毅力是指学生主动地确定认知目标，有意识地调节和控制自己的学习行为，靠顽强的意志克服困难，最终实现预定学习目标的心理品质。生物学学习倡导小组合作，鼓励学生遇到困难时有克服困难的毅力，也有为团队贡献自己的一份力量的热情。同时，社会责任的积极践行，也需要学生坚持不懈地努力，在扎实掌握学科知识和方法的基础上，对生物学相关的社会议题积极讨论并做出理性解释；主动运用相关知识，保护自身健康并向他人宣传健康文明的生活方式。因此，在进行学习毅力评价时，关注学生的心理品质、团队合作和态度责任意识的落实，是促进学生健康成长、完善人格特征的重要保障。

例如，在讲授人教版生物学教材八年级上册第五单元第四章第五节"人类对细菌和真菌的利用"时，针对某位同学患流感后服用抗生素，且经常加大服药剂量或者缩短服药时间，谈谈看法，并进行学习毅力评价。其评价指标如下：①自制力——能够主动地确认认知目标、查询答案；能够调节和控制学习行为。②坚持力——有顽强的毅力，能坚持不懈地完成学习任务；具备良好的社会责任意识，影响周围其他人。③态度责任——基于生物学的基本观点，关注并参与社会热点中的生物学议题的讨论，能运用传染病的防控知识保护自身健康，养成良好的生活习惯。[①] ④团队合作——和同学一起，向他人宣传传染病的防控措施、过度使用抗生素的危害。

三、"三力"学习评价的意义

"三力"学习评价把"学生的发展"作为课堂的出发点，不仅关注学生的学习结果，更关注学生在学习过程中的发展和变化。"三力"学习评价有助于教师了解学生生物学课程学习达到的水平和存在的问题，更有效地进行总结与反思，也有助于教师全面评价学生在知识、能力、情感态度与价值观等方面的表现，在教学中让学生感受到生命的涌动和张力，享受创造的喜悦与满足，品味人性的灿烂与魅力，促进师生共同成长。

①徐连清，王运贵. 从课程资源中提炼生物学核心素养的方法与策略［J］. 中学生物学，2018（9）：35-38.